AF561852

GALERIE

DES

PEINTRES CÉLÈBRES.

Rouen, F. Baudry, imprimeur du Roi

C. Le Carpentier inv. del. Maleuvre sculp.

GALERIE

DES

PEINTRES CÉLÈBRES,

AVEC DES REMARQUES SUR LE GENRE DE CHAQUE MAITRE;

Par C. LECARPENTIER, Peintre, Professeur de l'Académie des Arts de dessin et de peinture de Rouen, Membre de l'Académie royale des Sciences, Arts et Belles-Lettres, de la Société d'Émulation de la même ville, Correspondant de l'Athénée des Arts, de la Société philotechnique de Paris et de l'Académie de Caen, etc.

Quod pulchrum aspectu pictores pingere curant.

DUFRESNOY, *De arte graphicâ.*

TOME PREMIER.

A PARIS,

Chez TREUTTEL et WURTZ, libraires, rue de Bourbon, n°. 17, faubourg Saint-Germain;

A STRASBOURG ET A LONDRES,

Même Maison de commerce.

1821.

PRÉFACE.

L'AMOUR des beaux arts paraît si naturel, qu'il est peu d'hommes qui soient insensibles à leurs attraits ; mais presque tous exigent des études et des connaissances préliminaires pour en sentir le mérite et en savourer le plaisir.

Le goût de la peinture a cet avantage particulier sur les autres arts, c'est qu'il réjouit, séduit et étonne d'abord même l'individu le plus grossier. La vérité de l'objet rendu par le prestige de la peinture fixe nos regards ; on s'y arrête avec une forte volonté de l'ame, et on l'examine ensuite avec un plaisir infini.

La passion de cet art enchanteur a décidé dans tous les siècles le goût de certains hommes délicats nés pour en sentir plus particulièrement le mérite. Ils se sont fait une étude favorite des productions de la peinture ; ils y ont placé toute leur complaisance ; ils en ont fait le charme de leurs loisirs, charme d'autant plus puissant qu'il ne s'éteint jamais, il se propage jusque dans les glaces de l'âge, et c'est là qu'est ordinairement fixé le terme des goûts qui ont flatté l'esprit de l'homme.

Ne voit-on pas l'amateur de la peinture presqu'impotent, affaibli par les fatigues et par le nombre des années, se faire conduire encore au milieu des richesses de son cabinet, dont il ne peut se lasser d'admirer les chef-d'œuvres qui ont fait le bonheur de son existence ; il y découvre encore de nouvelles beautés qu'il fait admirer à ceux qui partagent les mêmes goûts.

L'amateur se trouve entraîné par un singulier amour de cet art, mais il devient d'autant plus utile à ses progrès, lorsqu'un heureux penchant lui en fait une occupation, et lorsque, par l'habitude de le cultiver, il acquiert les connaissances indispensables pour jouir avec fruit des productions des grands talents et pour les apprécier judicieusement.

Je me plais à dire qu'il a existé et qu'il existe encore de ces amateurs vraiment dignes de ce titre honorable. Combien on peut en citer qui, par des observations suivies jusqu'à la fin de leur carrière, par des connaissances acquises, par un jugement sain, par l'équilibre de l'ame et par des collections faites avec ordre, avec intelligence, ont rendu par leurs lumières, les plus grands services aux arts.

Mais si des hommes se sont montrés recommandables par leur goût et leur passion pour la peinture, n'est-ce pas une justice que de joindre à cette classe honorable, des femmes qui ne furent jamais étrangères au plaisir de cet art séduisant. Combien en a-t-on vu parer leurs attraits et leurs grâces des talents et des goûts plus durables que ces avantages passagers; elles ont goûté le vrai bonheur dans l'amour du plus agréable des arts, en rassemblant sous leurs yeux ses admirables productions. C'est dans ces délassements qu'elles ont trouvé un préservatif contre l'ascendant de la dissipation; elles se sont préparé par là des ressources pour les temps où cette dissipation perd ses charmes, et elles y ont acquis l'honneur d'être immortalisées dans les fastes d'un art qu'elles ont honoré.

Telle est la force de cet ascendant insurmontable, de ce tact délicat qui conduit vers l'amour de la peinture et la possession de ses chef-d'œuvres, que cette passion l'emporte assez sur toutes les autres pour tenir lieu d'autres plaisirs. Eh, quel plus bel emploi en effet l'homme aisé peut-il faire du superflu de sa fortune, qu'en honorant les arts et en se procurant la jouissance de ce qu'ils ont produit de plus parfait !

C'est rendre hommage à la mémoire de ces hommes qui, dans les siècles précédents, se sont le plus distingués par leur goût pour la peinture, par leurs précieuses collections, que d'en placer à la tête de cet ouvrage les noms les plus connus dans l'histoire de l'art.

Il eût été intéressant de pouvoir ajouter à cette honorable nomenclature, les noms des amateurs du dix-neuvième siècle, qui par l'excellence de leur goût et par la faveur insigne qu'ils accordent aux artistes, en honorant les arts dans la personne même des hommes qui les cultivent avec distinction, en conservent avec soin les plus belles productions, sans la crainte de blesser leur modestie ou de déplaire peut-être à quelques-uns, en les publiant sans leur aveu.

Amateurs du dix-septième siècle.

Le cardinal DE RICHELIEU.
Le marquis D'HAUTERIVE.
DUFRESNE-ANNEQUIN.
MOREAU, valet de chambre du Roi.
GASTON D'ORLÉANS.
BLONDEL, maître de mathématiques du Dauphin.

CHANTELOU, maître d'hôtel du Roi, ami du *Poussin.*

Le chevalier DE LORRAINE.

Le maréchal DE CRÉQUY.

Le président BELLIÈVE.

DREUX.

Le Marquis DE SEIGNELAY.

DE LA VRILLIÈRE, secrétaire d'état.

PASSART, maître des comptes.

Jacques STELLA, peintre, ami du *Poussin.*

DESNOYERS, ministre secrétaire d'état, ami et protecteur zélé du *Poussin.*

POINTEL, grand amateur des tableaux du *Poussin.*

DUPLESSIS-RAMBOUILLET.

FREAT DE CHAMBRAI, ami particulier du *Poussin*, auquel il écrivit sa dernière lettre ; éditeur du Traité de peinture, in-f°., en 1651.

MERCIER, trésorier à Lyon, grand amateur des tableaux du *Poussin.*

CÉRISIERS, ami du *Poussin*, auquel ce peintre envoya son propre portrait.

Martin DE CHARMOIS, ami du *Poussin*, l'amateur le plus éclairé de son siècle.

Le duc DE LIANCOURT.

Le président LAMBERT.

DE PILES, très-savant auteur d'un Traité de peinture et amateur traducteur du poëme de *Dufresnoy*, *De arte graphicâ.*

Dames du même siècle, distinguées par leur goût pour la peinture, et qui ont formé des collections.

La Reine mère, épouse de LOUIS XIII.
La duchesse D'AIGUILLON.
Madame DE MONTMORT.

Amateurs du dix-huitième siècle.

Philippe D'ORLÉANS, régent.
Le comte DE LA GUICHE.
DE BOISSET.
POULLAIN.
Le prince DE CONTI.
Le duc DE TALLARD.
Le prince DE CARIGNAN.
DE FONSPERTUIS.
LEMPEREUR, joaillier de la Couronne.
GAIGNAT.
PASQUIER, peintre en émail.
AVED, peintre de portraits.
DE LA LIVE DE JULLY (1).
VASSAL DE SAINT-HUBERT.
Le comte DE MERLE.
Le marquis DE MÉNARS.

---

(1) M. DE LA LIVE DE JULLY avait une galerie uniquement destinée aux productions des peintres vivants, pour exciter les progrès de l'école française.

MARIETTE ; le plus grand connaisseur de son temps.

Le duc DE CHOISEUIL.

Le comte DE VENCE, lieutenant-général.

BOURET, fermier-général.

DUFRESNE.

Le comte DE BRETEUIL.

DE MONTENAULT, éditeur des Fables de la Fontaine.

Le marquis DE SOURCHES.

DE ROHAN-CHABOT.

Le maréchal DE SÉGUR.

Le comte DU LUC.

Le maréchal DE NOAILLES.

Le duc DE BRISSAC.

DE SAINTE-FOIX.

PEILHON.

Le duc DE LA VALLIÈRE.

BLONDEL DE GAGNY.

GODEFROY DE VILLETANNEUSE.

Le duc DE CHABOT.

DE BRUNOY.

DE TOLOZAN.

Le marquis DE VAUDREUIL.

DAZINCOURT.

DE JULLIENNE.

Le baron DE SAINT-JULIEN.

Le duc DE GRAMMONT.

DE LA ROQUE.

D'HÉRICOURT.

Le marquis DE VILLETTE.

Le chevalier DÉNERY.

Le duc DE PRASLIN.

Le baron DE THIERS.

Le vicomte DE CHOISEUIL.

DE LA REYNIÈRE, fermier-général.

Le comte DE BEAUDOUIN, capitaine aux gardes françaises.

Le comte DE CAYLUS, célèbre amateur.

DAGINCOURT, ancien fermier-général, lequel a fait élever à Rome un monument à la mémoire du *Poussin*, dans une des salles de l'Académie de France.

DARGENVILLE, auteur d'une Vie des peintres.

DE LA FERTÉ.

DE SAINT-MAURICE, officier aux gardes françaises.

DE SAINT-NON.

WATELER.

DE CHOISEUIL-GOUFFIER.

DE PANGE.

BOYER D'AIGUILLES, procureur-général au parlement d'Aix.

DUTARTRE.

GRATELOUP, de Dax.

L'abbé DE LANGLADE.

Le comte DE LIMEUX.

Le chevalier DE LA VIEUVILLE.

Le comte DE LASSAY.

Le comte D'ORSAY.

Le chevalier LAMBERT.

GERSAINT.

LE NOIR DU BREUIL.

L'abbé TERRAY.

GRESSENT.

CAYEUX.

DE SAINT-YVES.

DE JOUBERT, trésorier des états de Languedoc.
DE LA BRICHE.
DESFRICHES.
DE TURPIN, ancien colonel des hussards de Berchiny.

Dames qui se sont distinguées dans le même siècle, par leurs connaissances et les belles collections qu'elles ont formées.

Madame ADÉLAÏDE.
La comtesse DE VERRUE.
La présidente DE BANDEVILLE.
La comtesse DE LUBERSAC.
Mademoiselle DE SOUBISE.
Madame GEOFFRIN.
Mademoiselle CLAIRON.

INTRODUCTION.

Ce n'est qu'après avoir mûrement comparé les ouvrages des peintres et les divers genres de talents qui ont fait leur célébrité, que l'auteur a entrepris cette Galerie destinée particulièrement à fixer l'opinion des amateurs de la peinture sur l'originalité des tableaux qui leur sont offerts.

On lui saura gré d'avoir placé dans le même cadre tous les genres de tableaux réunis ensemble, comme si le même siècle les eût produits à la fois.

L'auteur s'est fait une loi dans cette réunion d'artistes, de parler le moins possible des événements et des anecdotes de leur vie privée; lesquels se trouvent répétés dans tous les ouvrages sur la peinture; le seul but qu'il s'est proposé a été de faire connaître leurs talents et le genre qu'ils ont adopté et traité avec plus de succès. On a cherché à faire apercevoir aussi la ressemblance chez les peintres qui ont travaillé dans le même genre, ainsi que leur façon d'opérer, mais cependant avec quelque différence qui les décèle, afin de mettre les amateurs plus à même d'observer et de distinguer avec sûreté les tableaux de tel ou tel maître, ou de telle école.

Si, par hasard, l'auteur a été obligé de rappeler quelques anecdotes particulières, c'est qu'elles devenaient indispensables pour fixer la pensée sur certains peintres et tracer en même temps une légère esquisse de leur caractère et de leurs habitudes.

On a cru devoir s'occuper particulièrement de ceux dont les ouvrages sont placés en plus grand nombre dans les collections, mais dont quelques-uns sont peut-être moins connus, quoique très-habiles, ou peu répandus en France.

En les classant par siècle, on a tâché d'éviter la monotonie des mêmes genres et des mêmes écoles; il a paru plus naturel de les ranger suivant la date de leur naissance ou de leur existence. On ne s'est déterminé à cette mesure, que d'après le conseil des principaux amateurs et des premiers artistes, dont l'avis unanime a été adopté.

La Galerie des peintres célèbres est, à proprement parler, un ouvrage classique spécialement destiné à ceux qui, doués du goût de la peinture, veulent former des collections; c'est un guide sûr pour les conduire à la vraie connaissance des ouvrages immortels qui, après avoir traversé plusieurs siècles, commandent encore notre admiration.

GALERIE

DES

PEINTRES CÉLÈBRES.

LÉONARD DE VINCI,

Né en 1445 au château de Vinci près Florence, mort à Fontainebleau, âgé de 75 ans.

Il est difficile en parcourant les annales des arts, de citer un peintre plus savant et plus profond que *Léonard de Vinci*. Jamais homme ne reçut plus de faveurs de la nature, qui voulut en faire un être accompli.

Cet homme extraordinaire par la grandeur de son esprit, sa beauté et sa force corporelle, fut grand peintre, très-habile mathématicien, excellent architecte civil et militaire ; il cultiva les lettres, la musique et la poësie avec un égal succès.

Pour en donner une idée plus parfaite encore, citons le témoignage de *Félibien* (1), dans ses excellents entretiens sur la vie des peintres. » Il » n'y a point, dit ce judicieux appréciateur, de peintre » qui ait possédé une si parfaite connaissance de la

(1) *Félibien*, Vies des peintres, page 177, vol. 1er.

» peinture, que *Léonard de Vinci*, et je ne sais pas » même si depuis lui, il y en a eu d'aussi savants » dans la théorie de cet art. Jamais homme ne reçut » du ciel tant de grâces ensemble. Il était bien fait de » corps, beau de visage, et avec cela il conservait un » air noble et gracieux, mais sur-tout il avait l'ame » belle et l'esprit rempli de sentiments hauts et rele- » vés. Il était si fort, si robuste, qu'il pouvait arrêter » les mouvements les plus rapides. On dit, ce qui paraît » exagéré et incroyable, que d'une main il tournait » en façon de vis le battant d'une cloche, et ployait » un fer à cheval comme s'il eût été de plomb. Mais » cette tradition des auteurs contemporains paraît très- » exagérée. Doué du goût de tous les beaux arts, il » apprit en peu de temps la musique, et à jouer de » divers instruments. Il aimait la poësie et faisait fort » bien des vers; et pour n'ignorer rien de ce qu'un » jeune homme peut savoir, il s'exerça à monter à » cheval, mais il ne s'adonnait à ces exercices que fort » peu, et en forme de délassement.

» Il étudia avec grand soin l'anatomie, les mathé- » matiques, la géométrie et la perspective, comme » parties essentielles à la peinture, et il s'adonna à » la sculpture et à l'architecture. Sa manière de traiter » dans le monde était si douce et si agréable, que » l'on s'empressait de converser avec lui. Tant de rares » qualités ne pouvaient manquer de le faire connaître » dans toute l'Italie, où il donna de si grandes preuve » de ses rares talents «.

Léonard de Vinci, arrivé au moment de la renaissance des arts, avant que *Raphael* eût reçu le jour, fut obligé de créer lui-même des principes pour se guider dans l'exercice de la peinture. Il établit des règles certaines pour l'étude du dessin, de la perspective et de la couleur. Aucunes des parties qui ont rapport à cet art, ne furent oubliées dans les méditations de ce grand génie.

En travaillant pour lui-même, *Léonard* voulut applanir toutes les difficultés pour les autres, et il éleva au bel art de la peinture un monument éternel de sa science et de la profondeur de ses pensées.

Quel plus bel éloge que celui du *Poussin*, qui faisait tant de cas du traité de *Léonard de Vinci* sur la peinture, qu'il le regarda toujours comme la règle fondamentale de sa conduite, et comme la vraie boussole qui devait le faire arriver au but qu'il s'était proposé. Combien pourrais-je citer d'autres grands artistes qui ont pensé comme *le Poussin*, et qui ont tiré de grands avantages des savantes réflexions de *Léonard de Vinci !*

Scrupuleux à observer toutes les règles de l'art, on ne le vit jamais commencer un ouvrage sans l'avoir profondément médité.

Il ne se contentait pas comme un très-grand nombre de peintres, de suivre les premières impulsions de son génie, il ne se mettait à l'ouvrage qu'après s'être rendu compte à lui-même de toutes les parties du tableau, et qu'après en avoir parfaitement conçu ce que son pinceau devait exécuter : aussi c'est à ces savantes combinaisons que l'on est redevable des chef-d'œuvres immortels qui feront l'admiration de tous les siècles.

Léonard, trop occupé à des travaux différents, ne put laisser sans doute autant de tableaux que beaucoup d'autres peintres ; mais ceux qu'il a peints sont portés à un tel degré de perfection, qu'ils ont suffi seuls à sa grande renommée. Les têtes de *Léonard de Vinci* offrent l'image parfaite de la nature, elles respirent, et elles ont un air de naïveté si extraordinaire, que l'homme le plus ignorant s'y arrête comme par instinct.

Son beau tableau de la Cène qu'il peignit dans le réfectoire des dominicains de Milan, est peut-être l'un des plus beaux tableaux qui ait jamais été fait.

Cet ouvrage, que tout autre peintre eût exécuté en peu de temps, fut le résultat de plusieurs années de longues méditations. *Léonard* voulut en faire un ensemble parfait ; il voulut donner à chacun des personnages qui le composent un caractère différent ; il épuisa, pour ainsi dire, dans ce grand ouvrage, toutes les expressions dont l'homme est susceptible. On irait presque jusqu'à deviner ce que pense chacune des figures en particulier, de l'événement sacré dont elles sont les témoins. La surprise, le respect, l'admiration y sont traités avec une perfection jusqu'alors inconnue.

Il semble en effet, en examinant cette grande conception, que l'on participe soi-même à la pieuse cérémonie qui a réuni tant de nations sous le même dogme et la même croyance.

On dit que *Léonard de Vinci* se formait toujours des pensées convenables à la dignité de ses sujets, et il en donna la preuve dans le tableau de la Cène où il s'était fait une si haute idée de l'humanité du fils de Dieu, que voulant l'y représenter, il ne put l'achever, dans la persuasion où il était que l'art et les couleurs ne pouvaient exprimer assez dignement l'idée qu'il s'était faite de la beauté et de la majesté du sauveur du monde.

En grand observateur des choses naturelles, il ne les étudiait pas seulement pour les mieux rendre dans ses tableaux, mais pour en connaître les causes. C'est ainsi que *Léonard* a laissé à la postérité des témoignages de son grand esprit et de ses études continuelles, car outre son traité sur la peinture il avait écrit plusieurs ouvrages ou perdus à sa mort, ou restés dans des mains inconnues.

Le savant traité de *Léonard de Vinci* sur la peinture devrait être mis dans les mains des élèves que la nature a spécialement destinés à parcourir la carrière des arts, mais en particulier de ceux que d'heureuses inspirations du génie conduisent vers le genre sublime de l'histoire.

Les maîtres qui semblent en général ne s'occuper dans l'enseignement que du mécanisme de l'art, ne devraient-ils pas, à l'exemple de *Léonard de Vinci*, recommander à leurs élèves d'acquérir en même temps les diverses connaissances nécessaires pour arriver à la perfection, et les engager à se pénétrer de bonne heure des principes certains qui leur éviteraient je ne sais combien d'essais inutiles, de recherches tardives qui entraînent avec eux une perte de temps considérable qui tournerait au profit de l'art.

L'étude de l'antique, celle de l'anatomie, de la géométrie, de la perspective, beaucoup trop négligées, sont les parties intégrantes et absolument essentielles au peintre d'histoire, qui doit s'instruire en même temps de l'histoire des peuples, de leurs habitudes diverses, se meubler l'imagination des beautés de la poësie et faire de sérieuses observations sur les ouvrages des peintres qui ont le plus approché de la perfection.

L'exemple de *Léonard de Vinci*, qui se pénétra de la nécessité de ces principes, devrait produire sur l'esprit des autres peintres l'effet qu'il fit sur le célèbre *Poussin* qui avouait devoir une grande partie de son talent aux méditations de l'ouvrage de *Léonard*, dont on lui avait confié les précieux manuscrits.

Nous ne parcourrons pas les divers événements de la vie laborieuse de *Léonard*, nous ne nous arrêterons qu'à ceux qui lui ont fait une réputation si bien méritée et qu'une longue suite de siècles n'a pu diminuer. Citons cependant quelques-uns de ses principaux ouvrages. Suivons le à la cour de Louis Sforce dit le More, duc de Ferrare, amateur distingué des beaux arts, qui se déclara son protecteur et son admirateur.

Ce prince l'appelle près de lui et s'empresse de l'occuper à divers grands ouvrages ; *Léonard* élève aussitôt à Milan une académie de peinture et d'architecture, dont il est le premier directeur. Ce fut dans cette ville que *Léonard de Vinci* se montra aussi bon ingénieur que grand peintre, en faisant conduire sur ses dessins le fameux canal qui amène les eaux de l'Adda jusqu'à Milan, projet qui jusqu'alors avait paru impossible ; mais le génie profond de *Léonard* surmonta toutes les difficultés, et il parvint à faire monter des bateaux au-dessus des montagnes et à les faire descendre dans la profondeur des vallées.

Des changements arrivés à Milan par la disgrâce du duc Sforce, obligèrent *Léonard* de sortir de cette ville et d'aller à Florence, où il fit plusieurs excellents portraits, entr'autres celui de la belle Lise, épouse de Jiocondo; c'est le même portrait connu dans le cabinet du Roi, sous le nom de la Joconde, le tableau le plus achevé qu'ait produit son pinceau. Ses autres tableaux placés dans les plus célèbres galeries de l'Europe, sont assez connus pour ne pas les rappeler ici; je dirai cependant que les florentins s'empressèrent de choisir *Léonard de Vinci* pour peindre la grande salle du conseil; j'en parle sur-tout à cause de l'effet que produisit cet ouvrage sur l'esprit de *Raphael*, alors à peine âgé de vingt ans, venu à Florence pour la première fois, en sortant de l'école du *Perrugin*. *Raphael* fut si frappé des merveilles qu'il voyait s'opérer sous ses yeux, que son esprit en parut éclairé comme d'une vive lumière qui le porta tout-à-coup à quitter la manière sèche et dure du *Perrugin*, son maître, pour imiter cette douce et belle fonte de couleurs qu'il remarqua dans les tableaux de *Léonard de Vinci*; mais ce qui contribua le plus à agrandir les idées de *Raphael*, ce furent les contestations dont il fut témoin entre *Léonard* et *Michel-Ange* qui n'avait alors que vingt-neuf ans, et qui fut toujours le rival de *Léonard*, soit à Florence, soit à Rome, lorsqu'il y fut appelé par Léon X; et comme leur inimitié alla toujours en augmentant, *Léonard de Vinci*, sur les offres de François Ier., se décida, quoiqu'âgé de plus de soixante-dix ans, à quitter l'Italie pour se rendre en France.

L'estime que le Roi lui témoigna, les caresses et les faveurs qu'il en reçut, prouvent assez le cas qu'en faisait ce monarque auprès duquel il ne vécut que cinq ans. Son utile et glorieuse carrière va se terminer ; mais la fin de cet habile homme doit avoir quelque chose de grand et d'extraordinaire.

Pénétrons donc en idée dans le palais des Rois pour être témoin de la scène la plus glorieuse pour l'art de la peinture. Voyons ce grand homme faire de vains et inutiles efforts pour témoigner son respect au monarque qui vient le visiter dans ses derniers moments. Il veut se lever de dessus son chevet ; il chancelle, il veut parler et il expire dans les bras de François Ier, son admirateur.

Peut-être serait-on tenté de reprocher à *Léonard de Vinci*, qu'à force d'avoir voulu perfectionner la beauté des choses au-delà de ce que peut la peinture, il n'a pas toujours rendu ses figures naturelles, qu'il en a marqué un peu trop les contours, et qu'il finissait jusqu'au plus petit détail ; mais reportons-nous au siècle où il a vécu, dans un moment où d'épaisses ténèbres obscurcissaient encore l'aurore de l'art ; obligé de chercher à force de travail le mécanisme inconnu de la peinture. Peut-être dira-t-on aussi qu'il a abusé du noir dans ses ombres ; mais quel peintre a donné plus de relief à toutes les parties du corps, qui souvent trompe l'œil dans ses tableaux.

Je ne puis cesser de parler de *Léonard de Vinci* sans donner encore une idée de son génie pour les machines, qu'en citant la tradition qui dit que les milanais le prièrent d'inventer quelque chose de merveilleux pour l'entrée de Louis XII dans cette ville. Il imagina entr'autres objets curieux, un lion automate dont les ressorts étaient si bien disposés qu'après avoir marché plusieurs pas devant le Roi, lorsque le monarque entra dans la salle du palais, cet automate s'arrêta tout-à-coup, et ouvrant son estomac, on vit paraître les armes de France.

La collection du Roi offre plusieurs beaux tableaux de *Léonard*, on en voyait aussi dans la galerie du palais royal.

Les tableaux de *Léonard* se font aisément reconnaître par une grande correction de dessin, par un fini qu'il a peut-être quelquefois poussé trop loin, ce qui rend ses contours découpés; mais beaucoup de ses tableaux sont exempts de ce léger défaut, et n'offrent que de grandes beautés.

Ses ombres fortes tirent quelquefois sur un violet très-foncé, ce qui ne peut venir que du temps et de l'emploi de couleurs défectueuses dont on se servait alors, le brun rouge sur-tout était fort employé par les peintres de la renaissance.

Il est bien rare de rencontrer des tableaux originaux de ce grand peintre dans les cabinets des particuliers, ce n'est plus que dans les galeries des souverains qu'il est possible de les admirer; mais le temps malheureusement fait sentir ses ravages sur les chef-d'œuvres de ces siècles éloignés.

Ajoutons que la restauration même parvient chaque jour à dénaturer les premiers sentiments de ces peintres célèbres, par les teintes fraîches et neuves qu'on y emploie.

MICHEL-ANGE BUONAROTTI,

Né à Arrezo en 1474, mort à Rome en 1564.

Michel-Ange se place immédiatement à côté de *Raphael*, qu'il avait précédé de quelques années. Ce grand artiste offre l'exemple le plus rare et le plus étonnant de trois genres de talents divers réunis sur le même homme, dont un seul eût suffi pour assurer à son auteur les honneurs de l'immortalité. Semblable à ces brillants météores qui ne se montrent sur le globe qu'à des époques très-éloignées, *Michel-Ange* parut tout-à-coup sur la scène des arts qu'il traversa à pas de géant : toutes les pensées de *Michel-Ange* furent fortes et sublimes, et tout ce qu'il a enfanté porte un caractère de grandeur et d'originalité qu'il avait apporté en naissant, et que des études profondes avaient achevé de perfectionner.

Aussi grand peintre qu'habile sculpteur et savant architecte, il a laissé dans ces trois arts difficiles des preuves du talent le plus consommé.

Si ce grand homme, plus maître de la fougue de son génie, eût pu mettre autant de grâces et de suavité dans ses ouvrages, que *Raphael*, il l'eût peut-être surpassé ; mais le destin qui veillait sur la gloire de ce dieu de la peinture, l'avait destiné à être le premier peintre de l'univers et le modèle éternel de toutes les perfections.

Michel-Ange, savant anatomiste et très-scrupuleux observateur de cette science, a fortement prononcé tous les muscles, lesquels paraissent en mouvement dans ses ouvrages ; mais il faut convenir que ses grandes connaissances du corps humain y produisent peut-être une sorte de dureté. Disons cependant à sa louange qu'aucun peintre depuis *Michel-Ange* n'a porté les connaissances de l'anatomie à un si haut degré de perfection.

Quant à sa manière de peindre, sa couleur très-austère et un peu livide est loin de produire la même sensation que celle de son rival, *Léonard de Vinci*, ainsi que par les grâces répandues dans tout ce qu'a produit le génie de *Raphael*.

Comme sculpteur, il est parvenu à égaler les anciens statuaires de la Grèce (1).

Le grand nombre de figures et de monuments qu'il a trouvé le moyen d'exécuter, même dès sa plus tendre jeunesse, annoncent assez sa rare facilité à tailler le marbre qui paraissait s'amolir sous son ciseau : aussi, en parlant de sa grande pratique comme sculpteur, il avait coutume de dire qu'il avait sucé ce talent avec le lait de sa nourrice dont le mari était sculpteur.

Plusieurs figures pour des monuments publics furent jetées en bronze sous ses yeux, et par des moyens puisés dans son génie créateur.

Pouvait-il donner une plus belle preuve de ses talents en architecture, que par la perfection de la plus vaste et de la plus belle église du monde chrétien (2),

---

(1) Il lui arriva d'enfouir en terre une jolie figure de l'Amour, dont il avait eu soin de garder un bras, pour convaincre ceux qui avaient jugé la statue un chef-d'œuvre de l'antiquité.

(2) Saint-Pierre de Rome.

confiée à ses talents, et qu'il eut la gloire de finir? Ajoutons à cela une infinité de palais à Rome et autres églises élevés sur ses dessins.

Il ne fut pas moins habile dans l'architecture militaire, en donnant des preuves non équivoques de sa science profonde dans cette partie (1).

On a tant écrit sur ce grand artiste, que je n'entreprendrai pas de répéter les diverses anecdotes beaucoup trop connues de sa vie privée, ainsi que des honneurs sans nombre qu'il reçut de plusieurs papes et de divers souverains de l'Italie.

J'ai voulu placer *Michel-Ange* en tête de cette galerie, comme un de ses principaux ornements, immédiatement à côté de *Léonard de Vinci* qui l'avait précédé à Florence, et qui fut toujours son rival.

Je n'ai eu d'autre intention que de rappeler les rares talents qui ont assuré à cet étonnant génie les honneurs de l'immortalité, et prouver que la nature qui l'avait comblé de tant de talents divers, n'avait rien produit de plus grand dans les arts.

Sans chercher à entrer dans les détails trop connus de la vie de *Michel-Ange*, je ne puis m'empêcher de rappeler ici le plus grand ouvrage qui ait été exécuté en peinture, auquel il employa sept années d'un travail le plus assidu, la chapelle Sixtine au Vatican, monument éternel de son talent admirable. C'est dans cette chapelle qu'il a peint son fameux tableau du jugement dernier, dans lequel il a épuisé toutes les poses et toutes les attitudes possibles à l'homme, avec

(1) Il fut chargé de la défense de plusieurs places fortifiées par ses soins.

une science et des connaissances anatomiques au-dessus de tout éloge.

On lui reproche d'avoir confondu dans cette vaste conception, des scènes tirées de la mythologie avec les idées sacrées de la religion ; mais avec ces légers défauts de convenance, cet ouvrage d'une très-grande dimension, n'en jouit pas moins de la réputation du tableau le plus savant et le mieux dessiné qu'ait enfanté l'esprit humain.

On pourrait comparer le tableau du jugement dernier, au beau poëme du *Dante*, pour le feu et la noblesse des pensées.

Ainsi la nature en formant ce génie incomparable, voulut laisser un grand exemple aux races futures. On eût dit qu'elle l'avait créé pour le joindre à la longue famille des *Appelles*, des *Zeuxis*, des *Cléomènes* et des *Appollodores* avec lesquels ses productions ont tant de ressemblance.

Il est rare de trouver aujourd'hui des tableaux de *Michel-Ange* dans les cabinets particuliers, ils ne brillent que dans les palais des princes ; ce peintre occupé d'ailleurs à de très-grandes opérations, n'a pu produire que très-peu de tableaux à l'huile : la sculpture, l'architecture s'emparèrent d'une grande partie de sa vie, et ne lui permirent pas de se livrer aussi souvent à l'exercice du pinceau.

On reconnaît ses tableaux à un grand style de dessin, à une sorte de bizarrerie dans ses coiffures, et à l'ajustement de ses figures, qui a quelque chose d'original.

TITIEN VÉCELLI,

Né à Cadore en 1480, mort à Venise en 1576.

Je ne chercherai point à établir la renommée du *Titien* (1) sur l'ancienneté de la noblesse de ses ancêtres, mais sur les talents supérieurs qui lui ont assuré le titre éternel du plus grand coloriste et du patriarche de l'école vénitienne.

Le Titien eut le sort des plus beaux génies qui ont illustré la peinture, d'avoir reçu les principes de leur art dans l'école de peintres médiocres. Ce fut chez *Jean Bellin*, l'un des plus anciens peintres et des plus renommés de Venise, mais dont la manière était sèche et maigre, que *le Titien* reçut les premiers principes de son art, qu'il oublia sitôt qu'il aperçut les ouvrages du *Giorgion*, lesquels changèrent totalement sa manière.

On dit que *le Titien* parvint à imiter tellement le genre et le faire du *Giorgion* que souvent on s'y méprit au point de confondre leurs tableaux. Bientôt *le Titien* fut chargé d'exécuter les plus grands ouvrages à fresque, et il embellit les salles de la république de ses brillantes productions. Il est à remarquer que *le Titien*, à peine âgé de dix-huit ans, peignait déjà des portraits dans lesquels on admira l'étonnante vérité des chairs, et jusqu'au précieux rendu des plus petits détails. *Vasari* rapporte qu'on les eût jugés

(1) La famille *Vécelli* était une des plus anciennes de l'état de Venise.

du *Giorgion*, tant était grande la ressemblance avec celui-ci.

Je me plais à continuer de citer ce que dit le même auteur : » que *le Titien*, après avoir vu *le Giorgion*, » commença à donner à ses ouvrages plus de moel- » leux et d'effet, sans abandonner néanmoins les » objets naturels et vivants, les imitant de son mieux » sans en faire de dessin, et les indiquant à l'aide de « teintes crues et douces, tels qu'ils se présentaient. » Il regardait cette manière d'opérer comme le véri- » table et le meilleur moyen de peindre au premier » coup, sans jeter ses idées sur le papier «......

C'est à juste titre que *le Titien* a joui de la réputation du premier coloriste, puisqu'il a servi de modèle à tous ceux qui, dans la suite, ont acquis une grande réputation dans cette belle partie de la peinture. N'est-ce pas à la vue de ses ouvrages que *Rubens*, *Vandyck*, *le Tintoret*, *Paul Véronèse* durent leur grand talent pour la couleur.

Le Titien est si connu, son nom est devenu d'ailleurs si célèbre dans l'histoire de la peinture, que je n'ai pas cru pouvoir rien ajouter à sa gloire ; ses conceptions immortelles parlent assez en sa faveur depuis plus de quatre siècles, et sont connues dans toutes les contrées de l'Europe.

J'ai voulu prouver que j'étais loin d'oublier la mémoire d'un aussi grand artiste qui a tant de droits à notre admiration, et qui devait occuper une des premières places dans cette collection que son nom honore, ainsi que celui des autres fondateurs des grandes écoles, dont la mémoire et les talents ont des droits égaux à l'immortalité.

Jetons maintenant un coup d'œil sur le faire et les ouvrages du *Titien*. On le reconnaît à un pinceau moelleux et fondu, à une entente parfaite du clair obscur ; mais on regrette qu'un aussi grand peintre n'ait pas joint à son talent pour le coloris, la correction et la pureté du dessin ; content de la seule étude de la nature, il négligea celle de l'antique et le beau idéal qui eût mis la perfection à ses ouvrages.

Si *le Titien* se fait admirer par la fraîcheur et la force de son coloris, on n'est pas toujours également satisfait aussi de la disposition de ses tableaux, de la distribution de ses groupes, de l'ordonnance et du jet de ses draperies.

» On remarque, dit *Vasari*, auteur contemporain, deux manières toutes différentes dans les » tableaux du *Titien*. Les tableaux de son premier » temps offrent une certaine finesse et tant de soin, » qu'on peut les voir de près comme de loin ; ceux » de sa seconde période sont, au contraire, heurtés » à grands coups de pinceau, et perdent autant à les » considérer de près qu'ils paraissent beaux et terminés dans l'éloignement ; mais ce qu'il y a d'assez » singulier, c'est qu'au grand étonnement de certains » admirateurs, il est facile de reconnaître combien » de fois il a été obligé de revenir sur le tout ; et » l'on peut dire qu'autant cette marche est cachée, » autant elle est judicieuse, belle et surprenante, » en donnant à la couleur le vrai ton de la vie, » et prouve en même temps la profonde connaissance qu'il avait de son art. «

On sait que *le Titien* a peint un grand nombre de portraits des principaux personnages de son temps. Un

Un jour étant occupé à peindre Charles-Quint, il laissa échapper un de ses pinceaux que cet empereur s'empressa de relever, et sur les excuses que lui en fit *le Titien*, ce héros lui répondit qu'il était naturel qu'Appelle fût servi par César (1).

Le Titien descendit au tombeau, la palette à la main, à l'âge de quatre-vingt-dix-neuf ans onze mois.

On ne connaît que très-peu d'élèves de ce grand peintre qui était, dit-on, peu propre à en former; le seul qui soit bien connu est *Paris Bordone* qui l'a imité parfaitement (2); les autres n'ont été que ses imitateurs serviles ou ses copistes, ce qui jette souvent de l'embarras et des doutes dans le jugement que l'on doit porter de ses ouvrages, et fait commettre beaucoup d'erreurs, même à ceux qui se piquent de grandes connaissances en peinture; ajoutez à cela que la plupart des peintres de la renaissance des arts négligeaient ordinairement de signer leurs tableaux.

---

(1) Je n'ai cité cette anecdote que par l'honneur qu'elle fait au souverain et au grand peintre qui le reçut.

(2) *Ridolfi*, dans la vie de *Paris Bordone*, dit que cet artiste resta peu à l'école du *Titien*; mais cet auteur n'en dit pas la raison, de peur de ternir la mémoire du *Titien*, qui se souciait peu de communiquer ses talents aux autres.

GIORGIO BARBARELLI,

OU LE GIORGION.

Né à Castel-Franco dans le Trévisan, en 1478, mort en 1511.

GARDONS-NOUS d'oublier dans cette galerie des peintres célèbres *le Giorgion*, qui fut le fondateur de l'école vénitienne, le précurseur du *Titien* et le créateur du coloris, cette belle partie de la peinture qu'il a portée à un si haut degré de perfection.

Le Giorgion trouva le premier cette magie, cette fonte de couleurs qui constitue le clair obscur, sans quoi l'art de la peinture ne serait qu'une superficie plate, telle que les grecs modernes l'avaient transmise en Italie, vers le onzième siècle. Il excella non seulement comme grand peintre d'histoire et de portraits, mais il est regardé aussi comme un des premiers et des plus célèbres paysagistes de l'Italie.

Les tableaux du *Giorgion*, conservés depuis plus de quatre siècles jusqu'à nos jours, sont d'un coloris très-vigoureux, peints d'une manière large, transparente et très-fondue. On trouve dans les productions de cet habile homme un génie bien pénétré des grandes vérités de la nature qu'il avait prise pour guide, mais avec une manière de la rendre qui n'appartient qu'à lui seul.

Le Titien qui fut contemporain du *Giorgion*, et qui naquit après lui, parvint à tirer un grand parti de la vue de ses ouvrages; ils aidèrent à éclairer ce grand artiste déjà préparé par la nature à un système de couleur savant et plein de vérité. Ce fut dans les tableaux du *Giorgion* que *le Titien* puisa cette fonte, ce passage insensible des ombres aux demi-teintes et à la lumière qui fait le charme de ses admirables tableaux. Les auteurs contemporains assurent que *le Titien*, pour profiter des grands talents du *Giorgion*, voulut se ranger parmi ses élèves, mais que celui-ci s'en étant aperçu, le congédia.

Les mêmes traditions rapportent que ce fut *le Giorgion* qui introduisit le premier à Venise la coutume de peindre l'extérieur des maisons, et qu'il représenta sur plusieurs façades des principaux palais de cette ville, des sujets de métamorphoses et des amours des dieux.

Il est facile de voir, en examinant avec attention les ouvrages de ce peintre, qu'il ne fit jamais rien sans consulter la nature, mais qu'il a cherché à donner moins de correction que de rondeur et de relief à ses figures.

Sa manière était d'employer peu de teintes, et comme il peignait avec beaucoup de franchise, il parvint à imiter la fraîcheur de la chair, au point de croire voir le sang circuler dans les veines.

Rien ne paraît si facile que sa manière d'opérer; mais avec quel art aussi a-t-il su cacher le travail sous la fonte des couleurs.

Combien doit-on admirer la facilité, l'abondance des pensées, le feu de l'imagination de ce grand peintre dont la carrière fut de très-courte durée, et qui ne parut pour ainsi dire qu'un instant dans le monde; victime d'une amante infidelle, il périt par une lâche perfidie, ayant à peine atteint l'âge de trente-deux ans, après avoir inventé son art et agrandi le domaine de la peinture de plusieurs siècles.

Il n'y a pas de doute que ce fut *le Giorgion* qui servit de guide au *Titien* pour sa belle manière de peindre et cette couleur inimitable qui l'a rendu si célèbre dans les fastes de la peinture.

C'est à cette même école que se sont formés les *Rubens*, les *Vandick*, et cette longue famille de grands coloristes de l'école de Flandre, qui naturalisèrent dans leur patrie ce prestige enchanteur, rival de la nature.

Le Giorgion, qui avait paru un des premiers à la renaissance des arts en Italie, offre un prodige inconcevable, par la manière facile et large avec laquelle il peignait, sans avoir formé aucune liaison avec les autres peintres du même pays, dont la plupart n'opéraient qu'en tâtonnant, et très-souvent d'une manière sèche et maigre.

On doit donc dire à la louange du *Giorgion*, qu'il prépara, par ses heureuses découvertes, tous les succès de l'école vénitienne, et la grande réputation des peintres qui ont contribué depuis lui à la célébrité de cette école. C'est à son inspiration qu'elle doit le célèbre *Sebastiano del Piombo*, qui fut son élève, *les Bassans*, *le Tintoret*, *Paul Véronèse*, et tant de grands coloristes qui s'y sont successivement formés; n'est-ce pas ainsi que l'Iliade d'Homère sut inspirer Virgile, le Dante, l'Arioste et le Tasse?

Il serait peut-être difficile de se former aujourd'hui une idée bien juste des talents de ce grand peintre, d'après les tableaux qui sont parvenus jusqu'à nous; il en est cependant encore un certain nombre échappés aux ravages du temps, et qui ont conservé assez de fraîcheur pour qu'on puisse apprécier leur mérite. On les trouve souvent d'une teinte forte, rembrunie dans les ombres, et dorée dans les lumières, mais ce n'est guère qu'à Venise et dans les palais des souverains qu'il est facile d'admirer les grands talents du *Giorgion*.

Les tableaux qui se trouvent sous son nom dans les grandes collections de la France, présentent cette fonte, cette touche large et moelleuse qui firent l'admiration du siècle qui les vit naître.

Que de réflexions naissent à la fois quand on pense que *le Giorgion*, ainsi qu'un très-petit nombre de ses contemporains des diverses contrées de l'Europe, furent obligés de créer l'art et de le débrouiller à travers les épaisses ténèbres qui l'obscurcissaient encore au moment où parurent *Léonard de Vinci*, *Michel-Ange* et le sublime *Raphael*, les premiers restaurateurs de la peinture, lesquels passèrent, comme par enchantement, de l'aurore à la perfection des arts. Mais combien la nature avait-elle favorisé *le Giorgion* auquel l'école vénitienne en particulier doit tant de reconnaissance. Peintre, poëte et musicien, il joignit à ces divers talents une superbe voix avec laquelle il s'accompagnait sur le luth dont il jouait avec beaucoup de perfection.

RAPHAEL SAUZIO,

Né à Urbin en 1483.

Le nom de *Raphael*, je dirais presque celui du dieu de la peinture, comme celui d'Esculape qui fut le dieu de la médecine dans la savante antiquité, n'est prononcé par les peintres qu'avec une sorte de vénération mêlée de respect.

Raphael passera d'âge en âge long-temps après la disparition de ses ouvrages, pour le premier peintre de l'univers et comme le véritable restaurateur de la peinture.

Deux hommes habiles, *Léonard de Vinci* et *Michel-Ange*, avaient déjà fait un grand pas vers l'accroissement de cet art enchanteur ; mais il était réservé à un peintre qui devait naître après eux, de rassembler sur lui seul toutes les connaissances propres à faire reparaître l'art de la peinture dans toute sa splendeur, et avec la rapidité de l'éclair.

On doit dire avec vérité, et à la louange de *Raphael*, qu'il traversa neuf siècles pour le progrès de la peinture, pendant le court espace d'une existence de trente-sept ans.

Il fut doué par la nature d'un génie supérieur et de toutes les qualités propres à produire une de ces révolutions dans les arts, que l'on ne découvre que de loin en loin : aussi *Raphael* est-il resté en possession du sceptre de la peinture.

Pour avoir une juste idée de cet habile homme,

écoutons le jugement qu'en porte *Vasari* (1), auteur contemporain :

» Combien le ciel se montre-t-il par fois bienfai-
» sant en accumulant sur un seul ses trésors, ses
» grâces infinies, après les avoir long-temps partagés
» entre plusieurs ! Qui peut mieux en convaincre que
» *Raphael*, cet homme aussi rare que pétri de grâces ?
» La nature le favorisa de cette bonté, de cette
» modestie que pour l'ordinaire ceux doués d'une
» humanité naturelle savent unir à l'affabilité, et qui
» enfin par leur douceur plaisent dans toutes les occa-
» sions. Elle fit ce présent au monde, lorsque vaincue
» par le talent sublime de *Michel-Ange*, elle voulut
» l'être aussi par l'art et l'amabilité de *Raphael* : à
» la vérité, la plupart des artistes jusqu'alors avaient
» quelque chose de bizarre et de sauvage. Il était
» donc bien juste que par opposition elle fît briller
» en *Raphael* les qualités du cœur les plus rares, la
» grâce, le goût pour l'étude, la beauté, la modestie,
» et cette grande honnêteté faite pour effacer les
» vices les plus honteux.

» Ainsi l'on peut dire avec assurance, que quicon-
» que a reçu de la nature autant de dons que *Raphael*,
» ne peut être simplement envisagé comme un homme,
» mais bien comme un dieu mortel, s'il est permis
» de s'exprimer ainsi (2) «.

Il était réservé à la ville d'Urbin de montrer au

---

(1) *Vasari*, Vies des peintres du 15e. siècle, tome 2.

(2) *Carle Maratte* disait que si on ne lui eût pas nommé *Raphael* en lui montrant un de ses tableaux, il l'aurait cru peint par un ange. *Richardson*, art. 102, tome 1.

monde ce prodige qui devait élever l'art de la peinture à un si haut degré.

Raphael, placé par son père qui lui donna les premiers principes, à l'école du *Perrugin* (1), eût failli de se perdre sous l'égide d'un peintre qui eût resté peut-être inconnu sans l'honneur d'avoir eu *Raphael* pour disciple. *Le Perrugin* dont le style est sec et maigre, les compositions froides et inanimées, était peu propre à développer les talents de son élève ; mais la nature avait donné à cet enfant un génie capable de connaître ce qui est beau, et d'embrasser à la fois tous les genres de connaissances propres à le conduire à la perfection de l'art.

Les premiers essais de *Raphael* faits sous les yeux du *Perrugin* et peu après sa sortie de chez lui, que l'on conserve avec soin quoiqu'entachés du style maigre de son maître, semblaient annoncer d'avance un talent fort au-dessus du *Perrugin*, par la grâce et la touche du pinceau.

Obligé d'abandonner *le Perrugin* qui fut forcé de partir pour un voyage, *Raphael* s'abandonna tout entier à l'impulsion de son génie et donna l'essor à cette flamme qui devait éclairer son école devenue si célèbre, la plus fameuse école du monde. *Raphael*, semblable à ces premiers navigateurs qui parcouraient les mers pour trouver un rivage inconnu qu'ils avaient pour ainsi dire rêvé, songe qu'il est aussi une autre route qu'il doit parcourir pour arriver à l'immortalité.

---

(1) *Le Perrugin* passait alors pour un des meilleurs peintres de l'état romain.

A peine *Raphael* est il livré à lui-même, qu'on ne reconnaît plus déjà l'élève du *Perrugin*; ses premiers débuts sont des chef-d'œuvres d'une très-grande dimension.

La surprise que cause ce nouveau prodige inspire plusieurs jeunes artistes qui brûlent de se ranger comme par attraction autour du météore qui devait un jour répandre sur eux sa lumière éclatante.

Jules Romain, le plus célèbre de ses disciples, *Polidore de Caravage*, *Lucas Penni*, dit *il Fattore*, *Jean d'Udine* et une foule d'autres peintres vont partager sa gloire et l'aider dans ses nombreux travaux. Il est à remarquer qu'au même moment se formèrent dans cette école des peintres de tous les genres qui semblaient venir se placer tout exprès pour la perfection de ses grandes opérations : peintres d'architecture, d'ornements, de grotesque, d'animaux, de paysages, tous se formaient sous les yeux de *Raphael*.

Il en envoya dans diverses contrées de l'Italie et de la Grèce, où semblables aux abeilles ils allaient recueillir des études en tous genres qu'ils rapportaient à ce sanctuaire des arts.

Raphael savait tirer le plus grand parti de ces nouvelles richesses pour en embellir ses nombreuses et savantes productions.

Sur la renommée de ce puissant génie, de nouveaux élèves accourent de toutes les parties de l'Italie, pour profiter de ses heureuses découvertes et se former à son exemple.

Les lambris du Vatican s'embellissent comme par magie des tableaux de la Genèse, où son génie créateur a tracé l'histoire et la physionomie de ces premiers hommes dont nous honorons la mémoire et dont l'ancienne doctrine forme encore aujourd'hui la base de notre croyance.

En examinant ce superbe ouvrage, on serait tenté de croire que *Raphael* a vécu parmi ces peuples pasteurs, et on imagine qu'ils n'ont pu être autres qu'ils les a représentés.

Il semble qu'un génie protecteur l'ait transporté en songe dans ces siècles reculés de l'enfance de notre histoire, au milieu de ces nations nomades, heureuses des seules richesses de leurs nombreux troupeaux.

Raphael se fit remarquer au palais du Vatican par le début le plus étonnant et par les plus belles conceptions de son génie et de la peinture, l'école d'Athènes, la dispute sur le Saint-Sacrement, lesquelles furent suivies d'une prodigieuse quantité d'autres tableaux parmi lesquels on distingue Héliodore pillant le temple de Jérusalem et fouetté par un ange qui le renverse; on voit l'arche d'alliance, le chandelier d'or à sept branches, l'incendie du bourg, la défaite de Maxence, outre une infinité d'autres sujets accessoires servant pour ainsi dire d'ornement aux plus grands tableaux.

Il peignait en même temps les portraits des plus illustres personnages de son temps avec une exacte vérité (1). J'ai cru devoir me dispenser de citer ici

(1) On sait que *Raphael* fut présenté à son arrivée à Rome au pape Jules II dont il reçut le meilleur accueil, et que ce souverain pontif charmé de la beauté de son génie, ne cessa de le combler de ses faveurs. Le pape Léon X lui continua la même bienveillance.

les diverses anecdotes d'une aussi belle vie qui fut terminée par un tableau regardé depuis comme le premier chef-d'œuvre de la peinture (1), mais qu'une mort prématurée l'empêcha d'achever en entier.

Il est à observer que *Raphael* quelque temps après avoir quitté *le Perrugin*, fit un voyage à Florence, lequel changea tout-à-coup sa première manière, il sembla pénétré d'une nouvelle lumière à la vue des peintures de *Léonard de Vinci*, de *Michel-Ange*, et sur-tout par la manière de peindre de *Fra Bartholomée de Saint-Marc*, avec lequel il lia connaissance; ce fut ce dernier qui lui inspira sur-tout le moelleux et les grâces qu'il a répandues depuis dans ses opérations.

On sait de quelle manière ce grand homme termina ses jours (2), et dont la perte couvrit de deuil toute l'Italie.

Les autres anecdotes de la vie privée de *Raphael* sont si connues et si répétées, que je crois devoir les passer sous silence, n'ayant eu d'autre intention que de faire connaître le talent des différents peintres cités dans cette galerie.

Je joindrai seulement à la suite de l'article de ce grand peintre l'épitaphe latine que *Bembo*

---

(1) La Transfiguration qui a été gravée plusieurs fois par les premiers graveurs de l'Europe. Ce fut *Jules Romain* qui eut l'honneur de terminer ce beau tableau dans lequel il ne restait plus à finir que cette jeune femme vue par le dos.

(2) Ce fut, dit-on, par l'imprudence de son médecin qui jugeant sa maladie tout autre qu'elle n'était, lui ordonna une saignée qui le fit périr en très-peu de temps.

composa en son honneur, et qui est rapportée dans *Vasari* (1).

D. O. M.

RAPHAELI SANCTIO JOAN. F. URBINAT.

PICTORI EMINENTISS. VETERUMQUE ÆMULO;

CUJUS SPIRANTEIS PROPE IMAGINEIS SI

CONTEMPLERE, NATURÆ ATQUE ARTIS FŒDUS FACILE INSPEXERIS.

JULII II ET LEONIS X PONT. MAX. PICTURÆ

ET ARCHITECT. OPERIBUS GLORIAM AUXIT.

VIXIT A. XXXVII. INTEGER INTEGROS;

QUO DIE (2) NATUS EST, EO ESSE DESIIT.

VII. ID. APRIL. M. D. XX.

ILLE IC EST RAPHAEL, TIMUIT QUO SOSPITE VINCI

RERUM MAGNA PARENS, ET MORIENTE MORI.

Plusieurs poëtes (3) de l'Italie lui payèrent tour-à-tour leur tribut d'admiration, soit en latin, ou en vers italiens. On trouva dans les papiers de *Raphael* une partie d'un sonnet, le seul qu'il composa peu avant sa mort; j'en placerai ici la traduction

---

(1) *Vasari*, vie de *Raphael*, tome 2.

(2) Il naquit le vendredi et il mourut à pareil jour. *Paul Naldini*, sculpteur très-habile, exécuta le buste en marbre qui se voit sur son tombeau.

(3) Le comte Balthasar de Castiglione fit en son honneur une pièce de vers latins,

française ; tant il présente d'intérêt à la mémoire de cet habile peintre.

Le sonnet commence ainsi :

» Un pensier dolce è rimembrare, e godo
» Di quell' assalto, ma più provo il danno
» Del partir ; ch' io restai, come quei, ch' hanno
» in mar perso la stella, se il ver odo.

....

....

....

Traduction littérale.

» Le souvenir est une douce pensée, et je jouis de cet » assaut qu'on me livre ; mais à dire vrai, mon départ » m'est plus pénible, d'autant que je restai abandonné » comme ceux qui au milieu des flots n'aperçoivent plus » leur étoile. Maintenant, ma langue, délie-toi et raconte » la tromperie inconcevable qu'Amour pour mon » malheur me fit éprouver. Toutefois je l'en remercie » davantage et j'en loue celle qui en fut la cause. La » sixième heure était sonnée, un soleil avait terminé » sa course, etc. «

Carle Maratte qui fut chargé de restaurer une portion de ses ouvrages au Vatican, fit placer aussi une épitaphe à sa louange sur son tombeau.

LE CORREGE,

Antonio de Allegris,

Né en 1494, mort en 1534.

Anch'io son pittore, s'écria *le Corrége*, à la vue d'un tableau de *Raphael*, avec cette persuasion intime de ses talents, qui n'est point le sentiment de l'orgueil.

Ce fut pour la première fois que *le Corrége* put obtenir la juste mesure de son mérite qu'il avait absolument ignoré jusqu'alors. Qui mieux que ce grand peintre pouvait s'appliquer ces paroles, lui qui avait déjà fait un si grand pas dans la carrière de la peinture! Lui qui devait tout à ses observations judicieuses sur la nature, qui n'eut jamais d'autre maître pour le diriger vers l'étude d'un art aussi difficile, que les leçons de cette mère commune!

Le Corrége est un de ces phénomènes qui ne paraissent qu'une fois pendant une longue suite de siècles. Il est peut-être le seul exemple dans les arts qui puisse être cité et qui soit arrivé à un degré de perfection aussi éminent, sans d'autres secours que son propre génie. La nature semblait l'avoir choisi avec une prédilection toute particulière, pour lui dévoiler tous ses secrets.

Pourra-t-on croire que dans un siècle où la peinture était encore presque au berceau, dans le moment même où quelques grands hommes placés en divers lieux de l'Italie, cherchaient avec beaucoup de peine à faire sortir l'art de l'état de barbarie où il était plongé depuis neuf siècles ; croira-t-on, dis-je, que *le Corrége* eût acquis déjà seul une pratique admirable dans son art ?

On n'a aucunes notions sur les commencements de ce grand homme semblable à certaines planètes jusqu'alors inconnues qui se montrent tout-à-coup à l'œil du vigilant astronome ; tel parut sur la scène des arts l'illustre *Corrége* qui n'eut jamais d'enfance, et dont les débuts furent des chef-d'œuvres.

La surprise qu'ils causèrent fut telle, qu'on n'eut que le sentiment de l'admiration, sans chercher à deviner les causes d'un miracle aussi surprenant.

Le Corrége était absolument ignoré dans toute l'Italie qu'il honorait déjà par des prodiges surnaturels. Corregio, bourg peu renommé, vit éclorre dans l'obscurité, au sein d'une famille indigente, les talents extraordinaires qui devaient faire la gloire de la Lombardie, et qui ont fourni depuis de si grands modèles aux peintres de toutes les écoles.

Ce fut à la vue des ouvrages du *Corrége* qu'*Annibal Carrache* forma ce style sublime qui causa une surprise si grande lorsqu'il reparut à Bologne, après avoir visité la coupole de Parme. La belle manière du *Corrége* avait produit une telle impression sur son ame, que s'étant identifié avec elle, il voulut la naturaliser dans cette école fameuse, dite des *Carraches*, devenue la pépinière des plus grands peintres de l'Italie.

Pouvait-on espérer que *le Corrége*, qui n'avait jamais essayé ses talents sur des objets d'une très-grande dimension, débuterait par la superbe coupole de

Parme, l'un des plus grands ouvrages à fresque de l'Italie ?

Il est difficile de concevoir que cet ouvrage divin, qui renferme des beautés sans nombre, ait été créé au moment même de la renaissance des arts. N'est-on pas tenté de croire que *le Corrége* avait déjà devancé ce moment de plusieurs siècles, par la vaste étendue de son génie, par l'immensité de cette belle composition, par le charme de la couleur et par les grands principes qu'il a développés sur la perspective et la magie des plafonds ?

On reste en extase devant cette magnifique coupole, lorsqu'on ignore sur-tout où l'artiste qui a opéré tant de merveilles a pu puiser toutes les connaissances qu'il a fallu rassembler pour arriver à ce degré de perfection. Quelle connaissance de la perspective linéaire ? Où trouver des raccourcis plus vrais et mieux rendus que dans la coupole de Parme ?

Peut-on voir sans surprise le talent qu'il a développé et sa belle manière d'opérer, lorsqu'il a voulu peindre à l'huile ; la fraîcheur de son coloris, la vérité des teintes, l'art avec lequel il a su empâter ses couleurs, sans en diminuer ni la force ni l'éclat ? Jamais peintre ne peignit avec plus de grâces, sans aucune crudité ni sécheresse dans les contours : il semble qu'à l'exemple de la nature, ils soient dans ses tableaux comme s'ils n'y étaient pas.

Ses idées sont toujours grandes et extraordinaires ; les airs de tête de ses figures sont inimitables. On trouve dans les ouvrages du *Corrége* une finesse d'expression et un beau fini qui, par une heureuse combinaison, font autant d'effet de loin que de près. Il a trouvé le moyen

moyen de donner du relief, de l'accord et de l'harmonie dans tout ce qui est sorti de son savant pinceau. Les plus grands peintres de son temps, étonnés des rares talents du *Corrége*, avouaient que ses carnations étaient la nature même, et non de la peinture ; telle fut l'expression de *Polidore*.

Les grâces sont répandues avec tant de profusion dans les ouvrages du *Corrége*, qu'on ne songe guère à lui reprocher quelques incorrections, quelquefois même un peu de bizarrerie dans ses airs de tête, et quelques contrastes forcés dans ses figures.

On ne peut se faire une plus grande idée de l'excellence de ses talents dans la science du clair obscur, et de ses grandes connaissances dans la distribution des lumières et des ombres, qu'en examinant son tableau connu sous le nom de la Nuit du *Corrége*, où la lumière vive qui environne et semble sortir de l'enfant Jésus, réfléchit une telle vivacité sur toutes les figures, qu'elles ont l'air d'être frappées par l'effet de l'éclair le plus brillant au milieu des ténèbres de la nuit la plus obscure.

Le Corrége est le premier qui ait représenté des figures en l'air et en raccourci. Moins bon dessinateur que très-habile coloriste, il avait cependant un grand goût de dessin, et il a toujours su faire un heureux choix du beau.

S'il n'a pas eu toute la force, l'harmonie de couleur et la belle conduite de lumières, ce mélange de teintes que l'on admire dans *le Titien*, il a eu en revanche l'imagination plus forte ; et quoiqu'il ait été quelquefois incorrect, il a dessiné en général d'un plus grand style que le premier peintre de l'école vénitienne, et ce qu'il a fait est de meilleur goût et a plus de noblesse.

Jusqu'à quel degré serait donc arrivé *le Corrége* s'il fût sorti de la Lombardie, et s'il eût dirigé ses études vers les beautés sublimes de l'antique, lui qui, sans les ressources de l'enseignement, sans avoir été stimulé par l'exemple d'aucuns maîtres, est arrivé à un tel degré dans son art, qu'il n'a jamais été surpassé? Aucun peintre n'a donné cette rondeur, ces grâces, et cette *morbidezza*, suivant l'expression des italiens, qui se remarquent dans tous les ouvrages du *Corrége*.

Raphael, *le Titien* et *le Corrége* forment une des époques les plus remarquables dans les fastes de la peinture. Ces trois génies privilégiés existaient au même moment, et ils arrivaient séparément à l'immortalité, sans s'être jamais communiqués, quoique vivant tous trois sur le sol de l'Italie.

Raphael donna le premier l'exemple merveilleux du beau choix dans tous les objets qui composent un tableau, des attitudes grandes et nobles, d'un dessin correct et savant, d'un style pur, et de la plus belle manière de disposer ses groupes, jointes à la beauté et à l'expression de ses airs de tête.

Le Titien avait deviné le secret du coloris, la force et la vigueur des tons, le passage des lumières aux ombres par un heureux mélange de couleurs sans dureté ; il était arrivé le premier à la véritable imitation de la nature.

Le Corrége, toujours environné des grâces, semble n'avoir jamais consulté d'autres modèles. Son pinceau large et moelleux étonne par la beauté, la fraîcheur et la pureté des tons. Il paraît avoir opéré avec une telle facilité, qu'après quatre siècles son coloris n'a presque rien perdu de sa première fraîcheur.

Pourquoi la nature avait-elle pris tant de plaisir à créer des talents si extraordinaires pour en arrêter aussitôt les progrès ? La mort enleva *le Corrége* à peine à l'âge de quarante ans, et l'arracha au sein d'une nombreuse famille, aux besoins de laquelle ses grands talens pouvaient à peine suffire.

Quel tableau plus déchirant que de voir périr ce grand homme, accablé de fatigues, sous le poids d'un sac pesant de monnaie de cuivre, faible salaire d'un chef-d'œuvre ! Pressé d'apporter ce secours à sa famille, par la chaleur la plus excessive, il arrive et tombe mourant dans les bras de cette famille infortunée.

LE TINTORET,

Robusti (Jacques),

Né à Venise en 1512, mort dans la même ville en 1594.

Le Tintoret doit être mis au nombre des plus grands hommes qui aient honoré l'art de la peinture en Italie, et particulièrement l'école vénitienne.

Plus savant dessinateur que *le Titien*, plus hardi dans ses conceptions, il eût surpassé ce grand peintre, si la fougue de son imagination qui l'entraînait et le maîtrisait sans cesse, lui eût permis de terminer davantage et de polir, pour ainsi dire, ses tableaux comme ceux du *Titien*.

Le génie du *Tintoret*, semblable à un fleuve rapide dont rien ne peut arrêter le cours, parcourait en un instant des espaces considérables, soit à fresque, soit à l'huile ; pressé par le besoin d'enfanter, il priait, il tourmentait pour qu'on lui fournît des occasions d'exercer sa verve féconde. On le vit souvent aider plusieurs de ses confrères, par le seul plaisir de peindre ; à d'autres il offrait ses talents pour le mince emploi des couleurs.

Lui commandait-on quelques ouvrages en concurrence avec d'autres peintres, il lui arrivait d'apporter le sien tout fini, lorsque ses concurrents se bornaient à présenter leurs esquisses : un jour, en pareille circonstance, il fit don de son tableau pour la seule satisfaction de le voir placé sur le champ.

A peine fut-il entré dans l'école du *Titien*, que ses grandes dispositions le firent bientôt remarquer par cet habile maître. Celui-ci ne put se garder dans la suite de quelque crainte d'en être surpassé ; et sur de légers prétextes, il le fit renvoyer de son école. Cette disgrâce qui eût accablé un génie d'une tout autre trempe que *le Tintoret*, redoubla son courage et son ardeur, il ne continua pas moins de saisir toutes les occasions de pouvoir copier les tableaux du *Titien.* Persuadé que la beauté du coloris ne suffisait pas pour arriver à la perfection de l'art, il se livra tout entier à l'étude de l'antique qu'il regardait comme la source des véritables beautés, fort au-dessus de celles du naturel dans lequel il découvrait souvent des formes défectueuses : aussi voulait-il y joindre ses observations sur la nature, avec celles du beau idéal.

Séduit d'abord par la grande manière de *Michel-Ange*, *le Tintoret* résolut de le prendre pour guide, et il s'en fit tellement une loi, qu'il écrivit sur les murs de son atelier cet axiôme : *Il disegno di Michel-Angelo, el colorido di Titiano.* Jamais il ne s'écarta de ces grands principes.

Ce fut aussi en étudiant les bas-reliefs et les beaux restes de l'antiquité, que cet habile peintre se forma une manière de dessiner grande et large. La nature lui fournit à son tour cette variété d'attitudes qui surprennent dans ses tableaux, où l'on s'aperçoit quelquefois que se livrant à la fougue de son génie, il les a outrés, et qu'il les rendait presque impossibles.

Il serait difficile de rappeler toutes les conceptions de ce vaste génie, qui les produisait avec la vivacité de l'éclair ; à peine couvrait-il la toile, tout était peint au premier coup, et il ne revenait jamais sur ses tableaux, tant il était sûr de ses premières pensées.

On sent bien qu'il était impossible qu'un génie aussi facile et aussi abondant pût être égal dans ses diverses productions : aussi trouve-t-on *le Tintoret* quelquefois au-dessous de sa grande réputation ; ce qui fit dire à *Annibal Carrache*, à son passage à Venise, lorsqu'il écrivit à *Louis Carrache*, son cousin, qu'il avait vu *le Tintoret* tantôt égal au *Titien*, tantôt au-dessous du *Tintoret*. Mais, malgré ses défauts, on remarque jusque dans ses plus faibles ouvrages, beaucoup d'expression et une facilité sans exemple ; on lui entendit dire souvent que le feu de l'imagination et l'abondance des expressions, étaient préférables en peinture au plus grand fini. On y retrouve toujours *le Tintoret* malgré ses écarts et l'espèce d'abandon qu'il affectait quelquefois dans l'exécution de plusieurs de ses tableaux.

Le Tintoret est un de ces hommes qui devait tout à la nature, et qui semble n'avoir rien emprunté des autres. Ce serait en vain que l'on chercherait à établir un parallèle ou quelque comparaison entre ses ouvrages et ceux des autres peintres de l'Italie, le plus mûr examen ne découvrirait que *le Tintoret*.

C'est sur-tout à Venise qu'il faut admirer les productions de ce rare génie ; c'est dans les salles du sénat, ainsi que dans les principales églises de cette ville célèbre, qu'il faut juger de ses talents. Les deux tableaux qu'il fit à *la Madona del Horto*, à Venise, sont regardés comme les plus beaux, ainsi que celui appelé le Miracle *del Servo ;* le Siége de Zara par Marc Justiniani, ainsi que son grand tableau du Paradis, dans le palais ducal, passent encore pour ses ouvrages les plus parfaits. Mais, je le répète, *le Tintoret*, si surprenant dans certains tableaux, est souvent au-dessous de lui-même dans ceux auxquels il ne pouvait donner le temps nécessaire, par le désir de satisfaire tous ceux qui, séduits par son extrême prestesse, voulaient posséder de ses ouvrages.

Ceux qui n'ont pu contempler à Venise les chef-d'œuvres du *Tintoret*, peuvent avoir une idée de son mérite par les différents tableaux exposés au musée du Louvre. On y remarque sur-tout un tableau de plafond, admirable par la force des raccourcis et le grandiose du dessin; il est aisé de reconnaître tout le profit qu'il avait su tirer du goût sublime de *Michel-Ange*. La belle estampe du Crucifiement, gravée par *Augustin Carrache*, est encore une preuve authentique des grands talents du *Tintoret* et du savoir de l'aîné des *Carraches*, qui a parfaitement saisi la manière du maître qu'il a voulu traduire.

Le nom du *Tintoret* lui fut donné à cause de la profession de son père, qui était teinturier : *il Tintoretto*, que les français ont changé en celui du *Tintoret*. Son nom de famille était *Jacques Robusti*, l'un des plus grands noms qui aient paru dans les fastes de la peinture.

Le Tintoret, comme tous les êtres privilégiés de la nature, marqua très-jeune encore un goût si décidé pour l'art du dessin, que ses parents ne purent se dispenser de lui laisser suivre un penchant si naturel. Ce maître surpassa en facilité tous ses contemporains, son pinceau semblait suivre la vivacité de sa pensée: aussi produisit-il une immense quantité de tableaux.

Non content de l'étude de l'antique, il alla jusque

dans l'asile de le mort pour pouvoir étudier les formes diverses des muscles, et la charpente du corps humain. Sa grande vivacité n'empêcha pas qu'il n'employât tous les moyens pour arriver à la perfection ; souvent il se plaisait à modeler lui-même ses sujets en petites figures de cire, qu'il drapait et arrangeait dans une boîte à laquelle il préparait les jours, pour s'assurer des véritables effets de la lumière. C'est la méthode que suivit depuis *le Poussin* ainsi que tous les grands peintres qui sont arrivés à la perfection. S'il dessinait d'après nature, il observait avec soin la diversité des attitudes, et la variété infinie du mouvement des muscles.

Lorsque quelques jeunes peintres le consultaient sur le meilleur moyen d'avancer dans l'art de la peinture, il ne leur répondait que par ces mots : *dessinez, et dessinez toujours*, tant il était persuadé que le dessin est la base fondamentale de cet art. Il pensait également qu'il fallait avoir beaucoup travaillé d'après l'antique, avant de se livrer à l'étude de la nature. » La peinture, disait *le Tintoret*, ressemble à la mer qui n'a point de bornes, et qui paraît plus grande à mesure que l'on y voyage « ; pensée vraiment digne d'un grand artiste pénétré des difficultés de cet art rival de la nature.

Le Tintoret offre encore un exemple rare de désintéressement ; semblable au *Poussin*, il préféra toujours la gloire à la passion d'amasser des richesses ; il vécut dans la médiocrité, uniquement occupé de l'exercice et de la gloire de son art, qui faisaient son seul plaisir.

On l'entendit souvent, dans les dernières années de

sa vie, témoigner ses regrets d'avoir été trop pressé par le grand nombre de tableaux dont il fut chargé, et de n'avoir pu les terminer tous au gré de ses désirs. Ce grand peintre passa toute sa vie à Venise, toujours environné de ce que cette ville possédait de savants et d'artistes.

On raconte que *le Tintoret* voulut un jour guérir *l'Arétin* du désir de dire du mal de lui (il est à remarquer que ce poëte était l'un des amis du *Titien*); *le Tintoret* l'ayant rencontré l'invite à dîner, et lui propose de le peindre. Le voyant assis, *le Tintoret*, tire aussitôt de dessous son manteau un pistolet, qui épouvanta tellement *l'Arétin*, persuadé que le peintre voulait se venger du mal qu'il avait dit de lui, qu'il se met à crier. » Ne craignez rien, lui dit froidement celui-ci, je veux prendre votre mesure, puis l'ayant toisé de la tête aux pieds, vous avez justement deux mesures de mon pistolet «. *L'Arétin* rassuré, devint son meilleur ami, et ne dit jamais de mal du *Tintoret*.

On connaît beaucoup de portraits de ce maître, qui peignit plusieurs souverains, entr'autres Henri III, à son passage à Venise, de retour de Pologne.

Après avoir rempli une carrière aussi laborieuse que glorieuse pour les arts, *le Tintoret* cessa de vivre à l'âge de quatre-vingt-deux ans. Sa dépouille mortelle fut portée dans l'église de Sainte-Marie *del Horto*, qu'il avait décorée de ses chef-d'œuvres, et ses obsèques se firent avec toute la pompe due à son rare mérite et à ses grands talents.

Le Tintoret eut beaucoup d'élèves, dont la plus grande partie suivirent son goût et sa manière, ce qui les a peu fait connaître, et a fait confondre souvent leurs ouvrages, leurs copies, ou leurs imitations avec ceux de leur maître. *Paul Farinate* et *Martin Devos*, d'Anvers, sont les deux plus remarquables. Le genre de ce dernier, d'après lequel les *Sadelers* ont beaucoup gravé, était très-précieusement fini ; il a beaucoup conservé de la manière de son maître.

Le premier qui appartient à l'école d'Italie, est suffisamment connu par ses tableaux, et par plusieurs gravures à l'eau-forte, d'une grande dimension, qu'il a gravées lui-même, d'après ses propres ouvrages, d'une manière très-large et très-pittoresque.

CALIARI VÉRONÈSE (Paul),

Né à Vérone en 1532, mort à Venise en 1588.

Paul Véronèse a partagé avec *le Giorgion*, *le Titien* et *le Tintoret*, les honneurs de l'école vénitienne. Sa belle manière de peindre, noble et ferme, le fait aisément distinguer parmi les autres peintres de cette école, parce qu'elle appartient à son génie créateur qui ne suivit aucun modèle, et il a eu la gloire de la conserver sans avoir eu d'imitateurs.

Quel peintre a traversé plus majestueusement la carrière de la peinture ? Qui mieux que *Paul Véronèse* a su déployer toutes les richesses de cet art enchanteur ?

Les conceptions de *Paul Véronèse* sont grandes et magnifiques, et tout ce qu'enfanta son génie porte un caractère de noblesse et de grandeur qui le fait tellement reconnaître au premier aperçu, qu'il est presqu'impossible de ne pas s'écrier aussitôt : c'est un *Paul Véronèse.* Tel est le véritable caractère des grands génies, qu'ils sont tellement eux-mêmes qu'on les devine sur l'heure. On lui passe aisément son peu de fidélité et ses écarts dans la vérité des costumes qu'il a souvent sacrifiés à la fougue de son imagination et aux richesses qu'il étale avec somptuosité.

Paul Véronèse a su imprimer à ses personnages un caractère vraiment grand et souvent extraordinaire, qui leur donne par fois quelque chose de gigantesque ; mais qui peut refuser son admiration à ce grand homme qui avait obtenu par-dessus tout le don de plaire, et la victoire sur ses rivaux ?

On ne peut se lasser d'admirer ses plans magnifiques et bien disposés, ainsi que les beaux fonds d'architecture dont il embellissait ses tableaux, auxquels il a donné un caractère de grandeur qui étonne et qui enchante. La manière hardie avec laquelle il les éclaire leur prête l'éclat du soleil le plus brillant, et il est à remarquer qu'ils sont frappés de la lumière comme par magie, sans cependant faire tort aux autres parties du tableau. Ne serait-on pas tenté de croire que la plupart des tableaux de ce peintre avaient été destinés à des places élevées au-dessus de l'œil, puisqu'ils présentent assez souvent des demi-plafonds, ce qui lui donne l'occasion de produire des effets extraordinaires, et de faire briller son rare talent pour les raccourcis.

Paul Véronèse envisageait tout en grand, souvent même ses pensées offrent quelque chose de surnaturel ; mais elles plaisent, étonnent et séduisent sous le pinceau de cet habile homme ; c'était surtout dans les très-grandes machines que le génie de ce peintre, plus à son aise, savait déployer, avec plus d'art et avec plus d'éclat, les grands effets de la lumière, distribuer avec ordre ses principaux groupes et varier à l'infini les personnages de ses tableaux.

Qui sait, en effet, mieux que *Paul Véronèse* développer une grande scène aux yeux du spectateur ? Quel mouvement, quelle vérité dans toutes les figures des vastes compositions de ce rival et de cet ami du *Titien* (1).

Les grands repas qu'il exécuta sur plus de trente pieds de proportion offrent en ce genre de véritables modèles ; tout y est en mouvement ; quelle variété dans les airs de têtes et dans toutes les attitudes ; on croit presque entendre la conversation animée des convives et le brouhaha qui caractérise les grandes réunions : il est impossible de mieux faire et de pouvoir le surpasser.

L'immense quantité d'ouvrages de *Paul Véronèse*, répandus dans toute l'Europe, annoncent assez sa prodigieuse facilité, et doivent étonner quand on songe que sa carrière fut d'assez courte durée. La franchise de son exécution fait croire qu'il les peignit au premier coup, ce qui paraît probable, puisque l'on retrouve encore dans la plupart de ses tableaux le trait de la première esquisse, sous sa couleur légère et transparente : son extrême vivacité ne lui permettait pas de le faire disparaître, persuadé que ces faibles détails devaient échapper à l'œil lorsque le tableau serait à sa place.

Paul Véronèse avait vu Rome plutôt par curiosité et pour en admirer les monuments, que pour changer son goût naturel qu'il a conservé et qui le fait reconnaître par tout. Il visita Naples, ainsi que les principales villes de l'Italie, où il se retrouvait toujours avec lui-même.

---

(1) *Le Titien* aimait tellement *Paul Véronèse* qu'il l'embrassait dans les rues chaque fois qu'il le rencontrait. (*Félibien*, Vies des peintres.)

Il est assez difficile, comme je l'ai dit, de ne pas reconnnaître sur le champ les productions de *Paul Véronèse* par sa belle manière de composer, par la vigueur, la légéreté et la force de son coloris dans les hommes, par les tons fins et argentins qui conviennent si bien à la délicatesse des femmes (1).

Les tableaux de *Paul Véronèse* retracent parfaitement l'ancienne magnificence de la république de Venise, à cette époque fameuse où, maîtresse des mers et du commerce de l'Europe, elle recevait dans ses eaux les navires de toutes les nations commerçantes. Les turcs, les levantins, les peuples des diverses contrées de l'Afrique et de l'Asie étalaient sur les quais et sur les places publiques de cette antique cité la richesse et la variété de leurs magnifiques ajustements, dont les tableaux de *Paul Veronèse* sont la fidelle représentation.

On doit croire que ce peintre frappé de la bigarrure de ces modes étrangères s'était fait une douce habitude de les imiter souvent, et d'en embellir ses étonnantes productions.

Les tableaux de *Paul Véronèse* n'offrent point cette pureté de style, cette belle simplicité de l'antique, ni le beau idéal et noble que *Raphael* en avait emprunté ; la nature fut son seul guide, il ne suivit pour le reste que l'impulsion de son génie, et il se contentait d'ajuster ses figures à la mode de son siècle.

---

(1) On connaît de *Paul Véronèse* beaucoup de tableaux composés de peu de figures, dans lesquels il a souvent représenté des femmes qui offrent un témoignage frappant de sa belle fraîcheur de couleur. On en voyait une suite assez considérable dans la galerie du Palais royal.

On lui voit emprunter assez souvent les riches et amples vêtements des principaux personnages de Venise : les figures du second ordre sont également puisées dans les habitudes du peuple original de cette république.

Avait-il à peindre des guerriers, des soldats, il les ajustait également à la mode du temps, armés de cuirasses, de gantelets et de rondaches ; souvent même le dieu Mars est représenté dans ses tableaux avec l'armure d'un officier du quinzième siècle ; c'était l'image fidelle des hommes d'armes dont le belliqueux Charles-Quint remplissait alors l'Italie.

Malgré ces fautes impardonnables pour un peintre d'histoire, la réputation de *Paul Véronèse* a déjà traversé trois siècles sans qu'elle ait rien perdu de sa gloire. Les grands génies ont cet avantage que rien ne peut les empêcher d'arriver à l'immortalité, même accompagnés de leurs erreurs.

J'ai pensé qu'il était inutile de faire l'énumération des ouvrages de *Paul Véronèse*, qui sont répandus par toute l'Europe, très-connus d'ailleurs par le secours de la gravure qui s'est emparée de presque toute ses pensées ; je me contenterai de citer dans le cours de cet article quelques-unes de ses principales productions.

J'ai cru également devoir m'abstenir de parler des diverses particularités de sa vie ; je ne le suivrai point dans ses voyages en plusieurs cours de l'Europe, ces faits particuliers appartiennent plutôt à l'histoire de l'artiste qu'à celle des arts. Mon intention a été de montrer *Paul Véronèse* aux amis de la peinture tel qu'il est, en leur donnant un aperçu général des talents particuliers qui lui ont mérité ses grands succès. J'ai tâché de faire observer au premier coup d'œil, son étonnante facilité, ses pensées vastes et hardies, son entente parfaite du clair obscur, qualités qui l'ont si fort élevé au-dessus des autres peintres ses contemporains.

Paul Véronèse, doué d'un génie plus brillant que *le Titien*, n'a cessé de marcher d'un pas égal à côté de ce patriarche de la couleur, s'il ne l'a pas même quelquefois surpassé par le grandiose de ses pensées.

Jetons un coup d'œil rapide sur les principaux ouvrages qui contribuèrent à lui mériter sa grande réputation. On sait que les peintures considérables qu'il fut chargé de faire à Saint-Sébastien de Venise, préparèrent son triomphe. Parmi les tableaux qu'il exécuta à Vérone sa patrie, on distingue son premier repas chez Simon le lépreux, sujet qu'il répéta une seconde fois à Venise pour les pères servites, mais qu'il sut varier en homme de génie (1).

Les grands tableaux dont il orna la bibliothèque et les salles des procurateurs, qu'il fit en concurrence avec les meilleurs peintres de Venise, lui méritèrent la palme, au jugement des meilleurs artistes (2) ses contemporains.

N'oublions pas le beau tableau des Pélerins d'Em-

(1) Ce même tableau fut donné en présent à Louis XIV par la république de Venise. (*Félibien*, Vies des Peintres, tom. 1, page 730.)

(2) *Le Titien* et *Sansovin* furent chargés, à cet effet, par le sénat de Venise de consulter séparément les artistes les plus savants de cette ville. (*Félibien*, Vies des Peintres, tome 1, page 721.)

maüs,

mails, que la France possède depuis plus d'un siècle, et qui a décoré pendant si long-temps le salon d'Hercule à Versailles.

Quelques personnes ont reproché à *Paul Véronèse* d'avoir mis trop de magnificence dans ses tableaux, de les avoir remplis d'accessoires magnifiques, tels que des tables, des tapis précieux, des vases d'or et d'argent, de riches buffets. Reportons-nous vers l'antiquité, et voyons de quelle manière en usaient les anciens peuples dans leur repas somptueux. Rappelons-nous le retour de Marcellus à Rome (1) après la prise de Syracuse, et l'immense quantité de vases d'or et de meubles précieux qu'il rapporta, dont l'usage s'introduisit bientôt avec le luxe et la mollesse dans cette capitale du monde. Les romains, non contents de ces riches trophées, furent ensuite chercher jusque dans les cours de l'orient les richesses des peuples de l'Asie; dès-lors ils ne mirent plus de bornes à leur luxe; leurs vaisselles étaient d'or et d'argent, souvent même leurs batteries de cuisine étaient de ce dernier métal.

On sait qu'ils introduisirent dans leurs repas, des musiciens, des baladins, et ces traditions de l'histoire n'ont point échappé à *Paul Véronèse* qui a su en tirer un si grand parti pour en enrichir ses vastes compositions.

Je le répète, ce qui doit sur-tout fixer l'attention sur les tableaux de *Paul Véronèse*, c'est une grande facilité dans l'exécution, l'entente parfaite du clair obscur, une couleur fraîche, forte et vigoureuse, un dessin vrai et puisé sur la nature.

---

(1) *Pline*, liv. 33, chap. 12 et 34.

On ne saurait trop admirer la variété surprenante de ses airs de tête, ainsi que la couleur différente qu'il a tellement su donner à chacun de ses personnages, qu'en les observant bien on pourrait juger de leurs tempéraments divers, ainsi que de leurs habitudes.

Ajoutez à ces qualités sa grande manière de composer, la belle disposition de ses plans, la variété de ses groupes et du nombre infini de figures qui toutes ont l'air de s'être placées d'elles-mêmes sans produire aucune confusion ; ajoutez encore la netteté avec laquelle il a su terminer les derniers plans de ses tableaux, sans produire aucune sécheresse, caractère sur-tout particulier et distinctif des productions de *Paul Véronèse*.

MICHEL-ANGE AMERIGI,

OU LE CARAVAGE,

Né en Lombardie en 1559, mort en 1609, près de Rome.

MICHEL-ANGE AMERIGI, connu dans les annales des arts sous le nom du *Caravage*, est celui des peintres de l'école d'Italie dont la vie et les ouvrages forment une des époques les plus remarquables de l'histoire de la peinture.

Le Caravage parut après le beau siècle qu'avaient illustré *Raphael*, *Michel-Ange Buonarotti*, *le Corrége* et *Léonard de Vinci*. Quoiqu'élevé au milieu des chef-d'œuvres de ces grands hommes, *le Caravage* entreprend de faire une grande révolution dans l'art de la peinture, et c'était au moment même où *Annibal Carrache* et ses frères s'efforçaient par leurs savants exemples de conserver la pureté de l'art dans toute son intégrité.

Peu sensible aux beautés sublimes de l'antique et à la majesté des ouvrages de *Raphael* et de son école, il devient chef de parti en établissant une manière tout opposée à celle qu'avaient pratiquée ces grands maîtres.

Les beautés mâles du Laocoon, les contours nobles et gracieux de l'Apollon du Belvédère, de l'Antinoüs et de la Vénus de Médicis; les formes grandes et prononcées de l'Hercule Farnèse et du Gladiateur, ne produisent aucune sensation sur l'ame du *Caravage*.

Entraîné par son génie violent et atrabilaire ; la nature, mais la nature toute nue, sans choix, l'enflamme et le pénètre de toutes ses vérités ; elle reçoit seule tous ses hommages ; insensible aux grâces qui en sont inséparables, il n'est frappé que de ce qu'elle présente de plus commun. Il n'y aperçoit que de grandes masses d'ombres, opposées à la lumière la plus vive.

Le Caravage seul va renverser les bases fondamentales d'un art que *Raphael* s'était efforcé d'établir avec tant de peines et d'études. Un parti formidable se forme autour de lui. Il peint, il charme tous ceux qui le voient opérer. La majeure partie des jeunes artistes de Rome, séduits par la nouveauté de son système, se rangent sous sa bannière, et brûlent de l'imiter, tant est dangereuse la manie de la mode, lors même qu'elle se glisse dans les arts.

Non seulement les artistes qui sont à Rome cherchent à suivre l'exemple du *Caravage*, la plupart des jeunes étrangers qui arrivent dans cette capitale veulent embrasser son parti ; *le Vouet, le Valentin*, et plusieurs autres jeunes français s'empressent de l'imiter.

L'art était perdu ! Grâces, noblesse, expression, sentiment, tout allait disparaître, si la haine et l'esprit de parti n'étaient venus venger cet attentat.

Le Josepin, sous lequel *le Caravage* avait travaillé, et qu'il avait souvent insulté, devient un de ses ennemis les plus formidables. Il veut renverser l'idole devant laquelle tout s'agenouille. Il se déclare ouvertement l'antagoniste de la manière du *Caravage*. Il parvient à lui porter le coup le plus funeste, en opposant à sa manière triviale la belle façon de peindre, large, suave et gracieuse d'un des plus célèbres élèves d'*Annibal.*

Il engage *le Guide* dans sa querelle, celui-là même qui s'était abandonné un des premiers, pour quelques moments, à la manière du *Caravage ; le Guide* qui avait paru oublier un instant le beau talent qu'il avait reçu de la nature, et les grands principes des *Carraches* ses maîtres.

Le Josepin lui persuade de retourner à sa belle manière de peindre, claire et gracieuse ; et *le Guide* entraîne bientôt à son tour une foule de partisans à Saint-Grégoire, pour y admirer son chef-d'œuvre du martyre de Saint-André, qu'il vient d'y mettre au jour. Ainsi finit cette lutte dangereuse qui pouvait produire les plus grands maux.

On ne peut disconvenir que *le Caravage* n'ait mis un certain grandiose jusque dans sa trivialité. Sa manière d'opérer et de rendre la nature est grande et forte ; ses effets sont souvent terribles. Il surprend, il étonne, mais il ne va point à l'ame. Il séduit au premier abord, on reste dans une espèce de stupeur devant ses tableaux, dans lesquels on chercherait en vain ces beautés sublimes, cette noblesse de caractère que donne seule l'étude réfléchie de l'antique.

L'esprit inquiet et chagrin du *Caravage* était peu propre à lui concilier l'amitié des artistes ses contemporains ; aussi vécut-il toujours seul, ne fréquentant que les lieux les plus retirés de Rome, n'ayant que les tavernes pour domicile ordinaire.

Sans vouloir entrer dans les détails de sa vie privée, il est cependant utile, pour faire connaître l'étrange bizarrerie du caractère de ce peintre, d'en citer quelques traits qui serviront à le faire mieux connaître.

Son esprit méprisant, satyrique et querelleur lui attira, pendant tout le cours de sa vie, de fâcheuses affaires, dont une entr'autres qu'il eut à Milan, le força de fuir à Venise, où frappé des ouvrages du *Giorgion*, il adopta quelque temps la manière de ce grand coloriste. La fortune se présenta souvent devant lui à Venise, mais il en refusa constamment les faveurs.

Le mépris avec lequel il parlait des autres peintres lui suscitait de fréquentes querelles. Un jour rencontrant *le Josepin* qui jouissait d'un grand crédit dans Rome, il court à lui l'épée à la main pour l'en frapper, et il tue un jeune homme venu pour les séparer. Obligé de fuir pour éviter les poursuites de ce meurtre, il trouve heureusement un asyle chez un grand seigneur de Rome, admirateur de ses talents. Il obtient sa grâce : mais à peine est-il en liberté, qu'il va trouver *le Josepin* pour lui proposer un nouveau cartel que celui-ci refuse, sous le prétexte qu'il n'est pas chevalier comme lui.

Le Caravage irrité de ce refus, quitte Rome, s'embarque pour Malte, où son humeur insupportable lui suscite de nouvelles querelles. Il y réside plusieurs années afin d'obtenir le grade de chevalier servant, dans l'intention de tirer vengeance de son rival ; il embellit le pays de plusieurs beaux ouvrages.

Mis en prison pour avoir insulté un chevalier de distinction, il parvient à s'évader ; mais repris par des gardes qui le blessèrent, il est remis une seconde fois en prison, d'où il s'échappe encore, et plus heureux il repasse en Italie, toujours avec le dessein de se venger du *Josepin*, son rival. Heureusement pour ce dernier, une fièvre violente dont *le Caravage* fut attaqué en revenant à Rome, le sauva des fureurs toujours renaissantes de cet homme dangereux, qui, ayant vécu misérable toute sa vie, périt sur le grand chemin, sans secours, sans consolation et sans amis. Ainsi se termina la vie malheureuse et toujours agitée du *Caravage*.

Si ses tableaux lui ont mérité une grande réputation, on ne peut disconvenir qu'on y remarque des défauts très-apparents. Son coloris est toujours trop uniforme, l'opposition qu'il affecte du clair subit à l'ombre, produit un effet piquant, mais cette manière réussit moins dans les grands tableaux que dans ceux de chevalet, ou dans les portraits.

On remarque dans ses grandes compositions l'oubli total des convenances et du costume. La perspective y est totalement négligée; aucune dégradation de lumière; point de choix dans ses attitudes. Ses têtes sont souvent ignobles, ses draperies jetées sans goût; il affectait aussi de donner à ses figures un teint livide et des cheveux noirs.

Le Caravage était esclave de la nature; mais il ignorait qu'elle veut être consultée avec discernement, et qu'il faut faire un choix judicieux de ce qu'elle offre de beau ou de trivial.

Malgré les défauts reprochés contre les règles de l'art et les convenances, les tableaux de ce maître n'en jouissent pas moins de la plus grande célébrité. Plusieurs villes d'Italie se glorifient de posséder des productions du *Caravage*.

On voit au musée du Louvre plusieurs tableaux et

portraits de cet artiste singulier, parmi lesquels on remarque particulièrement son grand tableau du Trépas de la Vierge, son Christ mis au tombeau; le portrait en pied du grand-maître Vignacourt, qu'il peignit pendant son séjour à Malte.

Il est assez rare de trouver des tableaux du *Caravage* dans les cabinets particuliers; ce n'est guère que dans les galeries et les palais des princes qu'il est possible de rencontrer des ouvrages de cet homme célèbre et si extraordinaire.

CARRACHE (Annibal),

Né à Bologne en 1550, mort à Rome en 1609.

Tout le monde prononce le nom de *Carrache*; c'est un de ces noms privilégiés passés presque en proverbe dans les arts pour exprimer quelque chose de grand, de beau, de noble. C'est beau comme *le Carrache*, c'est savant comme *le Carrache*, c'est dans le genre des *Carraches*, etc.

Les trois hommes de ce nom ont illustré l'Italie par la grande supériorité de leurs talents et sont devenus les fondateurs de la fameuse école de Bologne, d'où sont sortis tant d'habiles peintres. *Annibal*, le plus jeune des trois, fut destiné à devenir l'ornement et la colonne fondamentale de ce grand édifice.

Pénétré dès sa plus tendre jeunesse de ce feu divin qui crée les grands hommes, il ne tarda guères à répondre aux soins de *Louis Carrache*, son cousin, qui fut son maître, ainsi que celui d'*Augustin Carrache*, frère aîné d'*Annibal*.

La naissance d'*Annibal* présente la seconde époque de la peinture depuis la renaissance des arts en Europe. Digne successeur de *Raphael*, il forma son goût d'après les sublimes productions de ce premier peintre. On peut dire qu'*Annibal Carrache* vint au monde pour sauver la peinture de la ruine prochaine dont elle était déjà menacée depuis que *Raphael* et ses élèves avaient cessé de vivre; car tel fut le sort de cette grande école, que tous les peintres de Rome qui parurent après ce siècle de merveilles, cherchèrent à s'éloigner du dépôt précieux que leur avait laissé *Raphael.*

On eût dit qu'un génie malfaisant les forçait comme malgré eux, de sacrifier à un vain caprice et au délire de l'imagination, le style sage, grand et sublime de ce peintre divin.

Il s'était formé dans Rome, en face même des prodiges qu'ils avaient sous les yeux, au milieu des beautés de l'antique, différents partis dont les maximes et les principes dangereux devaient entraîner le bel art de la peinture vers sa ruine prochaine; mais le génie qui veille à sa gloire, voulut la sauver du naufrage qui la menaçait, et choisit *Annibal* pour rallumer le flambeau des arts prêt à s'éteindre.

Destiné d'abord à l'orfévrerie, *Annibal* reçût les premiers principes du dessin de son cousin *Louis Carrache*, qui reconnut dans son élève un génie facile et un talent particulier pour la peinture. Il vit que la nature seule faisait naître sous ses doigts des choses extraordinaires pour son âge; dès-lors il le destina entièrement à cet art qu'il allait recréer et dont il devait agrandir le domaine.

La facilité *d'Annibal* était si grande, qu'en très-peu de temps il parvint à imiter les modèles vivants avec une vérité surprenante; et lorsqu'il se crut suffisamment instruit, il résolut quoique très-jeune encore de visiter la Lombardie pour étudier les chef-d'œuvres du *Corrége* et du *Titien.*

En passant à Parme, la belle coupole du *Corrége* le frappa tellement qu'il fit dans la manière de ce grand peintre un tableau pour les capucins de la même ville, qui offrait déjà de très-belles parties, et qui annonça ce qu'*Annibal* pouvait devenir dans la suite.

Arrivé à Venise, où son frère *Augustin* l'avait précédé, il fit connaissance avec *Paul Véronèse*, *le Tintoret* et *Jacques Bassan*; mais sans y avoir rien peint, il s'occupa uniquement à se pénétrer de la belle façon de faire et de colorier des peintres de l'école vénitienne, qui était alors dans toute sa splendeur.

Le premier tableau qu'il fit à son retour à Bologne, lui fit une telle réputation et causa une surprise si grande à *Louis Carrache*, son cousin, que celui-ci voulut imiter dorénavant la nouvelle manière d'*Annibal* dont il avait été le maître et redevint pour ainsi dire son élève.

Ce fut au retour d'*Augustin* à Bologne, qui suivit de près celui d'*Annibal*, qu'ils résolurent d'établir cette fameuse école des *Carraches*, à laquelle on donna d'abord le nom *Delli Desiderosi*, à cause du grand désir que témoignaient tous les jeunes gens de pouvoir y être admis. La facilitéavec laquelle *Louis* et les deux autres *Carraches* communiquaient avec tous ceux qui avaient le goût des beaux arts, attirait chez eux les amis des arts et tous les savants.

Non contents d'apprendre aux élèves tout ce qui a rapport à l'étude du dessin, ainsi qu'à l'étude de l'anatomie et de la perspective, on y faisait des dissertations sur l'histoire, sur la fable, sur la manière de traiter lès differents sujets ; on y enseignait le grand art de la composition, la science des ombres et des lumières, appelée clair obscur.

Avec tous ces avantages, cette académie acquit en si peu de temps une telle célébrité, qu'elle perdit bientôt son premier nom pour porter définitivement celui de l'école des *Carraches*, devenue si célèbre dans les annales de la peinture.

C'est de cette école que sont sortis une foule de grands hommes dont les talents ont tant honoré l'Italie. *Le Dominiquin*, *le Guide*, *l'Albane*, *Lanfranc*, *le Guerchin*, *le Môle*, dont les noms brillent au premier rang, se formèrent à l'exemple d'*Annibal*, qui voulut y conserver le bon goût dans toute sa pureté. Il fit tous ses efforts pour l'inspirer à ses élèves, mais *le Dominiquin*, ce grand homme aussi célèbre par ses rares talents que par ses malheurs, en resta presque le seul dépositaire. La plupart des autres élèves des *Carraches* s'en éloignèrent peu à peu, les uns entraînés par la fougue de leur génie se firent admirer par des productions colossales ; on vit les autres sacrifier la pureté du dessin à la vigueur du coloris, aux grâces et à une manière de peindre large et facile. Ce fut aussi au mérite d'*Augustin* que cette école dut une partie de sa gloire, par les soins qu'il se donnait à instruire les jeunes gens, et par ses grandes connaissances en littérature, avantage qu'il avait sur *Annibal*, auquel il fut souvent d'un grand secours dans ses immenses travaux.

Il régnait un accord si parfait entre les trois *Carraches*, que presque toujours ils travaillaient au même ouvrage ; mais l'étonnement devint extrême à Bologne, quand on vit sur-tout *Augustin*, qui ne s'était d'abord occupé qu'à la gravure, manier le pinceau avec une rare facilité (1).

(1) Ce fut à peu près à cette époque qu'*Augustin Carrache* peignit pour les chartreux de Bologne, son tableau de la Communion de Saint-Jérôme.

Annibal non content de ses premiers succès sentit la nécessité de connaître les ouvrages de *Raphael* et les beaux modèles de l'antiquité. Tout plein de cette pensée, il quitte Bologne et il entreprend le voyage de Rome avec la faveur du duc de Parme qui le recommande au cardinal Farnèse. A peine *Annibal* est il arrivé à Rome, qu'il présente à ce cardinal un tableau de Sainte-Catherine, dont celui-ci est si satisfait qu'il lui offre un logement dans son palais, lui propose les traitements les plus honorables et le fait recevoir parmi ses gentilshommes.

Son premier début à Rome fut le tableau de la Cananéenne pour la chapelle du cardinal Farnèse, qui voulut employer dans la suite les talents d'*Annibal* pour décorer la galerie de son palais.

Annibal, d'une trempe de génie capable de tout entreprendre, et doué d'une patience admirable pour l'étude, quoique déjà fort avancé dans la pratique de son art lorsqu'il était arrivé à Rome, sentit le besoin d'étudier l'antique pour ennoblir et perfectionner ses productions.

Il s'empresse de visiter avec soin tout ce que cette capitale des arts renferme de chef-d'œuvres, dont il ne pouvait assez admirer les beautés et l'excellence. Il s'y livre entièrement, et on reconnaît dans ses ouvrages ce style grand et noble, ce beau idéal qui fait le mérite des anciens.

Ce grand peintre jugea dès-lors, à l'exemple de *Raphael*, de la supériorité du dessin sur les autres parties de la peinture; aussi le vit-on abandonner sa première manière qui tenait beaucoup du *Corrége*, pour s'adonner uniquement à l'étude sérieuse de l'antique. Il abandonna ainsi le charme du coloris, qui l'avait tant séduit dès ses premiers pas dans la carrière, et qui en éblouissant les yeux sert souvent à cacher les défauts et l'incorrection du dessin.

Annibal Carrache résolut de ne plus travailler que sur ces principes, s'occupant sans cesse à dessiner et à examiner les plus belles statues. Il parvint à les savoir tellement par cœur qu'il semblait s'être identifié avec les beautés des anciens, ce qu'il prouva un jour en présence d'un grand nombre d'artistes et de savants, occupés à écouter son frère *Augustin* qui exaltait avec son érudition ordinaire l'habileté des statuaires anciens, et qui s'étendait sur-tout sur les grandes beautés du Laocoon. *Augustin* croyant s'apercevoir qu'*Annibal* y paraissait peu sensible, et n'être pas aussi pénétré que lui de l'excellence de ce groupe admirable, voulut lui en faire des reproches. Pendant qu'*Augustin* continuait sa savante dissertation, *Annibal* s'approche des murs de la salle et se met à dessiner de mémoire le Laocoon et ses enfants, aussi correctement que s'il les eût eus devant les yeux; ce qui combla d'admiration tous ceux qui jusque-là étaient occupés à écouter *Augustin*, qui tout confus avoua lui-même que son frère avait su démontrer bien mieux que lui les beautés de ce merveilleux groupe. *Annibal* sourit, et dit en se retirant aussitôt, que les poëtes peignaient avec la parole et que les peintres parlaient avec le pinceau.

Un tableau de Saint-Marguerite qu'il plaça peu après dans l'église de Sainte-Catherine de Funari, lui mérita tous les suffrages des peintres de Rome, par la nouveauté de sa manière d'opérer. *Michel-*

Ange de Caravage, tout bizarre qu'il était, fut un des premiers à rendre justice au mérite d'*Annibal*, et lorsqu'il eut considéré attentivement ce tableau, » je suis bien aise, dit-il, d'avoir vu de mon temps » un peintre qui sache peindre d'après nature et qui » fasse revivre la bonne manière qui était perdue à » Rome. «

Annibal toujours occupé de la grandeur de l'ouvrage qu'il voulait entreprendre dans la galerie Farnèse, ne cessait de se pénétrer des idées sublimes que lui présentaient l'histoire et la fable, et de méditer profondément les chef-d'œuvres qu'il allait dérouler sur les murs et dans les voûtes de ce palais.

C'est dans cette galerie qu'*Annibal* a su faire un noble assemblage du style grand et sévère de *Michel-Ange Buonarotti*, avec les grâces et le beau idéal de l'antique.

Pénétrons pleins d'admiration dans cette fameuse galerie, où ce grand homme a déployé tout ce que peut offrir la perfection de la peinture, jointe aux charmes de la poësie. Que de noblesse, que de beautés dans cette vaste enceinte où l'histoire a fourni à *Annibal* des sujets pleins de moralité ! Avec quel art il a su sous l'emblème ingénieux de la fable caractériser les différents effets de l'amour !

Peut-on voir rien de plus noble et d'un style plus grandiose que ses figures feintes de stuc, les ornements magnifiques et du plus grand goût, ainsi que les cariatides qui servent de support à ses tableaux ? C'est sur-tout dans le beau dessin de ses figures qu'il a prouvé ses grandes connaissances en anatomie, et tout le parti qu'il avait su tirer de l'étude des statues antiques : on peut y remarquer aisément son amour particulier pour le Laocoon et pour la belle statue de l'Hercule Farnèse, dont on retrouve les grandes formes écrites sur tout l'ensemble de son ouvrage.

On ne sait ce que l'on y doit plus admirer des figures feintes de stuc, ou des ornements qui sont du plus grand goût, ou des sujets des tableaux; quoique plusieurs ayent prétendu donner la préférence à celles-ci sur les tableaux. Il faut pour s'en former une idée juste, écouter le jugement qu'en a porté *le Poussin*. Citons ses propres paroles (1) : » dans les ornements et les compartiments, *Annibal* ayant surpassé tous les peintres qui l'avaient précédé, il » s'était encore surpassé lui-même dans ce travail, la » peinture n'ayant jamais exposé à la vue une composition d'ornements aussi noble, aussi belle et aussi » surprenante; et quant aux tableaux particuliers, ils » méritent cette louange d'être les mieux disposés » qu'on voie après ceux de *Raphael*. «

En effet, il n'est point d'ouvrage de ce genre où l'harmonie, l'excellence du dessin et la beauté du pinceau paraissent avec plus d'avantage que dans la galerie Farnèse. On s'aperçoit aisément qu'*Annibal*, à l'exemple de *Raphael*, préféra dès-lors la perfection du dessin aux charmes de la couleur qui se fait remarquer dans les tableaux qu'il avait peints à Bologne et en Lombardie.

Ce n'est pas qu'il eût moins de talent et de facilité pour une partie que pour l'autre, puisqu'il avait prouvé les posséder également, mais il sentit par-

(1) *Belloni*, Vie du *Poussin*.

dessus

dessus tout combien l'excellence du dessin, jointe à la force de l'expression, était indispensable dans les grands ouvrages de peinture.

Combien de fois ne vit-on pas cet homme célèbre, souvent mécontent de lui-même, effacer des parties entières, ne croyant pas avoir atteint la grandeur de l'idée qu'il s'était faite du vrai beau; aussi employa-t-il huit années d'un travail assidu pour terminer la galerie Farnèse et la chambre qui l'avoisine. *Annibal* se fit aider dans cette grande entreprise par *Louis*, son cousin, *Augustin Carrache*, et par le *Dominiquin* son élève, dont on retrouve un tableau tout entier de sa main.

Il était difficile, en parlant d'*Annibal*, de le séparer des deux autres *Carraches*, tant il y a de ressemblance dans le talent de ces trois peintres.

Ils avaient un tel amour pour le travail, un tel désir de la gloire et de la perfection de leur art, qu'ils semblaient ne faire qu'un seul homme.

L'habitude de travailler tous trois ensemble au même ouvrage, était si grande, qu'il était impossible de distinguer la touche de l'un d'avec celle de l'autre. C'est ainsi qu'ils se chargèrent d'aider *Annibal* dans ses vastes entreprises, *Augustin* sur-tout, dont l'esprit était orné des charmes de la poësie et de la littérature, ne contribua pas peu à enrichir les grandes pensées d'*Annibal*.

Dirai-je que la galerie Farnèse, regardée comme un des plus considérables et des plus beaux ornements de l'Italie, qui a comblé d'honneurs *Annibal* en le conduisant à l'immortalité, lui causa tant de chagrins qu'il ne put y survivre. Cet ouvrage divin, le fruit de tant d'années, de tant de veilles et d'études assidues, fut, pour ainsi dire, payé à la toise. On présenta à *Annibal* une somme si fort au-dessous de sa valeur, et sa surprise fut si grande, qu'il lui fut impossible de proférer un seul mot, non parce qu'il trouvait la somme trop faible, mais par le peu d'estime que l'on paraissait faire d'un ouvrage qui aurait dû lui procurer une honnête aisance pour le reste de sa vie. *Annibal* ne put contenir son chagrin, ni supporter les effets de sa mélancolie naturelle qui vint l'accabler, et dont les suites fâcheuses lui causèrent la mort peu d'années après.

Des courtisans du cardinal Farnèse n'eurent pas même de honte de proposer à ce prince de déduire sur ses honoraires les dépenses qu'il avait faites en nourriture. *Annibal*, dont l'ame était noble et désintéressée n'eut pas la force de tenir à cette dernière injustice. La mélancolie qu'il avait eue toute sa vie augmenta au point qu'il lui fut presque impossible de se livrer à l'exercice d'un art qu'il chérissait et qu'il avait coutume d'appeler sa maîtresse. Toujours occupé de son malheur, et livré à l'excès de sa douleur, les pinceaux semblaient lui tomber des mains, quoiqu'il ne peignît plus que quelques heures par jour.

Ce grand peintre se décida à prendre une maison sur le mont Quirinal, auprès des Quatre-Fontaines, pour y vivre en liberté et y respirer un air plus pur. Mais toujours atteint d'un noir chagrin, il refusait entièrement de se charger des ouvrages qu'on lui proposait, et les abandonnait à ses élèves.

Sollicité cependant avec instance de peindre les fresques d'une chapelle à Saint-Jacques-des-Espagnols, il consentit à les entreprendre, mais il n'eut la force que d'en composer les dessins et d'en peindre les cartons, il chargea *l'Albane*, son élève, de l'exécution.

La fin de cet ouvrage occasionna un combat de générosité entre le maître et l'élève qui voulant lui en laisser l'honneur et le profit, fut forcé par *Annibal* d'en recevoir le payement tout entier.

Ce grand homme prouva dans cette circonstance son désintéressement, le peu de cas qu'il faisait des richesses, et combien il était sensible à la gloire que procurent les talents. Il regardait comme au-dessous de lui-même d'aller au-devant de la louange que les autres recherchent avec tant d'empressement ; aussi négligea-t-il toujours ses intérêts particuliers pour s'adonner uniquement à la gloire de son art.

Annibal se plaisait plutôt avec les savants sans ambition, qu'avec le grand monde qu'il fuyait, préférant aussi la compagnie de ses élèves qu'il chérissait et avec lesquels on le voyait souvent se promener. On ne peut assez louer *Annibal* du soin extrême qu'il prenait à les enseigner, non seulement par l'exemple du travail, mais par ses savantes dissertations sur son art. Souvent on l'a vu quitter son propre ouvrage pour prendre leurs pinceaux et les corriger.

Allait-il avec eux dans les palais ou dans les églises pour examiner des tableaux, il avait soin de leur faire observer ce qu'il y avait de beau à imiter, et de défectueux à fuir, dans les ouvrages des grands maîtres.

L'extérieur simple d'*Annibal* formait un contraste frappant avec la conduite et les manières d'*Augustin* son frère, qui, toujours richement habillé, n'aimait à se trouver qu'avec les grands et dans les cours. *Annibal* à qui cela déplaisait, l'ayant un jour rencontré se promenant avec de grands seigneurs, feignit de l'aborder et lui dit bas à l'oreille : *Augustin, souvenez-vous que vous êtes le fils d'un tailleur d'habits.*

On ajoute qu'étant retourné chez lui, il dessina son père enfilant une aiguille avec ses lunettes, et sa mère à côté tenant des ciseaux ; qu'il envoya ce dessin à son frère, qui ne put s'empêcher de lui en marquer son mécontentement. On dit même qu'ils se séparèrent peu de temps après, et qu'*Augustin* quitta Rome pour retourner à Bologne.

On sait qu'*Annibal Carrache*, doué d'un génie vif et prompt, savait allier souvent le burlesque aux choses sérieuses de son art, et qu'il avait le talent de contrefaire à merveille, sous des traits ridicules et outrés, les différentes physionomies, ce que les peintres appellent vulgairement charges.

Son talent était tel qu'on le vit souvent représenter sous la forme d'un vase ou de figures d'animaux, des portraits ressemblants. Ce genre est à la peinture ce que le genre burlesque est à la poësie noble, et cette espèce de composition quoique bizarre ne laisse pas que d'être fort ingénieuse et très-difficile à traiter avec esprit. On conserve encore précieusement des livres entiers remplis de ces sortes de dessins d'*Annibal*.

Il avait fait aussi dans sa jeunesse une suite fort plaisante des différents cris du peuple de Bologne.

C'est ainsi qu'*Annibal* cherchait à se distraire de son humeur mélancolique qui le conduisit cependant à un tel état de langueur, que les médecins lui conseillèrent d'aller à Naples au retour du printemps, pour essayer de rétablir sa santé. Il y avait à peine séjourné quelque temps, que bientôt tourmenté du désir de revenir à Rome il se mit en route pendant les grandes chaleurs de l'été, si pernicieuses en ce climat, et qui lui causèrent la mort peu après son retour. Il paraît aussi que n'ayant pas voulu découvrir aux médecins la véritable cause de sa maladie, il périt des mêmes effets qui avaient conduit *Raphael* au tombeau; les remèdes étant devenus inutiles, il mourut le 15 Juillet 1609, âgé de 49 ans.

Sa dépouille mortelle fut déposée auprès de *Raphael*, dans l'église de la Rotonde, où on lui fit des obsèques magnifiques. Non seulement ses élèves, tous les savants et tous les artistes de Rome s'empressèrent de lui rendre les derniers devoirs, mais même on vit le peuple se porter en foule pour lui rendre hommage et pleurer la perte d'un peintre dont les grands talents lui ont fait un honneur immortel.

Ainsi périt au milieu de sa carrière l'un des plus grands peintres et l'un des plus beaux génies de l'Italie; cet *Annibal* qui, par ses talents et ses soins, avait relevé une seconde fois l'art de la peinture; ce grand homme digne d'un meilleur sort, succombe accablé par ses chagrins, et ne laisse après lui que des regrets superflus et trop tardifs.

Si *Annibal Carrache* a fait paraître un talent extraordinaire pour la peinture à fresque, il ne s'est pas montré moins supérieur par sa belle façon de peindre à l'huile, par sa touche large, savante et moelleuse. Son amour pour son art et son assiduité au travail lui ont fait produire en ce genre un grand no[illegible] tableaux répandus dans plusieurs églises de Rome et dans presque toutes les villes d'Italie, dans lesquels on admire la grandeur du style jointe à la correction du dessin. Il est aisé de faire cette remarque surtout dans les tableaux qu'il peignit pendant son séjour à Rome. On peut en juger aussi en France par les beaux tableaux de ce grand peintre exposés au musée du Louvre.

C'est aux savants principes d'*Annibal* que *le Dominiquin*, *le Guide*, *l'Albane* et ses autres élèves, doivent la belle façon de peindre qui fait le caractère distinctif de cette fameuse école, et qui s'est transmise d'âge en âge aux plus grands peintres français, notamment à ceux du 17e. siècle. On peut se confirmer dans cette opinion, en examinant les ouvrages du *Vouet* et de ses élèves, lesquels s'efforcèrent d'imiter *Annibal Carrache* et les autres peintres de son école.

Annibal avait toutes les qualités qui constituent l'habile peintre. Son dessin grand et correct est nourri de toutes les beautés de l'antique jointes à ce que la nature offre de plus parfait. Ses compositions annoncent l'homme de génie, mais qui a fait réfléchir et mûrir ses idées ; ses draperies sont larges et de bon goût, sa manière d'opérer belle et facile.

Il faut distinguer dans les productions d'*Annibal* les deux périodes de son talent. La première se fait remarquer par une couleur suave, par une touche large et fondue ; ce fut l'époque de son retour à Bologne, après avoir vu la coupole du *Corrége* et l'école vénitienne.

La seconde époque se présente plus grande et plus sévère, il parut alors s'attacher moins aux charmes de la couleur qu'à la pureté du dessin ; tel est le caractère des ouvrages qu'il fit pendant son séjour à Rome.

Aucun peintre, si l'on n'en excepte *le Titien*, n'a mieux fait le paysage qu'*Annibal* ; il est resté dans ce genre au premier degré, sur-tout pour le feuiller des arbres qu'il traitait de la manière la plus savante. Il a laissé des dessins de paysage à la plume de la plus grande beauté et qui décèlent un excellent goût ; on doit les proposer comme les meilleurs modèles à suivre pour l'étude du paysage.

Ce grand homme dont le génie ne pouvait être étranger à aucune partie des arts, a gravé à l'eau forte avec beaucoup d'esprit différents morceaux qui seront toujours conservés précieusement et feront les délices des véritables amis des arts.

NEEFS (Pierre)

ou Péterneefs,

Né à Anvers en 1570.

Il est peu de collections où l'on ne trouve un ou plusieurs tableaux de *Péterneefs*. Ce peintre qui s'est acquis une grande réputation par son talent particulier à peindre l'intérieur des églises gothiques, est un des plus connus en France, parmi ceux des écoles flamande et hollandaise qui se sont adonnés au même genre.

Péterneefs reçut les premiers principes de son art de *Steenwick le vieux*, peintre d'Anvers, qui fut le créateur de ce genre de peinture; mais l'élève s'éleva bientôt au-dessus de son maître. On ne peut trop admirer, en effet, avec quelle franchise et avec quelle fermeté *Péterneefs* est parvenu à rendre avec exactitude les moindres détails de cette architecture fine et délicate. Sa couleur légère et transparente dans les ombres est lumineuse et empâtée dans les lumières; mais c'est particulièrement dans les effets de nuit lorsqu'une vive lumière se répand dans ces sombres édifices, que son talent paraît encore avec plus d'éclat.

La ville d'Anvers, si fertile en grands hommes, donna le jour à ce peintre, qui eût été probablement le créateur de son genre, s'il n'eût été précédé par *Steenwick*; mais l'on peut dire avec vérité, qu'il a réussi à le porter au suprême degré de perfection.

Si les tableaux qui ont fait la réputation de *Péterneefs* exigent moins d'imagination, moins de connaissances que les autres parties de la peinture, quels éloges ne mérite-t-il pas pour son extrême patience à les terminer, et pour les beaux effets de lumière qu'il a su y introduire ! Comme il est parvenu à rendre avec la plus exacte fidélité la perspective de ces vastes édifices ! Avec quelle netteté, quelle fermeté ses lignes se répètent dans les voûtes jusque dans les parties les plus éloignées et les plus profondes ! Le spectateur croit se promener lui-même dans ces temples immenses, où l'on distingue jusqu'aux moindres détails.

C'est sur-tout dans les tableaux de la plus petite dimension que *Péterneefs* se fait le plus admirer, et on a peine à concevoir comment il a pu conserver la même pureté de trait, la même vigueur et la même finesse de couleur dans des objets aussi petits. Il est facile, à l'aide de la loupe, d'en reconnaître les divers ornements, les formes les plus fines et les plus déliées de cette architecture singulière. On connaît de ce peintre des petits tableaux qui n'offrent pas plus de trois à quatre pouces de proportion, dans lesquels il est parvenu à représenter avec beaucoup de talent, des basiliques d'une très-grande étendue.

Les tableaux de *Péterneefs* qui font les délices des amateurs par leur perfection et la véritable représentation de l'architecture gothique, ne se font pas moins admirer par les scènes intéressantes dont il eut l'art de les orner. Ce sont tantôt des mariages, des baptêmes, des messes, des processions et autres cérémonies religieuses, peintes avec une telle vérité, que l'on croit faire partie de la scène ; c'est ainsi qu'à l'aide du pinceau de peintres habiles d'Anvers, ses contemporains, il a doublé l'intérêt d'un genre qui en paraissait le moins susceptible.

Péterneefs trouva cependant un rival dans *Steenwick* le fils, dont les ouvrages ressemblent beaucoup aux siens ; élève comme lui de son père *Henry Steenwick*, souvent on peut confondre ses tableaux avec ceux de *Péterneefs*.

Il en assez étonnant que les ouvrages de ce maître, quoique d'un fini précieux et terminés avec le plus grand soin, n'aient jamais été portés à des prix aussi considérables que ceux de beaucoup d'autres peintres de la même école. Doit-on en accuser le choix du genre, lequel n'excite pas les mêmes jouissances que fait éprouver une scène familière, ou la vue d'un paysage ou de tout autre sujet animé par la variété des personnages et par des détails accessoires.

Quelque parfaits que soient les tableaux d'architecture, ils offrent toujours les mêmes images qui, quoique retournées de diverses manières, ne présentent qu'une longue file de piliers, des voûtes en ogives qui se répètent sans cesse ; mais les vrais connaisseurs ne les admirent pas moins, et ils savent rendre justice à chaque genre de la peinture, lorsqu'il indique le véritable talent joint à la fidelle représentation de la nature.

On sait qu'une seule lumière éclairant un édifice régulier, ne produit pas toujours des effets pittoresques, *Péterneefs* a eu l'art d'y suppléer avec adresse, tantôt par un buffet d'orgues, tantôt par un mausolée, lesquels placés à propos, interrompent la régularité et la monotonie des lignes en y produisant des ombres vigoureuses et des lumières piquantes.

Péterneefs ne peignit point la figure ; aussi, comme je l'ai annoncé, toutes celles qui ornent ses tableaux sont-elles de *Franck*, de *Teniers*, de *Breughels de Velours* et de *Poelembourg*.

Voici les traits caractéristiques qui font reconnaître *Péterneefs* au premier coup d'œil : une couleur chaude et harmonieuse, des effets de clair obscur parfaitement entendus, un pinceau ferme et moelleux tout à la fois, une touche fine et des plus spirituelles. On retrouve dans ses tableaux le portrait exact des églises d'Anvers et de celles de plusieurs grandes villes de Flandre et de Hollande.

Plusieurs peintres des Pays-Bas ont adopté le même genre que *Péterneefs* ; les plus connus sont *Saenredam* qui peignit d'une manière plus claire que lui, mais dont les ouvrages sont à peine connus en France ; *Henry Van Vlies*, *Emmanuel de Wite*, les tableaux de ce dernier sont ordinairement très-clairs et d'une bien plus grande proportion que ceux de *Péterneefs*. Ces différents peintres ayant traité le même genre et offrant d'ailleurs entr'eux une grande ressemblance, j'ai cru n'en devoir faire qu'un seul et même article.

LE GUIDE,

ou Guido (Remi),

Né à Bologne en 1575, mort dans la même ville en 1612.

Qui pourrait ne pas admirer *le Guide*, l'un des peintres dont s'honore l'Italie ; *le Guide*, dont le nom et les talents sont connus de l'Europe entière ; cet habile élève des *Carraches*, qui reçut avec *le Dominiquin*, *l'Albane*, *le Guerchin* et *Lanfranc*, les savants principes de cette école si justement célèbre ; *le Guide* qui embellit de ses productions les églises d'Italie et les palais des princes.

Quel peintre mania jamais le pinceau d'une façon plus large et avec plus de grâce et de facilité que *le Guide* ? Et quel homme reçut aussi de la nature plus d'aménité, plus de noblesse et des sentiments plus élevés (1) ?

Quand *le Guide* fut chargé de grands ouvrages, il s'éleva au sublime. Et quel exemple plus frappant de cette vérité, que son beau tableau de Saint-André allant au martyre, qu'il peignit pour l'église de Saint-Grégoire à Rome (2).

---

(1) *Le Guide* était bien fait et d'une fort belle physionomie ; il servit souvent de modèle à *Louis Carrache*, son maître, pour peindre ses anges. On ajoute aussi qu'il joignait à une très-belle voix l'habileté de jouer de plusieurs instruments.

(2) Il a été gravé par *Gérard Audran*.

Ce chef-d'œuvre immortel auquel tous les peintres et les sculpteurs italiens et étrangers s'empressèrent de rendre un hommage particulier, fut dessiné et copié dans tous ses détails, et jamais tableau n'obtint une réputation aussi subite et aussi générale.

Le Poussin lui-même dit que de son temps à Rome on se pressait en foule devant ce fameux tableau qui ne put être rivalisé que par un de ses condisciples, *le Dominiquin*, lorsqu'il fit paraître sa belle Communion de Saint-Jérôme, chef-d'œuvre d'expression et de grandes connaissances du cœur humain (1).

Jamais école ne fut plus nombreuse et plus fréquentée que celle du *Guide* : plus de deux cents élèves se formèrent aux leçons de cet habile maître ; aussi en tirait-il une si grande gloire, qu'il ne donnait aucune fête sans se faire entourer de ce nombreux cortége, lequel contribuait au plus bel ornement de ses repas et de ses fêtes.

Il n'est guère de collection un peu choisie, où l'on ne trouve un ou plusieurs tableaux du *Guide*.

On les reconnaît aisément à des lumières claires et lumineuses, à des ombres larges, et il est presque impossible avec la moindre notion de la peinture de ne pas découvrir sur le champ un tableau du *Guide*, tant sa grande manière est facile à saisir, soit par les beaux et larges plis de ses draperies, soit par la couleur brillante et argentine ainsi que par les belles formes de son dessin.

Les Madeleines qu'il a peintes avec une grâce infinie

(1) L'apparition de ce tableau divisa en deux partis les artistes et tous les amateurs de Rome.

sont restées le vrai modèle de la beauté, de la douleur et du repentir. Il a souvent répété les mêmes sujets, et il faut convenir qu'il en a fait autant de chef-d'œuvres (1).

Les peintres français se sont toujours montrés les plus grands admirateurs du *Guide* et l'ont souvent pris pour modèle, par une sorte de rapport qui se trouve peut-être avec leur goût naturel et leur façon de peindre qu'ils semblent avoir puisée à son imitation.

Serait-ce parce que *le Vouet*, qui fut frappé le premier des talents du *Guide* dont il chercha à imiter le grand goût, l'aurait transmis à ses nombreux élèves qui eux-mêmes le transmirent aux peintres qui leur ont succédé ?

Il est vrai de dire que c'est toujours avec une nouvelle admiration que l'on considère les tableaux du *Guide*, tant il est certain que la grâce du pinceau, lorsqu'elle se joint aux autres belles parties de l'art, répand un nouvel intérêt sur un tableau, pourvu toutefois que la touche ne l'emporte pas sur le principal, ce qui dégénérerait en manière et ferait ressortir davantage les défauts du tableau.

Telles sont les réflexions que m'ont fait naître l'examen des tableaux de ce grand homme, dont les ouvrages captiveront toujours l'admiration des artistes et des amateurs de la peinture.

Quel plus bel éloge pour *le Guide* que le choix d'*Annibal Carrache* pour l'aider dans sa magnifique galerie du palais Farnèse, conjointement avec *l'Albane* et *le Dominiquin* !

---

(1) Elles ont été gravées par les plus habiles graveurs de l'Europe, ainsi que la plus grande partie de ses tableaux.

Annibal, épuisé de fatigues et sentant approcher sa fin, le chargea, ainsi que ses deux autres condisciples, de terminer plusieurs grands travaux dont ils s'acquittèrent avec distinction. Ce choix fait autant d'honneur aux élèves qu'au maître qui les jugea dignes de le remplacer (1).

(1) On possède de très-belles eaux-fortes gravées par *le Guide*, qui sont fort estimées ; on admire sur-tout une grande pièce en travers, qu'il a gravée d'après *Annibal Carrache*, représentant Saint-Alexis distribuant ses biens aux pauvres. On a de lui plusieurs vierges et autres sujets de sa composition, d'une pointe fine et savante.

RUBENS (Pierre-Paul),

Né en 1577, mort en 1640.

Rubens est sans doute l'un des plus beaux plus abondants génies dont puisse se glorifie de la peinture ; il ne faut pour s'en convaincr porter ses regards sur ses immenses productio tous genres.

Toujours savant, toujours juste dans les comb sons qui appartiennent au génie, *Rubens* a vo créer des actions, des mouvements qu'aucun mod n'a pu lui offrir, et il semble qu'il a pour ainsi d forcé la nature aux calculs de l'art.

Si l'on réfléchit au grand nombre de ses tableaux et à leur variété, on se persuadera difficilement qu'ils soient l'ouvrage d'un seul homme ; joignez à cela que les emplois qu'il a occupés, les honneurs dont il fut comblé, ont dû le distraire souvent de son talent, et combien il est donc étonnant qu'il ait conservé sa fécondité et le génie de l'invention pendant tout le cours de sa vie. Il semble que son pinceau était aussi rapide à exécuter, que son invention à concevoir.

On sait que nul genre ne fut étranger à *Rubens* qui fut savant dans l'étude des langues et des lettres, qui peignait en même temps l'histoire, le portrait, le paysage, les animaux, l'architecture. Tous les arts semblaient être l'apanage de ce puissant génie.

Rubens a cela de particulier sur les autres peintres, c'est que toujours plein de sa pensée qui ne lui échappait jamais, il exécutait au premier coup sur la la toile, et avec le même feu que sa facile exécution ne laissait jamais refroidir.

Il avait très-bien senti qu'en repassant une seconde fois sur les mêmes couleurs, il leur faisait perdre cette transparence et cette teinte vierge qui sont le résultat du peu de fatigue des couleurs.

Il est une chose à observer, c'est que quand on examine avec attention les tableaux que ce grand peintre a voulu caresser et finir avec soin pour satisfaire certains amateurs, on n'y retrouve plus ce feu, ce coloris franc et brillant qui fait le caractère distinctif de ses productions.

En considérant sa manière d'opérer, il est aisé d'apercevoir que *Rubens* s'embarrassait peu de mêler ses couleurs sur sa palette, et qu'au contraire il les employait presque pures, le mélange s'en opérait ensuite sur l'impression de la toile, dont il a su tirer un si bon effet au profit de l'art.

Rubens, en ne voulant pas retoucher et fatiguer ses couleurs, a été souvent obligé de commettre de grands écarts dans la correction du dessin, quoiqu'il fût cependant un dessinateur très-habile, mais entraîné par la fougue de son génie et sa prompte exécution, il craignait de laisser refroidir sa verve en voulant obtenir plus de correction. Il s'était fait une habitude de représenter une nature forte, charnue et musculeuse, d'après les modèles qu'il avait sous les yeux et que lui fournissait la Flandre.

Ses attitudes sont fortes et quelquefois outrées, ses muscles plus prononcés que la nature ne les offre ordinairement, sont souvent dans la plus forte contraction; semblable en cela à *Michel-Ange*, il voulait augmenter ainsi le mouvement de ses figures et le prestige de l'action générale.

Comme les autres fondateurs des grandes écoles d'Italie, *Rubens* établit en Flandre une de celles qui a produit plus de grands peintres. A son exemple, il s'y forma une foule d'élèves qui devinrent bientôt dignes de l'aider dans les grands travaux dont il fut chargé, et qu'il lui eût été impossible de terminer dans l'espace de sa vie.

Semblable à *Raphael*, il avait l'art de les employer dans les parties de ses tableaux qui convenaient à leur talent particulier. Les uns peignaient les figures, d'autres l'architecture, les animaux, les fleurs, les fonds de paysages, les accessoires inanimés: et ce concours de grands talents réunis, inspirés par le génie du maître, a produit ce beau tout ensemble qui plaît tant dans les tableaux de *Rubens*, où tout a l'air d'être de la même main.

La Flandre et la ville d'Anvers principalement ne tardèrent pas à s'enrichir de talents de toute espèce; la sculpture à cette époque glorieuse voulut aussi agrandir son domaine, et c'est à ce siècle de miracles que l'on doit le grand nombre de monuments en marbre que l'on admire dans les principales églises d'Anvers et de la Flandre.

Si *Rubens* n'a pas, comme les artistes de la Grèce et de Rome, ennobli les formes du naturel par le beau idéal, il a eu le grand talent d'en faire un choix propre à représenter tous les âges et tous les rangs. Il a peint la nature telle qu'elle se présentait à lui; mais peut-être, s'il eût été moins pressé, en eût-il fait un meilleur choix; il eût été plus égal, et ses ouvrages seraient entièrement de sa main. Environné d'élèves habiles, formés à son inspiration, il les occupait à ébaucher ses tableaux qu'il se contentait de retoucher pour les finir ; mais ces coups du maître devaient les rendre immortels : aussi le nombre de ses tableaux est-il si grand que l'on a peine à croire que le vie de trois hommes ait pu y suffire (1).

Sans vouloir entrer dans le long détail de ses tableaux, arrêtons-nous un moment devant cette fameuse Descente de croix de la cathédrale d'Anvers, chef-d'œuvre de couleur, d'effet et d'expression, dont la renommée s'est répandue par toute l'Europe ; ce fameux tableau dont les volets, malgré leur forme ingrate, ont cependant fourni à cet heureux génie l'occasion de faire trois beaux tableaux réunis dans un seul.

Qui n'a pas admiré sa belle galerie du Luxembourg, qui, mieux placée dans son état primitif, y produisait plus de prestige ! On se croyait, en examinant cette suite magnifique de tableaux, transporté tout-à-coup vers le siècle si fameux de notre histoire par tant d'événements divers. On se persuadait voir encore *Rubens* achever les derniers tableaux de cette superbe suite ; on croyait le voir les faire placer lui-même, expliquant les savantes allégories qui font le charme de cette immense collection, la seule en Europe sortie de son intarissable génie.

Tous les ouvrages de *Rubens* sont si connus et

(1) On compte près de douze cents estampes gravées d'après ses tableaux, par les meilleurs graveurs de la Flandre et de l'Europe, encore n'ont-ils pas tous été gravés..... Il a gravé lui-même à l'eau-forte deux sujets très-rares à trouver aujourd'hui.

portent tellement leur cachet, que je me garderai d'entrer dans d'autres détails ; il suffit de dire qu'on les reconnaît au premier abord, par leur touche franche, la vérité et la fraîcheur de la couleur, et qu'ils conserveront leur réputation jusque dans les siècles les plus reculés.

Ses élèves ont transmis en différents genres les bons principes de couleur puisés à l'école d'un si grand maître, au point que quelques-uns d'entr'eux semblent laisser des doutes sur l'originalité de ses tableaux, à ceux sur-tout qui n'ont pas la grande habitude de les bien juger.

Sa belle manière s'est perpétuée en Flandre pendant près de deux siècles, et se reconnaissait dans toutes les productions de cette école, jusqu'au moment où elle a perdu le rang distingué qu'elle avait obtenu dans la peinture. Le nombre des artistes a diminué peu à peu, et les arts ont fini par fuir ce pays, aux divers changements opérés dans son administration.

Rubens doit embarrasser les amateurs, parce qu'il a eu trois manières distinctes. La première paraît presque lavée et plus pâle ; les tableaux qu'il a faits en Italie sont quelquefois gris et jaunâtres, mais aussi le dessin en est plus correct : sa belle et dernière manière se reconnaît facilement dans les tableaux qu'il fit à son retour à Anvers, et ce que j'appelle son bon temps.

C'est à tort que l'on a dit que *Rubens* avait porté envie aux peintres ses contemporains, il leur a été si supérieur qu'il était impossible qu'une basse jalousie pût souiller une aussi belle ame, il lui est arrivé au contraire que quelques-uns d'entr'eux cherchèrent à déprimer ses talents et voulurent rivaliser avec lui, mais ils n'eurent que la honte de ne pouvoir y réussir.

Rubens, malgré son grand goût pour la peinture, ne put faire paraître ses premiers ouvrages qu'à l'âge de 23 ans, mais qui dès-lors lui procurèrent la faveur de l'archiduc Albert et du duc de Mantoue (1).

Le nombre des élèves formés à l'école de *Rubens*, est considérable. On cite parmi les meilleurs et les plus connus :

Antoine Vandick qui approcha le plus de la manière de son maître, et qui souvent l'a égalé ;

David Teniers le vieux, père du célèbre *David Teniers* le fils, si connu dans la peinture ; *Snyders*, fameux pour peindre les animaux ; *Théodore Van-Thulden*, *Van-Diepenbeck*, *Van-Mol*, *Jacques Jordans*, l'un des plus grands coloristes de l'école d'Anvers, *Erasme Quellyn*, *Jean Wildens*, *Gérard Segheres*, frère du jésuite d'Anvers qui fut célèbre peintre de fleurs ;

Corneille Schut, *Déodaert Van-Elmon*, *Van-Hoeck* et une quantité d'autres dont les noms sont moins connus, ou qui se contentèrent d'être ses fidelles copistes. Ce qui fait que l'école de *Rubens* devient assez difficile à juger pour ceux qui confondent les ouvrages de *Rubens* avec ceux de ses meilleurs élèves, et c'est ce que l'on voit arriver tous les jours.

---

(1) Ses parents lui avaient fait faire soigneusement ses études et il fut ensuite placé page chez le comte de Lallain ; enfin, obligés de céder à ses instances et au désir de se livrer à l'étude de la peinture, ils le laissèrent suivre son penchant naturel.

L'ALBANE,

Né à Bologne en 1578, mort dans la même ville en 1660.

Le nom d'*Albane* a je ne sais quoi de gracieux qui semble faire pressentir d'avance la beauté et le charme des tableaux de ce fameux élève des *Carraches.*

Si *l'Albane* eût vécu dans les temps fabuleux de l'antiquité, on eût dit que, né au sein de la mère des amours, il avait été formé par les grâces, et qu'elles l'avaient conduit dans le sentier de la peinture.

Quel peintre mérita mieux en effet le surnom de peintre des grâces que *l'Albane* qui leur rendit toute sa vie un culte religieux, et dont la riante imagination leur éleva sans cesse de nouveaux trophées. Formé à l'école célèbre de Bologne, *l'Albane* s'en montra l'un des plus savants élèves et un de ceux qui a fait le plus d'honneur à ses maîtres.

Sans avoir hérité tout-à-fait du grandiose qui caractérise les productions des *Carraches*, de la sévérité de leur style, de la beauté et de la pureté de leur dessin, *l'Albane* a su saisir et s'approprier l'élégance et la poëtique des productions de ces rares génies. On doit dire à la louange de *l'Albane* que ces qualités se retrouvent dans ses ouvrages, mais peut-être avec une certaine mollesse, une certaine faconde, si je puis m'exprimer ainsi, qui le décèlent, mais qui annoncent toujours l'élève des *Carraches.*

Aucun peintre avant *l'Albane* ne peignit comme lui la douce volupté, ce sentiment délicat et pur, l'image du vrai bonheur sans mélange d'inquiétude et d'amertume ; telle est l'impression qu'inspire la vue des tableaux de *l'Albane*, où les grâces semblent venir se placer d'elles-mêmes.

Les femmes dans les productions de ce peintre aimable y sont représentées avec ce beau idéal que les anciens surent si bien ajouter à la nature, et dont ils nous ont laissé de si grands exemples. Ce ne sont point des femmes ordinaires, ce sont les divinités telles que les poëtes les ont peintes dans leurs délicieuses fictions ; jamais rien de trivial dans les conceptions de *l'Albane*, où tout est noble et gracieux en même temps.

Peint-il la déesse révérée à Cythère et à Paphos, on la voit ornée des charmes de la poësie ; sa cour brillante la suit et l'environne, soit qu'elle se promène sur la plaine liquide, soit qu'il la représente dans le ciel ou sur la terre, dans des lieux qu'il a su orner de tous les charmes de la féerie.

C'est dans les tableaux de *l'Albane* que paraissent les grâces sans parure et sans clinquant, telles qu'on les a trop souvent travesties. Tout ce qu'a produit cet excellent génie, a je ne sais quoi d'Horace, ce *molle atque facetum* qui semble couler de source de l'imagination de cet aimable peintre, et qu'il est presque impossible d'imiter.

L'Amour, ce dieu malin, n'a point dans les tableaux de *l'Albane* cet air effronté, ce sourire perfide qui a causé tant de ravages et de maux ; chez lui c'est le dieu de la tendresse, de la douce volupté, l'image du bonheur des premiers âges, où l'homme exempt de vices suivait la douce impression et le simple penchant de son cœur.

Il est impossible d'avoir une imagination plus fraîche et plus poëtique que *l'Albane* qui sut joindre aux sujets les plus gracieux un style de dessin noble et correct en même temps. La bonté de son caractère et ses manières douces ne pouvaient manquer de le lier étroitement d'amitié avec *le Dominiquin* son émule et son condisciple. Elevés tous deux à l'école des *Carraches*, leur liaison se forma dès l'âge le plus tendre. Plus heureux que *le Dominiquin*, *l'Albane* lui rendit pendant toute sa vie les services de l'amitié, il le consola dans ses malheurs et il lui prodigua tous les secours qui furent en son pouvoir. Combien ne chercha-t-il pas à dissiper sa mélancolie et les disgrâces que l'envie des jaloux de sa gloire lui faisait éprouver sans cesse; combien ne procura-t-il pas d'ouvrages au *Dominiquin*, qui contribuèrent à sa grande réputation? On les vit aussi travailler ensemble et d'un commun accord à des opérations très-vastes que leur confia *Annibal* leur maître, lorsque ce grand génie sentant approcher la fin de sa carrière crut devoir en abandonner le travail à ses deux savants disciples.

Toutes les compositions de *l'Albane* inspirent un sentiment de bonheur et de paix intérieure, et plus on les observe, plus on sent redoubler le plaisir; il est aisé d'y reconnaître l'artiste qui fut assez heureux (1) au sein de son ménage pour y trouver une aimable et jolie femme qui lui servit de modèle pour peindre la déesse de la beauté, et une bande de jolis

(1) Cet avantage singulier de trouver dans le sein de sa famille des modèles si parfaits, fut cause sans doute que ce peintre a placé dans ses tableaux tant de Vénus, d'amours, de nymphes et de déesses, peints d'une manière enchanteresse.

enfants pour lui former un cortége ordinaire des amours et des ris.

Les tableaux de *l'Albane* sont composés d'une manière simple, jamais ils ne sont embarrassés de figures inutiles et parasites. Les scènes en sont souvent célestes, on y voit les amours enlacés de guirlandes et de légères banderolles, voltiger dans les airs. S'il emploie l'allégorie, c'est toujours d'uue manière claire et à la portée du spectateur le moins instruit.'

Ne pourrait-on pas lui reprocher cependant, comme à tous les peintres qui se sont adonnés principalement à représenter des femmes et des enfants, d'avoir peut-être négligé de donner à ses figures d'hommes toute l'énergie qui leur convient; mais il faut avouer que malgré les formes un peu rondes qu'il a adoptées, on y reconnaît le grand caractère de l'école qui l'avait formé. Le bon goût des *Carraches* se retrouve dans les tableaux de *l'Albane*, il en conserva la belle manière de peindre et de dessiner. On y aperçoit cette touche franche et large, cette fraîcheur de couleur que les célèbres fondateurs de l'école de Bologne savaient employer si savamment, et dont ils ont offert de si grands modèles.

Plusieurs autres grands peintres de l'Italie ont aussi sacrifié aux grâces, mais ils sont arrivés par des routes différentes.

Le Corrége parut près d'un siècle avant *l'Albane*, dans le genre gracieux; mais ce contemporain de *Raphael* avait adopté un autre style. On reconnaît *le Corrége* à ses airs de têtes, dans la tournure gracieuse de ses membres et de ses attitudes, sur-tout dans les extrémités de ses figures, et par la belle fonte de ses couleurs et cette heureuse entente du clair obscur qui lie ensemble les demi-teintes avec les ombres. *Le Corrége* fut le premier qui fit passer dans ses ouvrages, sans avoir suivi aucuns modèles, les grâces simples et naïves de la nature.

Un autre peintre de la même école, mais plus moderne, se fait aussi admirer après ces deux hommes célèbres, par un goût exquis et par le charme qu'il a su répandre dans ses vastes productions. *Piètre de Cortone* avait reçu de la nature le don des grâces; elles se montrent dans ses tableaux, particulièrement dans l'agencement de ses figures de femmes, dans la tournure gracieuse du corps et des membres, dans l'extrême légèreté de ses draperies.

Revenons à *l'Albane*, et citons quelques-uns des principaux ouvrages de ce charmant artiste. On connaît de lui les quatre Eléments et les quatre Saisons, sujets qu'il a variés et répetés plusieurs fois avec un talent toujours nouveau. Presque tous les sujets des métamorphoses et les amours des dieux ont fourni à son génie les plus belles conceptions. Il a traité en grand et en petit le paysage qu'il a orné de charmantes figures tirées de la fable.

On l'a vu souvent aussi abandonner les amours pour se livrer à un genre plus sévère, et orner les églises (1) et les palais d'Italie de ses belles compositions; mais on y reconnaît toujours le peintre de la beauté enveloppée du voile de la modestie.

(1) Tels sont entr'autres à Rome les tableaux de la chapelle de San Diégo dans l'église nationale des espagnols; ceux de la galerie du marquis Justiniani, et ceux du palais Vérospé.

Les tableaux de *l'Albane* se font aisément reconnaître par un ton frais et argentin, par la tournure agréable qu'il a donnée à ses figures de femmes et d'enfants. Sa touche est large, facile et fondue, ses compositions sont simples, et ses groupes bien disposés ne laissent apercevoir ni travail ni peine. On dirait que ses personnages s'y sont placés d'eux-mêmes, et que des magiciens à ses ordres ont d'un coup de baguette transformé des lieux arides en jardins délicieux et en palais élégants (1).

(1) Il est assez rare de rencontrer des tableaux de *l'Albane*, ils sont pour la plupart placés dans les églises d'Italie.

SNYDERS,

Né à Anvers en 1579, mort en 1637.

Snyders est regardé comme le premier et le plus habile peintre de chasse de la Flandre. Ce peintre a su donner un style historique au genre auquel la nature l'avait destiné, et il est vrai de dire qu'il est impossible de mettre plus de noblesse, plus de grandiose et plus d'expression dans les divers animaux qu'il a traités. Tout respire dans les tableaux de *Snyders*, on croit même entendre l'aboiement des chiens et les hurlements des bêtes féroces. Comme il a saisi le désordre de ces scènes tumultueuses ; avec quel acharnement les chiens quoique mutilés sont attachés à leur proie que la faiblesse ou la mort seule peut leur faire abandonner !

Contemporain de *Rubens* qui faisait le plus grand cas de ses talents, on vit très-souvent cet habile homme en faire l'un de ses principaux auxiliaires, et il l'employait presque toujours à peindre les animaux de ses compositions historiques, quoique bien en état de s'en acquitter lui-même. *Rubens* prenait assez souvent plaisir à orner les chasses de *Snyders* de belles et intéressantes figures qui donnaient un nouveau prix aux tableaux de ce dernier ; et ce sont en général ceux-ci qui sont les plus recherchés des amateurs. Le rapport qu'il y a entre la touche ferme et savante de *Snyders*, avec celles de *Rubens* et de *Jordans*, le place naturellement entre ces deux habiles peintres par la ressemblance de la touche franche et de la belle couleur.

Il est peu de tableaux de *Rubens* où ce grand peintre ne l'ait employé avec succès. La galerie du Luxembourg en offre de fréquents exemples, on l'y reconnait à son pinceau ferme et à la manière savante avec laquelle il dessine les chiens. On remarque qu'il avait une prédilection et un art tout-à-fait à lui pour peindre les lévriers qu'il a rendus avec l'élégance particulière à ces animaux.

Snyders fut presque toujours employé à peindre de très-grands tableaux et à orner les galeries et les salons de ses vastes productions, que la mode et le nouveau genre de décoration ont proscrit et fait disparaître entièrement. Ses tableaux de chevalet sont rares et très-estimés, on y trouve toujours la même couleur, le même dessin et le cachet de l'auteur; ils se tiennent à des prix fort élevés; on les trouve difficilement en France.

Snyders n'a pas borné son talent à peindre des chasses, on l'a vu peindre avec succès des batailles.

Philippe III, Roi d'Espagne, et l'archiduc Albert employèrent souvent le pinceau de *Snyders*, et ce dernier le nomma son premier peintre.

Ce peintre, doué d'un fort tempérament, peignit jusque dans un âge très-avancé.

Telles sont les idées que présentent à l'amateur les grandes et belles productions de ce géant dans un genre où il n'a jamais été surpassé.

FOUQUIERES (Jacques),

Né à Anvers en 1580, mort à Paris en 1657.

Quel artiste eût vécu plus heureux que *Fouquieres*, l'un des premiers et un des meilleurs paysagistes de l'école flamande ? Les grands talents que *Fouquieres* avait reçus de la nature, eussent fait le bonheur de sa vie, si l'orgueil et l'ambition n'en avaient empoisonné le cours, et n'avaient failli de le plonger dans la plus affreuse misère.

La ville d'Anvers, cette pépinière féconde en grands peintres, qui fut le centre et le berceau de l'école flamande, vit naître *Fouquieres* en 1580. Placé fort jeune chez *Breughel de Velours*, paysagiste très-estimé et des plus habiles de son temps, il suivit d'abord les principes et la manière de son maître; lorsqu'à peine sorti de cette école, on le vit prendre tout-à-coup un essor jusqu'alors inconnu, et abandonner le fini qui caractérise les tableaux de *Breughel*, pour se livrer à un faire large et grand. Dès-lors, il ne peignit plus que des tableaux d'une grande proportion, qui devinrent l'ornement des églises et des palais.

L'étude de la nature qu'il prit pour guide, répandit dans ses ouvrages un air de vérité et de fraîcheur qui les fit admirer, et qui lui acquit beaucoup de réputation. Mais le nom de *Fouquieres* avec ses grands talents serait peut-être moins connu aujourd'hui, sans la plaisanterie du *Poussin* qui lui donna le surnom le baron de *Fouquieres*, qui lui est resté dans l'histoire des arts.

Fouquieres après avoir passé plusieurs années dans sa ville natale, vint se fixer à Bruxelles, où il trouva beaucoup d'occasions d'exercer son talent. Ce fut dans cette ville qu'il fit connaissance avec *Philippe de Champagne* auquel il inspira le goût du paysage, et qui, tout jeune encore, parvint à l'imiter si parfaitement, que souvent on prenait les tableaux de *Champagne* pour être de la main de *Fouquieres*.

L'électeur palatin sur la grande réputation de *Fouquieres* l'engage à venir à sa cour, où il est employé à décorer les palais du prince qui ne cesse de le combler de ses faveurs et de ses largesses ; mais le désir si naturel aux artistes, et l'usage établi parmi les peintres de l'école flamande de faire le voyage de Rome, lui font abandonner le séjour de l'Allemagne où ses talents lui avaient déjà fait de puissants protecteurs. Les sites pittoresques de l'Italie, et les beaux restes de la grandeur et de la magnificence des romains, devinrent pour *Fouquieres* une mine féconde d'études qui lui servirent dans la suite à enrichir ses tableaux qui jusque-là n'avaient été que l'image fidelle de la nature simple et agreste de la Flandre et de l'Allemagne.

Après un assez long séjour à Rome, il se détermina en 1621 à quitter cette contrée si chérie des peintres, à la sollicitation de Louis XIII qui voulait fixer en France les meilleurs artistes du temps.

Le monarque lui ordonne d'aller dessiner les principales villes, les sites les plus remarquables et les plus intéressants de son royaume. L'intention du Roi était de les faire exécuter d'une grande proportion dans les trumeaux de la galerie du Louvre, aujourd'hui le musée. A peine est-il de retour à Paris, qu'il se met à peindre cette galerie à la satisfaction du Roi, qui crut ne pouvoir mieux récompenser *Fouquieres* et encourager ses talents, qu'en lui accordant des lettres de noblesse, distinction qui le rendit si vain, que dans la suite il ne voulut plus peindre qu'avec une longue épée au côté, qu'il traînait par-tout et qu'il ne quittait pas même pendant son sommeil.

Le Poussin, que Louis XIII avait également fait venir de Rome pour orner la même galerie de ses sublimes conceptions, s'occupait à composer les sujets de ses tableaux, pour lesquels ce grand peintre avait choisi les travaux d'Hercule. *Fouquieres* bien persuadé que ses paysages devaient faire le principal ornement de la galerie, vit de très-mauvais œil les opérations du *Poussin* que déjà une foule d'envieux cherchaient à traverser. Il ne manqua pas d'augmenter le nombre des ennemis de ce grand homme, qui finirent par lui causer tant de dégoûts, qu'il se vit obligé de retourner en Italie. *Le Poussin* d'un caractère sage et paisible, excédé des tracasseries de ses envieux, et de la forfanterie de *Fouquieres* qui le traitait avec hauteur, s'en plaignit à quelques amis qui voulaient le retenir en France.

» Jusqu'au baron de *Fouquieres*, disait-il à son
» ami particulier, M. de Chantelou, qui est venu me
» trouver avec sa fierté ordinaire, et qui veut, en sa
» qualité de gentilhomme, m'opposer ses paysages. Il
» prétend qu'ils doivent faire le principal ornement
» de

» de la galerie, et que mes tableaux n'en soient que » de simples accessoires «. *Le Poussin* peu propre aux intrigues se contenta de tourner *Fouquieres* en ridicule, et préféra abandonner ses travaux pour retourner vivre paisiblement à Rome, d'où il ne revint jamais en France. Ainsi la cabale et l'envie privèrent la France des monuments du génie de cet homme incomparable, dont les esquisses gravées servent à augmenter nos regrets.

Les tableaux de *Fouquieres* sont devenus fort rares aujourd'hui en France. Ce peintre ayant toujours été occupé à faire de grands tableaux dans les maisons royales, et dans les lambris du Louvre, n'a guère pu se livrer à des tableaux de chevalet : aussi n'en voit-on que très-peu dans les cabinets. Rien de plus rare que de voir le nom de *Fouquieres* dans un catalogue. J'ignore même s'il s'en trouve quelques-uns dans la célèbre collection du musée.

Ce que ce peintre avait fait pour la décoration du Louvre, et sur-tout dans les appartements de la Reine mère, où il avait travaillé fort long-temps, a disparu par les divers changements opérés dans la partie de ce palais. Les salles du rez de chaussée qui étaient entièrement décorées de la main de *Fouquieres*, forment aujourd'hui les salles du musée des antiques. On se rappelle y avoir vu encore de ses tableaux il y a quelques années, que le temps, l'humidité et l'air renfermé avaient déjà beaucoup noircis.

On prétend, sans fondement, je crois, attribuer ce ton rembruni à l'usage des couleurs qu'il employait ; car, si l'on en croit le témoignage des artistes ses contemporains, la couleur de *Fouquieres* était fraîche et brillante, sa touche large, ferme et toujours propre à chaque objet qu'il voulait représenter. Jamais peintre n'avait rendu avant lui avec plus de supériorité les divers accidents de la lumière et tout ce qui peut contribuer à faire connaître les différentes heures du jour.

Les tableaux de *Fouquieres* offrent ordinairement des vues très-étendues. Son pinceau, rival de la nature, met le spectateur en scène au point de se croire lui-même en plaine campagne. Son feuiller dont on reconnaît chaque espèce, est distribué par grandes masses. Ses arbres de la plus belle forme, plaisent par leur extrême vérité. Ce peintre semble avoir adopté de préférence les antiques géants des forêts dont la tige altière et nerveuse semble défier les plus furieux aquilons. Le chêne, le hêtre et le marronier se disputent la place dans ses tableaux, et y répandent une variété infinie. Des terrasses d'un grand style, d'un ton vigoureux, et de larges masses d'arbres qui occupent les premiers plans, laissent apercevoir des échappées heureusement ménagées sur de vastes plaines variées par de jolies fabriques. Des lointains à perte de vue qui semblent se fondre et se noyer dans l'horizon, terminent ses tableaux qu'il ornait de figures dessinées correctement et peintes avec esprit.

Rubens qui faisait un cas particulier du talent de *Fouquierés*, l'employa souvent à peindre les fonds de ses tableaux. Cet habile paysagiste en a fait plusieurs dans la galerie du Luxembourg, qui s'accordent si parfaitement avec le pinceau savant du prince de l'école flamande, que tout a l'air d'être de la même main.

L'estime qu'avait cet illustre compatriote pour *Fouquieres*, est un titre glorieux à sa mémoire. Ce peintre aurait pu espérer un sort très-heureux, sans son extrême vanité qui, long-temps avant la fin de sa vie, lui fit abandonner l'exercice de son art. Chéri des grands qui désiraient posséder de ses ouvrages, il eût joui des dons de la fortune et d'une réputation bien méritée.

Il est fâcheux que de si grands talents aient été obscurcis par l'amour propre de cet homme étrange, qui le rendit insupportable à ses meilleurs amis; il n'est échappé à la plus affreuse misère que par les soins d'un artiste chez lequel il trouva un asyle dans les dernières années de sa vie qui fut assez longue, ayant préféré cesser de rien gagner plutôt que de n'être pas considéré comme un gentilhomme du plus grand mérite. Il est aisé de penser qu'avec son caractère altier et bizarre, il n'a guère formé d'élèves. Un seul, nommé *Rendu*, a beaucoup copié de ses tableaux, qui dans la suite ont été souvent confondus avec les siens.

Peu de paysagistes de l'école flamande ont suiv la route tracée par *Fouquieres*, si l'on en excepte *Van-Artois*, *Huismans de Malines*, qui ont fait aussi des tableaux d'une grande proportion. Les autres peintres de cette école se sont plus souvent occupés à peindre des tableaux de chevalet, dans lesquels ils se sont livrés à leur goût pour le fini, cette précieuse partie de l'art dans laquelle les hollandais les ont encore surpassés.

On a reproché à *Fouquieres* d'avoir abusé du vert dans tous ses ouvrages : ne pourrait-on pas plutôt accuser la nature qui seule fut son guide ? Peut-être cet artiste, plus frappé de la beauté et de la fraîcheur de la saison du printemps que des tons chauds et dorés de l'automne, se sera laissé guider par cette impulsion naturelle qui nous ayant une fois entraîné vers l'objet qui nous a le plus touché, ne s'efface jamais de la mémoire. On pourrait en dire autant de *Roland Savery*, de *Van-Uden*, de *Wildens*; le joyeux et piquant *Teniers* n'échapperait peut-être pas au même reproche dans ses délicieux paysages.

La Flandre possède plusieurs tableaux de *Fouquieres*, mais il n'est plus guère connu en France que par le grand nombre d'estampes gravées d'après ses tableaux, répandues dans les porte-feuilles des curieux. Les frères *Pérelle* et *Morin* nous ont laissé de fort belles estampes d'après *Fouquieres*, d'un effet piquant et vigoureux. Il a lui-même gravé plusieurs pièces à l'eau-forte avec beaucoup d'esprit et de goût.

J'ai cru pouvoir placer *Fouquieres* qui appartient à l'école de Flandre, au rang des grands artistes qui ont le plus honoré la France, par le long séjour qu'il a fait en ce pays, par la grande quantité de tableaux qu'il y a exécutés, et par sa belle manière de traiter le paysage, à laquelle on ne peut refuser une sorte de grandiose qui n'appartient qu'à lui.

LE DOMINIQUIN,

ou Dominico Zampiéri,

Né à Bologne en 1581, mort à Rome en 1641.

Quel est l'ami des arts qui n'éprouve point un sentiment de tristesse et d'admiration en prononçant le nom du *Dominiquin*, le premier, le plus célèbre et le plus malheureux des élèves de l'école des *Carraches; le Dominiquin* qu'*Annibal* jugea digne d'être associé à ses chef-d'œuvres de la galerie Farnèse, dans laquelle on admire plusieurs tableaux de ce savant élève.

Fut-il un témoignage plus en faveur du *Dominiquin* que celui d'*Annibal* lui-même, qui ne craignit pas d'obscurcir sa gloire en avouant publiquement qu'il lui était redevable de plusieurs parties très-intéressantes de son art.

Bologne vit naître *le Dominiquin*, son nom de famille était *Dominico Zampiéri*. Celui qu'il conserva toute sa vie lui fut donné par *Louis Carrache*, son maître, chez lequel il entra fort jeune, et qui ayant découvert en cet enfant d'heureuses dispositions pour son âge, l'appelait par amitié *Dominichino*, par l'habitude qu'ont les italiens de diminuer ainsi les noms propres. Son père, quoique peu favorisé des dons de la fortune, voulut le faire instruire dans l'étude des lettres ; mais ne pouvant vaincre le goût dominant de son fils pour le dessin, qui lui faisait négliger toutes ses leçons, il se détermina à le placer chez *Denis Calvart*, peintre flamand, établi à Bologne, lequel avait déjà donné les premiers principes de la peinture au *Guide* et à *l'Albane*.

Calvart, qui n'avait pu voir sans déplaisir que ces deux élèves l'eussent quitté pour entrer dans l'école des *Carraches* dont les grands succès attiraient tous les jeunes gens de Bologne, ne put s'empêcher d'en marquer son ressentiment au *Dominiquin*. L'ayant un jour surpris copiant un dessin des *Carraches*, il s'oublia au point de le maltraiter injustement, et le chassa de chez lui.

Le jeune *Dominiquin* resté sans guide, fut présenté à *Louis Carrache* qui lui marqua d'autant plus d'affection que c'était pour lui qu'il avait ressenti les effets de la haine de *Calvart*.

Sa joie fut si grande en entrant au nombre des élèves des *Carraches*, et dès ce moment il se livra avec tant d'ardeur à l'étude, qu'il devint, quoique très-jeune, l'exemple des autres élèves.

On sait que la modestie fut toujours l'apanage du *Dominiquin*, et à peine fut-il entré chez les *Carraches*, qu'il fit voir qu'elle devait être toute sa vie sa vertu par excellence.

Les Carraches ayant proposé un concours pour exciter l'émulation de leurs élèves, *Louis*, le chef de cette école, après avoir reçu tous les dessins, se retourne vers *le Dominiquin* qu'il appelle, et qui s'avançant d'un air timide n'osait présenter le sien. Mais quelle fut la surprise des autres élèves, lorsque *Louis Carrache*, après les avoir tous examinés, déclara que l'avantage et la gloire appartenaient seuls au jeune *Dominiquin*, qui osant à peine lever les yeux, reçoit avec modestie le prix et les louanges qu'il méritait !

Ce fut à cette occasion que lui est venu le surnom de *Dominichino*, qu'il s'est fait honneur de garder toute sa vie en mémoire de son maître. *Louis Carrache*, satisfait de son assiduité au travail, ne cessa de le proposer pour modèle aux autres élèves.

Le Dominiquin, de son côté, toujours attentif aux leçons de cet habile maître, saisissait toutes les occasions d'examiner avec soin sa manière de peindre.

Ceux qui ne font cas d'un artiste que par sa grande facilité à opérer, se fussent bien trompés sur le talent du *Dominiquin*, lequel n'entreprenait jamais un ouvrage qu'il ne l'eût profondément réfléchi et long temps auparavant. On eût dit par son embarras à commencer un tableau, qu'il était dépourvu de génie ; mais à peine avait-il donné le premier coup de pinceau, qu'il était facile d'en juger autrement. Son ardeur au travail était si grande, qu'il ne l'eût jamais quitté, même pour prendre ses repas, si on ne l'en eût arraché par force ; et cette habitude du travail devint la règle de sa conduite pendant tout le reste de sa vie.

Le Dominiquin se lia de la plus étroite amitié avec *l'Albane* qu'il consultait toujours sur ses études et sur les sujets de ses tableaux. Ce fut avec cet ami prêt à partir pour Rome, qu'il fit un voyage à Parme pour admirer ensemble les grands ouvrages du *Corrége*.

A son retour à Bologne, la vue de quelques dessins d'après *Raphael*, envoyés par hasard à *Louis Carrache*, fit une telle impression sur l'esprit du *Dominiquin*, qu'il résolut d'aller consulter un si grand modèle. Il part pour Rome, où son ami *l'Albane* le loge pendant les deux premières années de son séjour.

A peine est-il dans cette capitale des arts qu'il se hâte de suivre les leçons d'*Annibal Carrache*, son maître, alors occupé de ses chef-d'œuvres de la galerie Farnèse. *Le Dominiquin*, frappé des beautés sublimes qu'il voyait naître sous ses yeux, ne tarda guères à se rendre digne d'être associé à de si nobles travaux.

Un tableau de la Mort d'Adonis, par lequel il débuta à Rome, fit juger de son talent naturel pour l'expression, pour la force et la grandeur des pensées.

Je n'entrerai point dans les détails trop longs des beautés de ce tableau qui commença la grande réputation du *Dominiquin*, il suffit de dire qu'*Annibal* en fut si satisfait qu'il ne pouvait se lasser de le vanter aux autres élèves.

Leur jalousie croissait d'autant plus qu'il excitait l'admiration et qu'il captivait l'amitié de ce grand homme. Ce fut le commencement de la mauvaise fortune du *Dominiquin*, et elle le poursuivit pendant toute sa vie. Ses camarades même voulant le tourner en ridicule, ne cessaient de chercher à déprécier son talent, en accusant de lenteur ce qui n'était en lui que l'effet de la plus profonde réflexion. Ils poussèrent l'inimitié jusqu'à lui donner le surnom de bœuf, à quoi *Annibal*, furieux de cette apostrophe peu méritée, leur répondit avec véhémence, par ces paroles admirables, » *que ce bœuf labourait un champ qu'il ren-* » *drait si fertile qu'un jour il nourrirait la peinture* «. Cette prédiction ne pouvait manquer de s'accomplir; aussi les ouvrages du *Dominiquin* sont-ils restés jusqu'ici les plus beaux modèles pour l'expression et la majesté des pensées.

Quel témoignage plus flatteur à ajouter à celui d'*Annibal* que les éloges que *le Poussin*, ce juge si éclairé, donna toujours aux conceptions du *Dominiquin*, dont il regardait la Communion de Saint-Jérôme comme un des trois plus beaux tableaux de Rome ?

Avec quel zèle ce grand peintre chercha-t-il à rendre justice au *Dominiquin*, malgré la cabale qui s'efforçait de vouloir abaisser ses talents ! Avec quel courage *le Poussin* s'attachait-il à en relever les sublimes beautés !

On sait qu'il ne pouvait assez louer toute la force et la vérité d'expression qui se remarquent dans les tableaux du *Dominiquin*. Craignant peu d'encourir la haine des détracteurs de ce grand homme, il ne cessait de le faire admirer aux jeunes artistes dont les sentiments étaient partagés à cette époque entre deux manières à la mode.

A Rome, *le Caravage* était à la tête d'un parti formidable qui faillit perdre le bon goût.

Il est à remarquer que *le Dominiquin* fut le seul élève des *Carraches*, qui, ferme dans ses principes, ne s'écarta jamais de la route tracée par ses maîtres sur les principes immuables de *Raphael*.

Le Dominiquin, livré sans cesse aux chagrins, à l'envie et à la jalousie de ses confrères, fut toujours la victime de ceux même qui avaient suivi comme lui l'école des *Carraches*. *Lanfranc*, un de leurs élèves, dont la grande facilité et la pratique incroyable étaient cependant loin d'approcher de la perfection du *Dominiquin*, devint un de ses plus dangereux rivaux.

Poursuivi dans toutes ses entreprises, ce n'était

qu'avec beaucoup de peines, que ses protecteurs pouvaient persuader aux autres qu'il eût quelques talents.

Il serait superflu de rendre compte de tous les ouvrages qu'il entreprit pendant son premier séjour à Rome, et de tous les chagrins qu'il eut à surmonter. Qu'il suffise de citer comme un des plus considérables, une galerie à fresque, pour le cardinal Aldobrandin, dans son palais du Belvédère à Frascati. Ce grand ouvrage fut suivi de plusieurs tableaux pour l'abbaye de Grotta-Ferrata. On ne sait ce que l'on doit le plus admirer dans ces peintures, ou de la fraîcheur du coloris, de la force des expressions, de la touche savante du pinceau, ou de la beauté de la composition.

Annibal Carrache sentant augmenter ses infirmités, et ne pouvant plus suffire aux grands travaux dont il était chargé, proposa *le Dominiquin* ainsi que *le Guide* pour entreprendre les peintures de l'église de Saint-Grégoire.

C'est sur-tout dans cette église que le *Dominiquin* fit admirer son tableau de la Flagellation de Saint-André, ouvrage de la plus belle ordonnance, et où les expressions sont portées au dernier degré de perfection.

Ces deux habiles élèves des *Carraches* se disputaient la palme du talent et partageaient également l'estime générale ; et avec cette émulation qui n'est que l'amour de la gloire, ils firent des prodiges. *Le Guide* y fit remarquer la beauté de son pinceau, la fraîcheur de son coloris et les grâces qu'il a su répandre sur tous ses ouvrages, faits pour charmer les yeux.

Quant au *Dominiquin*, il allait droit à l'ame ; il captivait davantage ceux qui s'arrêtent aux expressions capables d'émouvoir les passions ; et malgré le jugement d'*Annibal* et de quelques autres grands artistes, *le Dominiquin* n'eut souvent pour lui que le plus petit nombre d'admirateurs.

Il semblait qu'une fatalité attachée à cet homme célèbre s'opposait à le laisser jouir pendant sa vie des honneurs tardifs qu'on ne lui a rendus qu'après sa mort.

On ne lui proposa jamais aucuns ouvrages un peu considérables, qu'il ne se vît aussitôt traversé par les ennemis de son talent. Fatigué des tracasseries qu'il éprouvait à Rome, il allait fuir à Bologne, sa patrie, lorsque pour le retenir, on lui proposa le tableau de la Communion de Saint-Jérôme, qui lui a fait tant d'honneur, et qui est devenu l'un des plus beaux monuments de la peinture.

Combien l'exposition de ce chef-d'œuvre vit accroître le nombre de ses envieux, malgré la faible somme de cinquante écus romains qu'il en reçut pour toute récompense.

La jalousie ne pouvant trouver rien à reprendre dans ce magnifique tableau, voulut lui disputer la gloire de l'invention. On s'empressa de faire courir le bruit qu'il n'avait fait que copier le tableau d'*Augustin Carrache*, son maître.

Lanfranc, un des rivaux les plus acharnés du *Dominiquin*, poussa la jalousie jusqu'à faire dessiner et graver le tableau de Saint-Jérôme d'*Augustin*, pour en imprimer davantage la pensée chez ceux qu'il voulait persuader, et pour diminuer d'autant plus le mérite du tableau du *Dominiquin*, auquel la postérité a accordé la palme sur celui d'*Augustin Carrache*.

Son tableau de Saint-Jérôme fut suivi d'une infinité de travaux qu'il entreprit conjointement avec *le Guerchin*, *Lanfranc* et *le Josepin*. Les peintures qu'il fit à fresque dans la chapelle de Sainte-Cécile à Saint-Louis-des-Français, offrent mille beautés dans lesquelles on ne peut se lasser d'admirer la fraîcheur du coloris et l'excellence de l'exécution.

Le Dominiquin tourmenté du désir de revoir sa patrie, retourna à Bologne où il fit plusieurs tableaux, et s'y maria. Occupé non seulement de l'étude de la peinture pendant son séjour à Bologne, il s'applique à celle de l'architecture, au point de devenir assez habile pour être nommé architecte du palais apostolique, par le pape Grégoire XV qui le fit venir à Rome après son élévation au pontificat ; il semblait que le sort du *Dominiquin* allait devenir plus heureux, mais la fortune ne le fit pas long temps jouir de ses faveurs.

On venait d'achever l'église de Saint-André-della-Valle, et le cardinal de Montalte qui l'avait fait bâtir, choisit *le Dominiquin* pour embellir cette église. *Le Dominiquin* se surpassa dans ces peintures qui font l'admiration de tous ceux qui vont à Rome, lorsque par une fatalité qui n'était réservée qu'à lui seul, au moment où il se préparait à mettre le sceau à sa gloire par les peintures du dôme, on parvient à l'en priver, quoiqu'il eût déjà commencé et que les dessins en fussent terminés.

Lanfranc lui enlève cet ouvrage, sous le spécieux

prétexte que *le Dominiquin* ne pouvait achever seul de si grands travaux.

Il peint ensuite à Saint-Charles-des-Catinares les quatre fameux angles des pilastres du dôme, où il exécute les quatre Vertus cardinales avec un grandiose, une beauté de dessin et une ordonnance magnifiques.

Il semblait que d'aussi grands ouvrages dussent améliorer sa fortune, mais il n'en retira jamais que de minces récompenses, tandis que les autres parvenaient à se faire bien payer.

Le Dominiquin sollicité par les propositions les plus flatteuses d'aller à Naples pour entreprendre de très-grands travaux, ne pouvait se résoudre à quitter Rome, malgré les désagréments qu'il y éprouvait ; il balança long temps, craignant d'ailleurs les dangers auxquels pouvait l'exposer la jalousie des peintres napolitains, ainsi que l'avaient éprouvé avant lui *le Josepin* et *le Guide* obligés de fuir de cette ville. Déterminé par le seul besoin d'être utile à sa famille, il se rend à Naples. Rien de plus malheureux que son séjour en cette ville ; tourmenté par la crainte d'être sans cesse empoisonné, il était réduit à apprêter lui-même ses aliments. Enfin, excédé de peines et d'inquiétudes, il parvient à se sauver de cette ville, sa femme et sa fille y sont arrêtées, il est forcé d'y retourner. Mais abreuvé de nouveaux chagrins, il s'évade enfin avec sa famille, et sitôt après son départ, la jalousie parvient à faire effacer toutes les peintures qu'il y avait exécutées.

J'ai voulu démontrer par ces différents détails, combien la vie du *Dominiquin* fut agitée, malgré le caractère calme et patient dont la nature l'avait doué. Fuyant le monde, incapable de toute intrigue, il fut sans cesse en butte à celle des autres.

Cet homme extraordinaire qui semblait dès sa naissance avoir reçu le malheur en partage, n'éprouva jamais d'autres jouissances que celles que lui procurait l'exercice de son art, qui seul put le consoler de ses malheurs.

Peu de temps après son retour de Naples, épuisé par tous les chagrins qu'il y avait éprouvés, sa santé s'affaiblit à vue d'œil, et il périt à l'âge de 60 ans, avec la réputation d'un des plus grands peintres de l'Italie et du monde entier.

S'il n'a pas égalé *Raphael* dans quelques parties de son art, il est souvent au-dessus de lui par la force de ses expressions et la beauté de son exécution.

Le Dominiquin est le premier des élèves de la célèbre école des *Carraches*, il doit occuper une des places les plus distinguées dans les fastes de la peinture, où ses grands talents forment une des époques les plus remarquables.

On ne se lassera jamais d'admirer et d'étudier les savantes productions de ce grand peintre, qui seront toujours les modèles les plus parfaits à imiter.

Son goût de dessin qu'il paraît avoir autant puisé dans la nature que dans l'étude de l'antique, est grand et noble, ses groupes sont bien ordonnés; ses draperies jetées avec grâce ont de l'ampleur et de la majesté, et cependant paraissent de la plus grande simplicité.

Son coloris est en général plein de fraîcheur, il ne sent nullement la fatigue, parce que la pratique de ce peintre était le fruit de la plus profonde réflexion.

Le Dominiquin a laissé plusieurs tableaux qui prouvent victorieusement son habileté dans tous les genres de la peinture. On y retrouve la même fraîcheur ; une touche large et fondue en fait le caractère distinctif.

Si *le Dominiquin* s'est sur-tout surpassé dans les fresques, et s'il s'est montré un des plus habiles et des plus consommés dans ce genre qui présente beaucoup de difficultés, combien les chef-d'œuvres exposés au musée du Louvre offrent-ils aussi un témoignage non équivoque de ses talents supérieurs pour la peinture à l'huile.

La Communion de Saint-Jérôme, un des plus beaux ornements de cette fameuse galerie, ne laisse rien à désirer pour le bon goût du dessin et la grande vérité des expressions. Tout ce que l'on pourrait ajouter à la gloire de ce fameux tableau, serait toujours fort au-dessous de sa perfection.

Où trouve-t-on encore des expressions plus vraies, plus touchantes que dans son grand tableau du Martyre de Sainte-Agnès, composition sage et magnifique, où le jugement le plus sain se fait remarquer dans la distribution des groupes, ainsi que dans les diverses expressions des figures. Toutes semblent pénétrées de douleur et de crainte, depuis l'âge le plus tendre jusqu'à l'extrême vieillesse. Le fond du tableau présente une architecture noble et de bon goût. Tout est expressif dans cette scène horrible où un bourreau dont le visage porte l'empreinte de la cruauté, enfonce un poignard dans le sein d'une jeune vierge qui n'a d'autre crime que sa vertu. Que de grâces, quelle fraîcheur de coloris n'offre pas aussi son tableau du Rosaire, dans lequel il se montre le rival de *l'Albane*, mais avec une grande supériorité pour ce qui concerne les autres parties de l'art !

On voit aussi dans le même musée un David jouant de la harpe, et une Sainte-Cécile d'une beauté rare, figures grandes comme nature, toutes deux d'un faire simple, large et très-rendu, ainsi qu'une Assemblée de musiciens, vus jusqu'à mi-corps, aussi de grandeur naturelle.

Un charmant tableau de chevalet, représentant le Péché d'Adam et d'Eve, se fait aussi remarquer par la pureté du style, la naïveté du dessin et la force des expressions. La majesté du Père éternel porté par un groupe d'anges, et la beauté du pinceau font admirer ce petit chef-d'œuvre, ainsi que plusieurs autres de la même proportion.

Le Dominiquin joignait au beau talent de peindre l'histoire, celui de faire les paysages de la plus grande manière et absolument dans le genre d'*Annibal Carrache.* Ils sont ordinairement d'un style noble avec un sujet historique, ou quelquefois ornés d'animaux et de pâtres; mais il y règne toujours un air de noblesse qui les fait aisément reconnaître.

LANFRANC (Jean),

Né à Parme en 1581, mort à Rome en 1647.

Ce fut au sein de l'école des *Carraches* que se forma *Lanfranc*, ce géant de la peinture, dont les talents supérieurs semblaient destinés aux plus grandes opérations de cet art difficile.

Comme Encelade, ses bras étendus vont couvrir l'immensité du ciel ; une nouvelle race d'hommes d'une taille gigantesque, doit naître sous son savant pinceau. On les voit déjà s'élever et parcourir le vague des airs, où ils paraissent se soutenir par une force magique.

Les ouvrages d'une proportion ordinaire sont loin de suffire à l'enthousiasme de ce célèbre nourrisson des *Carraches*, qui, ne pouvant s'attacher uniquement au goût que lui avaient inspiré ses maîtres, voulut se frayer une route nouvelle et se créer un genre tout à lui.

C'est au milieu de l'air, et dans les édifices les plus élevés, que doit briller son génie extraordinaire. Des figures de plus de vingt pieds sont les seules dignes de son pinceau ; celles d'une proportion ordinaire ne paraissent que des pygmées aux yeux de cet artiste, auquel il a fallu d'immenses édifices pour mettre son génie plus à l'aise. » C'est avec l'air, disait *Lanfranc*, » que je termine mes tableaux «. Aussi les plus grandes coupoles de Rome furent-elles confiées aux talents de cet habile peintre.

Si *Lanfranc* s'est écarté de la route que lui avaient

tracée ses maîtres, il n'en conserva pas moins le bon goût du dessin et les formes grandes et nobles qu'il devait à leurs savants principes. Il était presque impossible qu'il pût conserver, dans ses vastes entreprises, toute la pureté et le beau style qui se font remarquer dans les ouvrages des *Carraches*.

La nature, en formant les hommes à talent, semble distribuer à chacun d'eux l'espèce de génie qui doit les distinguer. Elle dispense aux uns un beau faire large et moelleux, un pinceau séduisant, et les beautés sublimes de l'art; aux autres, le sentiment de la vérité et des grandes expressions de l'ame; à ceux-là l'énergie, la force, la vigueur du coloris; à ceux-ci elle donne la grâce et la science des contours gracieux qui conviennent à Vénus et aux amours; d'autres, doués d'une patience rare, sont destinés aux ouvrages d'un précieux fini; tandis que de fougueux génies n'envisagent la nature que sous des formes colossales. C'est ce dernier caractère qui constitue les talents supérieurs de *Lanfranc*, lequel fut employé pendant sa vie entière à orner les voûtes des temples et des palais. C'est là que son génie l'élevait par prédilection; ce n'est pas que l'on ne connaisse plusieurs bons tableaux peints à l'huile par *Lanfranc*, avec des figures de proportion naturelle, et souvent même de fort jolis tableaux de chevalet, que l'on attribuerait volontiers à ses maîtres par les grâces et la beauté du pinceau, qui caractérisent ses moindres productions.

Elevé à l'école des *Carraches*, ainsi que *le Guide*, *l'Albane* et *le Dominiquin*, il eut le malheur de traverser toujours dans ses entreprises ce dernier, dont le caractère calme et paisible le rendit souvent la victime de ce dangereux rival.

La postérité a droit de reprocher à *Lanfranc* d'avoir souvent abreuvé de chagrins l'ame sensible du *Dominiquin*, qui aurait pu se servir de ses grands moyens pour abaisser son rival. On sait quel eût été l'avantage du profond et sublime génie du *Dominiquin* sur la fougue impétueuse et la grande pratique de *Lanfranc*, faites pour étonner les hommes qui se laissent d'abord subjuguer par les sens. Il fallait, au contraire, pour bien apprécier les talents du *Dominiquin*, des connaisseurs éclairés et réfléchis, de ces hommes qni ne se laissent émouvoir que par les impressions qui vont à l'ame.

Après avoir jeté un coup d'œil sur les talents qui ont assigné à *Lanfranc* une place parmi les grands peintres de l'Italie, ne serait-il pas également convenable, pour s'identifier avec l'idée que l'on a conçue du mérite de cet habile homme, de joindre quelques légers détails sur les principales particularités de sa vie.

Lanfranc, comme la plupart de ceux qui se sont fait un grand nom dans les arts, naquit au sein de la médiocrité; il fut contraint d'entrer fort jeune au service du comte Horace Scotti, à Piazenza, chez lequel il commença à faire connaître ses premières dispositions pour le dessin.

On le voyait tracer sans cesse des fantaisies sur les murailles, comme si son génie naissant se trouvait déjà trop à l'étroit sur des feuilles de papier; une espèce de frise, qu'il dessina de blanc et de noir autour de sa chambre, fit juger au comte des grandes dispositions du jeune *Lanfranc*, et il le plaça chez *Augustin Carrache*.

Ici commence la carrière pittoresque de ce puissant génie, lequel fut ensuite à Parme pour y étudier d'après les belles peintures du dôme du *Corrége*. Il s'y forma cette manière large et lumineuse qu'il a si bien mise en pratique dans tous ses grands ouvrages.

Sans avoir peint ses dômes avec autant de perfection que *le Corrége*, il est vrai de dire que *Lanfranc* est de tous les peintres celui qui a suivi de plus près ce grand homme. Il avait à peine atteint sa vingtième année lorsqu'il perdit son premier maître. *Augustin Carrache* ayant cessé de vivre, il alla continuer ses études à Rome, sous la conduite de son frère *Annibal* qui peignait alors la galerie Farnèse : *Lanfranc* l'aida dans plusieurs parties de ce grand ouvrage.

Les premières peintures qu'il fit à fresque, pour son compte, peu après son arrivée à Rome, furent quelques sujets pour le cardinal Sannèze. Après la mort d'*Annibal Carrache*, qui survécut peu d'années à *Augustin*, *Lanfranc* retourna à Bologne, où il exécuta plusieurs tableaux. De retour à Rome une seconde fois, il ne quitta plus cette ville, où il se vit accablé de grands ouvrages qui achevèrent sa réputation. Un tableau qu'il peignit d'abord pour les religieuses de Saint-Joseph, lui fit le plus grand honneur.

Il serait difficile de suivre ce peintre dans tout ce qu'il entreprit, soit à Saint-Augustin, soit à Sainte-Marie-majeure, soit à Monte-Cavallo, par ordre du pape Paul V ; il suffit de dire que ses grands talents lui méritèrent des pères théatins la préférence pour peindre la fameuse coupole de leur église de Saint-André-della-Valle. C'est bien le plus grand ouvrage à fresque qui soit à Rome, et dans lequel on trouve le plus de grandiose.

Qui peut, sans être étonné, voir cette grande composition ! Avec quel art les figures sont distribuées et paraissent diminuer à l'œil, à mesure qu'elles arrivent vers le centre ! L'ouverture de cette belle coupole, qui est immense, représente le ciel avec toute sa gloire ; la lumière principale qui jaillit de la figure du Christ placé au milieu du dôme, répand ses rayons avec un éclat éblouissant sur tous les groupes de cette vaste composition. Ajoutez à cette description que toutes les figures des différents plans paraissent de grandeur naturelle, quoique celles du premier plan aient plus de vingt pieds de proportion.

Il serait inutile de rappeler tous les ouvrages qu'il entreprit dans différentes églises de Rome et en d'autres lieux de l'Italie.

Il suffit de dire qu'il avait peint pendant plusieurs années à Naples, lorsqu'il fut forcé de revenir à Rome, à cause des troubles élevés dans le royaume de Naples et de Sicile, en 1646. Forcé de rester encore une fois à Rome, il entreprit les grands travaux de Saint-Charles-des-Catinares.

Il est aisé de voir, en examinant avec attention ses belles peintures, qu'il a toujours cherché la manière du *Corrége.* On remarque aussi, dans tout ce qu'il a fait, combien il avait eu soin de conserver le caractère et le bon goût des *Carraches*, ses maîtres.

Si l'on est en droit de reprocher à *Lanfranc* quelques incorrections de dessin, et de n'avoir pas toujours cherché à exprimer les diverses passions de l'ame, on est forcé de lui rendre justice et d'admirer sa facilité à composer d'aussi grandes machines ; ainsi que sa promptitude à les exécuter : il lui arriva, sur la fin de sa vie, d'en abuser au point qu'il ne peignait plus que de pratique, ce qui faisait dire aux autres peintres qu'*il était savant, mais qu'il ne faisait pas voir tout ce qu'il savait faire.*

Lanfranc mourut le jour même que son plafond de Saint-Charles-des-Catinares fut découvert pour la fête du saint, le 27 Novembre 1647, et il était seulement âgé de 66 ans.

Ce peintre, par un singulier hasard, était né à Parme le jour même de la naissance du *Dominiquin*, son célèbre rival. Il avait gravé, lors de son premier voyage à Rome, les loges du Vatican, conjointement avec *Badalocchio*, et ils dédièrent cet ouvrage à *Annibal Carrache*, leur maître.

Si *Lanfranc* ne s'est pas acquis autant de gloire par des tableaux d'une moindre proportion, il s'en trouve pourtant de très-beaux et qui feraient beaucoup d'honneur à d'autres peintres. On y remarque un faire large, un bon goût de dessin souvent dans le style des *Carraches*, et toujours de la grâce et des belles pensées.

Peu de peintres ont acquis autant de célébrité, d'honneurs que *Lanfranc*. Créé chevalier par le pape Urbain VIII, il en fut comblé de richesses, et il trouva la récompense de ses travaux au sein de sa famille, près d'une épouse aimable, entouré de ses enfants qui, réunissant le goût de la musique à la poësie, lui procurèrent la plus heureuse existence.

On voit au musée du Louvre plusieurs tableaux de différentes proportions, où l'on retrouve sa belle manière de peindre.

VOUET (Simon),

Né à Paris en 1582, mort dans la même ville en 1641.

Si le nom du *Perrugin* a déjà traversé quatre siècles avec la gloire d'avoir formé le premier peintre de l'univers, quels éloges ne doit-on pas à *Simon Vouet* qui fut le régénérateur de l'école française, et dont les grands principes ouvrirent la carrière de la peinture à *Eustache Lesueur*, qui eut une si grande ressemblance avec *Raphael* ?

Lorsque *le Vouet* vint au monde, la peinture ainsi que les autres arts en France étaient presque assoupis. Ils avaient déjà paru avec éclat sous le règne d'un monarque ami des arts. Les grands talents de *Jean Goujon*, de *Germain Pilon*, de *Jean Cousin*, de *Nicolo*, du *Primatice*, et de plusieurs autres célèbres artistes français et florentins, avaient annoncé l'aurore la plus brillante, mais elle fut obscurcie par un siècle de calamités.

La France se ressentait encore des fortes commotions qui l'avaient agitée sous les derniers descendants des Valois ; à peine y comptait-on quelques peintres nationaux, pour la plupart médiocres, si l'on n'en excepte des peintres de portraits en miniature et en émail.

Henri IV qui venait de fixer la paix dans ses états, et Marie de Médicis qui avait conservé de ses ancêtres le goût héréditaire pour les arts, s'efforçaient d'attirer à leur cour les artistes étrangers des écoles d'Italie et de Flandre (1), qui jouissaient alors de la plus grande célébrité, et qui étaient répandus dans toutes les cours de l'Europe.

Richelieu, ami des arts, voulut aussi les naturaliser en France, et faire disparaître, à l'aide de leurs productions enchanteresses, les souvenirs des malheurs qui avaient si long-temps déchiré sa patrie.

Le Vouet parut enfin. Sans autre maître que son père, peintre médiocre, à peine est-il sorti de l'enfance qu'il fait admirer déjà ses heureuses dispositions pour la peinture, dont il devait dicter les grands principes. Il était destiné à rétablir en France les fondements de l'édifice que François Ier. avait élevé à la gloire des arts.

Dès l'âge de 14 ans, *le Vouet* peignit des portraits avec assez de talent pour être appelé en Angleterre, où Charles Ier. voulut le retenir; mais le génie qui l'avait choisi pour rétablir l'école française, le ravit à nos rivaux.

C'est dans l'école du *Vouet* que devaient se former d'illustres nourrissons. *Eustache Lesueur*, *Charles Lebrun*, *Pierre Mignard*, *Alphonse Dufresnoy*, l'Horace de la peinture, qui a tracé en vers latins dignes du siècle d'Auguste, les vrais principes de cet art rival de la nature; *François Mola*, *Périer*, *Dorigny*, *Lahire*, *Tortebat*, auquel on doit un traité sur l'anatomie; les frères *Aubin* et *Claude Vouet*, et une foule innombrable d'autres artistes sortirent également de l'école du *Vouet*.

---

(1) Marie de Médicis appela *Rubens* à Paris, pour peindre la fameuse galerie de son nom.

Il est difficile de suivre ce peintre dans sa marche rapide, et avec sa prodigieuse facilité pour la pratique de son art.

A son retour d'Angleterre, il accompagne M. de Sancy, ambassadeur de France à Constantinople. Sa facilité, presque sans exemple, lui fait peindre de mémoire le portrait du Grand-Seigneur qu'il n'avait vu qu'une seule fois pendant l'audience donnée à l'ambassadeur. L'exacte ressemblance de ce portrait saisit tellement d'admiration tout Constantinople, où la peinture parut alors un prodige nouveau, qu'il se trouva chargé d'en faire beaucoup d'autres. Mais le génie du *Vouet*, resserré dans des bornes trop étroites, l'entraîne hors de cette ville. En Novembre 1612 il quitte Constantinople et s'embarque pour Venise, où, séduit par la belle couleur et la magnifique ordonnance des peintres vénitiens, il s'empresse d'en faire de fidelles copies ; il forme son coloris à cette fameuse école dont *le Titien* fut le fondateur. La manière brillante et pompeuse de *Paul Véronèse* parut fixer plus particulièrement son attention ; ce fut celle qu'il adopta dans la suite, et qui reparaît souvent dans ses ouvrages.

Le Vouet abandonne Venise pour aller à Rome, et il arrive dans cette capitale des arts au moment même où deux factions se disputaient l'empire de la peinture. La manière vigoureuse mais triviale de *Michel-Ange de Caravage*, captivait alors tous les esprits au détriment du bon goût, et livrait à un dédain injurieux les chef-d'œuvres du *Dominiquin*. *Le Vouet*, très-jeune encore, se laisse entraîner comme les autres à cette manière à la mode, dans laquelle il peignit plusieurs tableaux d'une couleur forte et d'un grand effet; il en fit un entr'autres pour l'église de Saint-Pierre de Rome, et un à Saint-Laurent-in-Lucina, qui établirent dès-lors sa réputation parmi les peintres de cette grande ville. Mais la belle façon de peindre du *Guide*, soutenu par *le Josepin*, rival du *Caravage*, l'ayant enfin emporté sur ce dernier, les amis du bon goût triomphèrent à leur tour, et *le Vouet* se rangea bientôt de ce parti, au point de saisir la manière du *Guide*, qu'il a parfaitement imitée.

C'est dans les ouvrages de ce fameux élève des *Carraches* qu'il puisa son exécution large et facile, ce coloris frais que l'on retrouve souvent dans ses tableaux, cette touche savante et moelleuse qui lui réussit sur-tout dans ses figures de femmes et d'enfants.

Il y avait déjà quelques années qu'il était à Rome lorsqu'il fut appelé à Gênes (en 1620) par les princes Doria, dont il décora les palais. Après deux ans de séjour en cette ville, on le voit reparaître à Rome, où son mérite le fait élever à la dignité de prince de l'académie de Saint-Luc. Il y vivait au sein des honneurs, considéré des grands, ayant épousé une jeune et belle romaine à laquelle il avait inspiré le goût du dessin; mais Louis XIII, qui le gratifiait d'une pension qu'il avait graduellement augmentée pendant un séjour de treize années en Italie, le fait solliciter par son ambassadeur de quitter Rome pour revenir en France.

Le Vouet se rend aux désirs du Roi; il se met en route avec sa femme et un enfant encore au berceau, emmenant avec lui le père et la mère de sa femme et quelques-uns de ses élèves d'Italie, parmi lesquels on distingue *Jean - Baptiste Mola*, *Lhomme de Troyes*, et *Aubin Vouet* son frère. Le Roi et la Reine Marie de Médicis, sa mère, lui font l'accueil le plus distingué. Il est nommé premier peintre, avec une pension considérable : on lui donne son logement aux galeries de Louvre, où il est installé avec distinction.

Dès son arrivée à Paris, *le Vouet* est chargé de composer des cartons pour les tapisseries de la couronne; il fait les portraits de tous les seigneurs de la cour; il a l'honneur de peindre plusieurs fois celui du Roi, qui prenait un plaisir infini à le voir travailler, et qui, enchanté de ses talents ainsi que de sa grande facilité, voulut prendre de ses leçons. Le jeune monarque fit de tels progrès, qu'il parvint en peu de temps à faire des portraits d'une parfaite ressemblance. Le cardinal de Richelieu qui savait apprécier les hommes d'un grand mérite, se fit peindre plusieurs fois en pied par *le Vouet*, et l'occupa beaucoup dans son palais et au château de Ruel (en 1632). Il peignit ensuite la fameuse galerie de l'hôtel de Bullion (en 1634); celle du maréchal Deffiat, à Chilly (en 1635), ainsi que celle du duc d'Aumont, qui passèrent pour ses meilleurs ouvrages.

Il entreprend la galerie et la chapelle du chancelier Séguier, dans laquelle il a représenté l'adoration des mages, accompagnée de cette marche nombreuse et si pittoresque. Toutes les églises de Paris furent aussi décorées de ses tableaux; c'était à qui pourrait en posséder, tant était grande sa réputation. L'hôtel de Bretonvilliers fut aussi décoré, vers le même temps, des ingénieuses productions du *Vouet*. On cite entr'autres un fort beau plafond dans lequel il s'était surpassé. La majeure partie de ces ouvrages du *Vouet*, qui firent l'admiration de son siècle, n'existent plus, et ne pourraient contribuer aujourd'hui à soutenir la grande réputation que lui avaient accordée ses contemporains. Leur perte doit exciter d'autant moins nos regrets, que beaucoup de ces productions exécutées à la hâte, qui souvent pèchent du côté du style et des convenances de la correction du dessin, ne pourraient être d'aucune utilité pour les progrès et l'avancement de l'art. Il est facile d'en juger par les souvenirs qu'en a laissés *Dorigny*, son gendre et son élève, qui a gravé presque tous les ouvrages du *Vouet*. Cependant si ce peintre eût été moins accablé de travaux en tout genre, peut-être ne se serait-il pas abandonné à la manière expéditive qu'il fut obligé d'adopter, sans s'écarter toutefois des principes qu'il avait établis et qu'il sut inspirer à ses élèves. La rapidité avec laquelle il peignait tenait du prodige ; on ne pouvait sur-tout avoir plus de talent et de facilité pour peindre des vierges, qu'il rendait d'une beauté et d'une fraîcheur admirables. Ses tableaux offrent ordinairement un pinceau facile et moelleux ; mais on doit regretter que sa trop grande prestesse l'ait fait souvent tomber dans la manière.

Il est à remarquer qu'il prenait souvent plaisir à traiter ses sujets en demi-plafond, à la manière de *Paul Véronèse*, qui l'avait frappé. Il a réussi par là à donner à ses productions une sorte d'élégance et une magie d'effet singulières et très-pittoresques. On doit le regarder comme le premier qui ait en

France peint des plafonds avec succès, et avec ce brillant éclat qui fait le principal mérite de ces sortes d'ouvrages. Ses compositions, sans être toujours dirigées par un jugement sain, ont souvent de l'enthousiasme. Ses airs de têtes, quoique maniérés, ne manquent point de grâces, et ses attitudes sont en général assez bien contrastées.

Sans avoir été un excellent compositeur, *le Vouet* occupera toujours un rang distingué parmi les peintres qui ont traité les grandes machines. On a prétendu qu'il inventait difficilement, ce qui ne s'accorde guères avec sa fécondité.

Peut-être aura-t-on peine à imaginer aussi qu'un seul homme ait pu suffire à tout ce qu'il a fait pendant l'espace d'une vie assez courte. Si la plupart de ses tableaux sont peints au premier coup et sont le fruit de sa première pensée, il ne faut pas croire cependant que cet artiste n'ait pas su terminer ses ouvrages quand il le voulait et quand il en avait le loisir. Il suffirait pour s'en convaincre d'examiner le beau tableau de la Présentation au temple, qu'il avait peint pour le principal autel des jésuites de la rue Saint-Antoine, qui, après avoir fait pendant plusieurs années l'ornement des salles de l'académie de peinture, a été placé à la tête de l'école française, sur la porte d'entrée du musée du Louvre, où il se fait encore admirer par la fraîcheur du coloris et sa belle ordonnance. Le fond d'architecture n'est pas moins remarquable par la manière franche et savante avec laquelle il l'a traité. *Le Vouet* a montré sur-tout un talent supérieur pour les détails. On cite aussi le tableau qu'il fit en concurrence avec *le Poussin* pour l'église du noviciat des jésuites de Paris. Plusieurs autres églises de Paris possédaient aussi de très-beaux tableaux de ce peintre. On en voyait beaucoup dans l'église des minimes, parmi lesquels il y en avait de fort bien terminés, et qui avaient de la noblesse et de la grandeur.

Mais *le Vouet*, accablé par une multiplicité d'ouvrages, dégénéra beaucoup dans les dernières années de sa vie. Il tomba dans une manière plate, se contentant de faire de grandes ombres et de grandes lumières pour éviter les détails qu'il négligeait totalement. Sa couleur devint alors d'une monotonie insupportable ; il affecta de donner à ses figures d'hommes un ton roux et de brique ; ses ombres, d'une teinte verdâtre et violâtre, s'éloignèrent de la nature. On ne peut deviner aussi par quelle bizarre affectation il terminait en pointes ses mains de femmes et d'enfants. Ses ouvrages plaisent encore, malgré ses défauts, par le charme de son pinceau et sa manière grande et large.

On doit dire à la louange du *Vouet* que jamais école ne fut plus féconde en grands hommes ; qu'il mérite une place distinguée dans l'histoire des arts, pour avoir été le fondateur de l'école française. Mais les grands services qu'il a rendus à la peinture peuvent-ils faire jamais oublier ses torts avec *le Poussin* ? Eh ! par quelle fatalité *le Vouet* se rangea-t-il au nombre des ennemis de ce grand homme ? Il est douloureux pour la gloire des arts qu'une basse jalousie, trop souvent compagne des plus grands talents, les déshonore et laisse une tache ineffaçable à la mémoire des hommes les plus célèbres.

La réputation colossale du *Vouet* a beaucoup

perdu ; il la dut en partie à l'extrême rareté des artistes au moment où il arriva d'Italie, et aux grands protecteurs qui l'avaient appelé en France. Sa facilité devait étonner dans ce pays, où les guerres civiles avaient effacé jusqu'aux moindres traces du bon goût dans les arts. Tout ce que François Ier. avait fait pour les naturaliser était presque oublié. Les élèvés du *Vouet*, formés sur ses grands principes, parvinrent bientôt à les faire renaître. Ils allèrent presque tous en Italie pour se perfectionner sur les beaux modèles que leur offrait le sanctuaire des arts. Mais attirés particulièrement vers les productions de l'école qui avait succédé à celle de *Raphael*, ils se plurent à imiter *les Carraches* et ceux de leurs élèves qui se faisaient remarquer, soit par une belle manière d'opérer, soit par la richesse de leurs savantes compositions. Je dis qu'ils cherchèrent à les imiter sans toutefois cesser de payer leur tribut d'admiration aux sublimes productions de *Raphael* ; mais pleins des idées que leur avait inspirées leur maître, ils avaient porté à Rome les souvenirs de leur première école, dont ils trouvèrent les modèles dans la seconde époque de l'école romaine.

Le Poussin seul, formé par ses propres observations, et qui ne devait son talent à aucune école, s'occupait à Rome à rétablir dans le silence les grands principes de son art qu'il créa pour lui seul ; car, si l'on n'en excepte quelques artistes qui cherchèrent à l'imiter, je dirais presque à le copier servilement, la plus grande partie des autres, tout en l'admirant, s'éloignaient de la sagesse et du style qui font le principal mérite de ses tableaux.

Le Vouet est tellement connu par le nombre considérable de gravures faites d'après lui, qu'il serait superflu d'entrer dans d'autres détails sur ses ouvrages. L'œuvre de *Dorigny*, son gendre, qui est immense, et qui se trouve répandue avec une sorte de profusion dans tous les portes-feuilles, annonce assez quelle considération *le Vouet* avait obtenue de ses contemporains.

Au moment où ce peintre ouvrait la carrière de la peinture aux premiers artistes de la France, à l'aide des grands principes qu'il avait puisés en Italie, *Pierre Corneille* établissait, par de grands exemples tirés de son propre génie, les bases fondamentales de l'empire de Melpomène; il ennoblissait la scène française par des chef-d'œuvres immortels qui, ne pouvant être surpassés, serviront à jamais de modèles à côté de tout ce que l'antiquité offre de plus parfait.

Je suis bien éloigné de vouloir établir un parallèle entre ces deux hommes qui étonnèrent le dix-septième siècle. La seule ressemblance qui puisse les rapprocher est d'avoir concouru tous les deux, à la même époque, à rétablir deux arts qui ont ensemble de si grands rapports. *Corneille* a d'ailleurs sur son contemporain, le grand avantage d'être le créateur et le père de la tragédie en France, et d'avoir captivé non seulement l'admiration de son siècle, mais de l'avoir conservée jusqu'à nous.

POELEMBOURG

POELEMBOURG (Corneille),

OU CORNEILLE,

Né à Utrecht en 1586, *mort en* 1660.

IL est difficile d'imaginer rien de plus gracieux en peinture que la belle manière de *Poelembourg*, dont la touche moelleuse et finie n'a pas encore été surpassée. Depuis plus de deux siècles les tableaux de *Poelembourg* font les délices des amateurs et l'ornement des plus célèbres collections de l'Europe, où l'on ne peut se lasser de les admirer.

Le talent de ce peintre n'a jamais vieilli. Avec quel sentiment délicieux on se plaît à parcourir ces jolis tableaux toujours variés par une infinité de détails intéressants !

Le pinceau de *Poelembourg* embellit tout ce qu'il a voulu représenter. Les monuments du style le plus grave se montrent dans ses tableaux avec des grâces et une magie de couleur qui sont à lui seul. La vapeur qui les enveloppe répand un certain velouté jusque sur les objets les plus acerbes.

Où trouver un ton plus suave, un plus beau fini, un ton de couleur plus agréable que dans les ouvrages de *Poelembourg* ? Ajoutez la vigueur du coloris, le charme des sites à la richesse des fonds, le ton vrai et naturel de ses paysages à la transparence des ciels et des eaux, et ses larges masses d'ombres qui produisent, quoiqu'en petit, le plus grand effet ; remarquez cette vapeur légère et ambiante qui règne jusque dans les fonds les plus éloignés, où ils semblent se confondre avec l'horizon, et vous aurez une idée parfaite du talent admirable de ce peintre.

Les ouvrages en petite proportion de *Poelembourg* méritent sur-tout d'être distingués d'avec ceux d'une plus grande dimension, qui pour l'ordinaire sont moins estimés. Ceux-ci seront toujours placés au premier rang dans les meilleures collections.

Poelembourg, l'un des peintres les plus renommés de la Hollande, dut ses talents à l'Italie.

Il quitta fort jeune sa patrie, après avoir reçu les premières leçons d'*Abraham Bloemaert*, pour se rendre ensuite à Rome, où il passa une grande partie de sa vie à dessiner et à peindre tout ce que cette capitale et ses environs offrent de plus beaux aspects.

A son arrivée à Rome il fut frappé de la manière d'*Adam Elzheimer*, son contemporain, dont les ouvrages étaient alors fort en vogue; mais bientôt rendu à son propre génie, il se mit à dessiner les plus beaux monuments de l'antiquité, et dès-lors il en fit les sujets ordinaires de ses tableaux, et il devint le créateur du genre précieux qui a illustré son nom.

A peine vit-on paraître ses premiers ouvrages, que les personnes les plus distinguées de Rome s'empressèrent de les posséder.

On se persuade difficilement qu'il ait pu produire avec un si précieux fini l'immense quantité de tableaux connus sous son nom. Ils attestent en faveur de sa grande assiduité au travail.

Après plusieurs années de séjour en Italie, il se détermina à quitter cette terre chérie des artistes. Le désir de revoir la Hollande l'emporta sur les propositions qui lui furent faites par les principaux personnages de Rome. A son passage à Florence, les faveurs du grand duc de Toscane ne purent ébranler sa résolution, il se décida cependant à séjourner quelque temps, d'après les désirs du prince, dans cette patrie du réveil des arts, où il laissa des preuves de ses talents.

A peine est-il arrivé à Utrecht, que sa grande réputation se répand bientôt par toute la Hollande. C'est à qui pourra posséder les productions de cet habile homme que l'Italie regrettait encore.

Ses ouvrages payés très-chèrement par ses compatriotes, ne pouvaient manquer de leur plaire par la nouveauté du style et le précieux fini ; tout ce qui sortait de ses mains était saisi avec avidité. *Rubens* lui-même fit le voyage d'Utrecht sur la grande renommée de *Poelembourg*, et il ne revint à Anvers qu'après avoir obtenu des tableaux de cet étonnant artiste.

Quel plus beau témoignage en faveur du talent de *Poelembourg*, que les suffrages et l'admiration du premier peintre de la Flandre ! Quelques-uns de ses tableaux qui passèrent en Angleterre, ne pouvaient manquer d'y établir aussi sa réputation.

Attiré par la faveur et les promesses flatteuses de Charles Ier., ami et protecteur de tous les hommes de mérite, il se détermina à passer à sa cour, où après avoir séjourné quelque temps et y avoir laissé des preuves de ses grands talents, il en partit comblé de biens, et revint dans sa patrie, où il continua de jouir jusqu'à sa mort de la considération de ses compatriotes.

On sait qu'il ornait le devant de ses tableaux de figures de femmes qu'il représentait presque toujours nues et souvent au bain. Peut-être a-t-il mérité le reproche qu'on lui a fait, de les dessiner d'une manière un peu lourde, et de les faire souvent d'une trop grande proportion pour la petite dimension de ses tableaux. Ses groupes placés au hasard et sans aucune intention, laissent aussi à désirer du côté de la composition ; mais comme ces objets ne sont qu'accessoires, le charme de ses paysages fait bientôt oublier ces taches légères.

On a quelquefois confondu certains tableaux de *Bartholomée Breemberg*, son compatriote à Rome, avec ceux de *Poelembourg*, dont le genre a beaucoup de ressemblance avec le sien, ce peintre ayant représenté comme lui les ruines de Rome ; mais les ouvrages de *Bartholomée*, quoique finis très-précieusement, n'ont ni le charme, ni la vigueur du coloris de *Poelembourg* ; ils sont ordinairement d'un ton plus gris, tandis que *Poelembourg* est toujours d'une couleur chaude et dorée. *Breemberg* avait, à la vérité, sur *Poelembourg*, le talent de mieux disposer ses groupes, et de dessiner plus correctement.

Ces deux artistes ont eu de leur temps beaucoup d'imitateurs qui en ont approché d'assez près, au point de faire commettre souvent des erreurs dans le commerce des tableaux. L'amateur doit être sur ses gardes, pour ne pas confondre ces sortes d'imitations qui offrent une ressemblance assez exacte.

Rien n'est plus ordinaire que de voir vendre ces imitations comme de véritables *Poelembourg*. Il est à remarquer que c'est sur-tout dans les tableaux de petite proportion que ces sortes de tromperies se renouvellent le plus souvent.

On a gravé en différents temps d'après les tableaux de cet habile peintre. On dit qu'il a aussi gravé lui-même ; mais ses estampes à l'eau forte, ainsi que ses études, sont extrêmement difficiles à trouver.

L'Italie et la Hollande paraissent être restées dépositaires de ces productions si intéressantes pour les véritables amis des arts (1).

(1) Le beau cabinet de M. de Saint-Victor, à Rouen, renferme plusieurs tableaux de *Poelembourg*.

LE GUERCHIN,

BARBIERI DA CENTO,

Né à Bologne en 1590, mort en 1666.

De tous les élèves des *Carraches*, *le Guerchin* est peut-être le seul qui n'ait presque rien conservé du grand style de cette école célèbre. Peu frappé des beautés de l'antique et du charme délicieux du beau idéal, il se borna à l'étude et à la simple imitation de la nature.

Le Guerchin paraît s'être attaché principalement à imiter les grands effets qu'elle présente lorsqu'elle est éclairée par une lumière vive et en opposition avec de fortes ombres.

Guidé par un goût naturel pour la vigueur et la force du coloris, il dirigea toutes ses études vers cette partie si difficile de l'art de la peinture, qu'il porta à un tel degré de perfection, qu'aucuns des peintres ses contemporains ne peuvent lui disputer cette force d'effet, cette solidité de ton qu'il a su répandre dans tous ses ouvrages.

La manière du *Guerchin* est grande et forte, sa touche est large et moelleuse, sa couleur brillante et empâtée présente toujours des effets de lumière très-piquants.

Le Guerchin devait tout à la nature, elle fixa sa destinée dès l'âge le plus tendre, puisqu'à peine âgé de huit ans, il donnait déjà des preuves de son goût irrésistible pour la peinture. Sa manière extraordinaire de peindre le fit bientôt connaître de toute l'Italie. Il fut surchargé d'ouvrage, et ses tableaux passèrent rapidement dans divers pays de l'Europe.

Plusieurs amateurs de France s'empressèrent de les posséder, et le cabinet du Roi en fut aussi décoré.

La manière du *Guerchin*, très-large, très-expéditive, lui procura dans la suite un état d'aisance qui lui permit de faire du bien à ceux qu'il soupçonnait être dans le besoin ; ce fut sur-tout envers les artistes peu favorisés de la fortune qu'il se montra le plus généreux. On le vit toujours empressé d'encourager le mérite oublié, et dire du bien de tous ses confrères.

Etait-il consulté sur leurs ouvrages, c'était avec douceur qu'il faisait part de ses remarques, et il était rare qu'il ne cherchât l'occasion de louer avec cette candeur et cette bonté qui lui étaient si naturelles.

Toutes les traditions s'accordent a le regarder comme l'un des hommes les plus probes et le plus honnêtes de son siècle. La nature avait paru se complaire à lui donner toutes les vertus qui sont l'apanage de l'homme de bien.

Depuis plusieurs siècles ses tableaux n'ont rien perdu de leur réputation et de leur mérite ; ils sont vus avec plaisir et placés dans les plus riches collections.

La carrière du *Guerchin* fut celle du sage, il la termina le pinceau à la main. On a remarqué que, malgré les largesses qu'il se plut à faire pendant sa vie, ses biens se trouvèrent encore considérables à sa mort.

En considérant avec attention les ouvrages du *Guerchin*, on s'aperçoit qu'il s'écarta souvent des convenances et de la vérité du costume ; ses figures, pour la plupart, sont agencées de fantaisie ; les armures qu'il donnait à ses guerriers n'étaient souvent que l'imitation de celles de son siècle : aussi n'est-il pas rare de voir dans ses tableaux le dieu Mars avec l'armure et l'accoutrement d'un hallebardier. Mais que de beautés ne découvre-t-on pas dans la force de son coloris et dans la magie qui règne dans ses tableaux ! Il fait bientôt oublier ce qui manque du côté du style, et il attire malgré ses inconvenances. Tel est le propre et l'effet des grands talents qui ne sont point le résultat de l'imitation routinière des écoles.

On doit remarquer que *le Guerchin* se plaisait souvent à composer des sujets d'histoire de demi-figures, ou de figures vues à mi-corps, assez ordinairement de grandeur naturelle, et quelquefois au-dessus de la proportion ordinaire, sans doute dans l'intention de satisfaire plus promptement le désir de ceux qui voulaient posséder de ses ouvrages. Il a cependant été employé à peindre des tableaux d'église d'une grande proportion ; et parmi le grand nombre de ses ouvrages, conservés au musée du Louvre, on en remarque un entr'autres dont le sujet représente Sainte-Agnès descendue au tombeau, et son apothéose dans le même tableau, d'une immense proportion, dont les figures sont plus du double de nature.

Le Guerchin a tellement travaillé, qu'il n'est presque pas de collection tant soit peu célèbre, où l'on ne rencontre des tableaux de ce maître.

Ce peintre est un de ceux que l'on soupçonnerait le moins appartenir à l'école de Bologne, tant il paraît étranger même dans sa propre patrie ; son style, sa couleur, sa façon d'opérer, tout est à lui; et rien de ce qui caractérise son genre de talent ne rappellerait aucun autre maître, si l'on ne soupçonnait peut-être quelqu'air de famille avec le genre du *Caravage*. Mais il est bien plus séduisant que ce dernier; sa couleur est plus animée, plus brillante; il sait répandre plus d'intérêt dans ses tableaux que dans ceux du *Caravage*, où se peint souvent le caractère sombre et mélancolique de ce peintre atrabilaire.

Le Guerchin doit être regardé comme le plus grand coloriste de l'école romaine, et celui de tous les peintres de ce pays qui a le plus cherché à introduire dans ses ouvrages cette force, cette magie de clair obscur et cette vigueur d'effet qui sont un des plus grands mérites de la peinture.

Si l'on ne trouve pas dans ses tableaux, comme dans ceux des premiers peintres de cette école, la grandeur de style, la belle simplicité de dessin, les caractères de tête pleins de noblesse et d'expression, les plis amples et majestueux qui caractérisent la plupart de leurs productions, il porte avec lui un sentiment d'originalité qui le distingue de tous les autres peintres, et ses rares talents le placent avec ce que l'Italie a produit de plus excellent.

L'histoire de son temps dit que rien n'était plus ordinaire que de rencontrer *le Guerchin* se promenant tous les soirs accompagné de plusieurs artistes toujours avides de l'entendre discourir sur son art; sa conversation était, à la vérité, fort agréable et enjouée; il en était chéri comme un père qui n'avait que des choses agréables à leur dire sur leur talent.

Exemple bien rare, et qui devrait trouver plus d'imitateurs !

Le Guerchin ne fit jamais apercevoir aux autres la supériorité de ses talents. *Le Poussin*, ce peintre si sage, qui l'estimait et le comptait au nombre de ses amis, se plaisait beaucoup à le voir peindre, et ne pouvait se lasser d'admirer sa grande facilité à opérer.

Sa maison devint une espèce d'académie où se réunissaient tous les beaux esprits, les savants et les artistes. On y discutait sur les points les plus intéressants des sciences et des arts. Ce peintre, toujours entouré de nombreux élèves qu'il se plaisait à former avec douceur, aimait à les rassembler et à en faire parade dans les assemblées et dans les repas qu'il donnait à ses amis ; *c'était là*, disait *le Guerchin*, *le principal ornement de mes fêtes.*

Christine, reine de Suède, à son passage à Bologne, honora *le Guerchin* de sa visite ; elle lui tendit la main et elle prit la sienne, voulant, disait-elle, toucher une main qui opérait de si belles choses. Il reçut également beaucoup d'honneurs du duc de Mantoue qui le créa chevalier ; ce prince l'employa dans ses palais.

On a rapporté que, peu propre aux soins du ménage, *le Guerchin* devint tout-à-coup triste et mélancolique, et pensa presque abandonner l'exercice de son art, par la mort d'un frère qui l'avait toujours débarrassé de ce fastidieux emploi. Un de ses amis, pénétré d'une aussi grande perte pour la peinture, le rendit à son talent et à toute sa gaieté en se chargeant de ces détails, et l'on vit bientôt *le Guerchin* se livrer de nouveau à la peinture, qu'il n'a cessé d'honorer jusqu'à sa mort qui fut un signal de deuil pour tous les amis des arts.

On a gravé plusieurs des tableaux du *Guerchin* : un célèbre graveur anglais, *Strange*, a laissé de fort belles estampes d'après ce maître.

Ce peintre s'est aussi exercé à la gravure à l'eau-forte ; on connaît de sa main quelques estampes, entr'autres, un Saint-Antoine de Padoue et un Saint-Jean (1).

(1) Le musée de Rouen possède un des beaux tableaux du *Guerchin*, représentant la Visitation.

WINANTS (Jean),

Né à Harlem, à la fin du seizième siècle.

Il n'est guère de collections où l'on ne rencontre un tableau de *Winants*, ce peintre agréable que l'école hollandaise réclame avec justice, comme un des meilleurs paysagistes de ce pays. Mais il est bien surprenant que les auteurs hollandais ainsi que tous ceux qui ont écrit sur la peinture et sur la vie des peintres, n'aient seulement parlé de *Winants* que pour citer ses élèves, sans jamais avoir rien dit de ce maître, dont les tableaux conservés avec soin dans tous les cabinets, attestent assez le mérite.

Aucuns des auteurs de dictionnaires ne parlent de *Winants*, comme s'ils s'étaient tous donné le mot pour oublier cet artiste séduisant, qui fut le fondateur d'une école fertile en habiles peintres. Il y a peu de temps, à la vérité, que ce peintre est connu en France, ainsi que beaucoup d'autres de la même école, que l'intérêt et les malheurs des temps ont fait sortir de la Hollande.

Les tableaux de *Winants* se font remarquer par une certaine manière agréable de rendre la nature. Ils sont ordinairement assez clairs, d'une couleur forte, dorée, et d'une exécution facile ; ajoutez à cela une touche fine, moelleuse et spirituelle, et vous aurez une idée parfaite du talent de ce maître, dont les bons principes et la bonté du cœur formèrent une partie des meilleurs paysagistes de la Hollande.

Quoique *Winants* ait vécu dans un pays dont les

vues plates et monotones offrent peu de mouvement et peu d'accidents pittoresques, il a cependant trouvé l'art de les diversifier et de les varier avec un goût surprenant.

On a peine à imaginer qu'il ait pu en tirer un parti aussi agréable. Le moindre objet intéresse dans les tableaux de *Winants*. Un vieux tronc d'arbre abattu et couché par terre, produit un effet merveilleux sur le devant de ses tableaux; quelquefois il est groupé avec de grandes plantes à feuilles larges qui agrandissent la masse; joignez y quelques cailloux et autres menus détails aussi variés de forme, et vous connaîtrez facilement une grande partie de ses productions.

Souvent une route dont les ornières et tous les accidents sont rendus avec un art et une grande vérité, traverse le devant de ses tableaux, et va se perdre dans la plaine qu'elle sillonne en différents sens, pour se dérober à la vue, à travers des masses d'arbres et des fabriques qui se variant à l'infini, se terminent avec l'horizon qui est toujours très-clair. Cet ensemble simple de composition, mais rendu avec art et une touche exquise, fait le charme de ses tableaux.

Winants qui avait plus étudié le paysage que les figures, réclamait ordinairement le service de quelques peintres de ses amis qui se faisaient un plaisir d'orner ses tableaux de scènes intéressantes.

Ce peintre qui s'était tellement familiarisé avec l'étude de la nature, qu'on eût dit qu'il la savait par cœur, eut la gloire d'avoir pour élèves deux des plus grands peintres de la Hollande, *Adrien Vanden-*

Velde et *Philippe Wouvermans*, qui se firent toujours gloire d'orner de jolies figures, les tableaux de leur maître ; ils contribuèrent ainsi à donner un nouveau prix à ses productions.

Le talent de *Winants* n'a jamais vieilli. Sa couleur forte et solide, sa manière de toucher le paysage est on ne peut plus spirituelle ; enfin, la facilité de *Winants* était telle, que la peinture semblait n'être pour lui qu'un objet de délassement.

Il est difficile de ne pas reconnaître au premier coup d'œil les tableaux de ce maître ; ils portent un certain caractère qui les fait distinguer parmi ceux de la même école.

Sa touche tantôt ferme, tantôt fondue, une manière à lui de rendre les cailloux et les plus petits détails, le décèlent facilement aux yeux de l'amateur.

Ses ciels sont clairs, composés de peu de nuages, mais il sait leur donner de belles formes, une couleur brillante et fondue ; ses lointains se perdent dans la vapeur ; peut-être pourrait-on lui faire le reproche d'avoir quelquefois employé des tons violâtres ; mais ce léger défaut ne déplaît point sous le pinceau de *Winants*, et contribue souvent à le faire reconnaître.

Winants eut la gloire de former encore beaucoup d'autres excellents élèves ; il sut leur inspirer le véritable goût de la peinture dans le genre du paysage ; s'il fut surpassé par quelques-uns, il n'en conçut jamais la moindre jalousie ; il n'eut point de secrets pour eux ; il fut leur maître et leur ami : éloge bien mérité que ses élèves se sont plu à lui prodiguer !

Ce peintre est regardé comme un des fondateurs du bon goût dans le paysage, et comme un des plus habiles en ce genre. La faux du temps semble avoir respecté la majeure partie de ses tableaux qui ont encore toute la fraîcheur de la nouveauté, ce que l'on doit attribuer à sa bonne manière de peindre, aux principes certains qu'il s'était faits sur son art, à sa grande facilité et à l'amour de ses compatriotes pour ses ouvrages, qui les ont toujours conservés avec beaucoup de soin.

Winants reçut le jour à Harlem; cette ville privilégiée et l'une des villes de la Hollande la plus fertile en grands peintres de paysages.

Outre un nombre infini de tableaux de ce maître qui sont répandus dans tous les cabinets de l'Europe, on en voit de très-beaux au musée du Louvre, parmi lesquels on en distingue un entr'autres d'une bien plus grande proportion que ses tableaux ordinaires.

Ce tableau, qui présente une immense étendue de pays, est meublé de jolies figures par *Vanden-Velde*; on y voit de belles fabriques; une route le traverse et s'étend au loin en circuits tortueux. Un grand arbre, dont la moitié est rompue et abattue sur le premier plan, se trouve groupé avec de belles plantes qu'il peignait d'un goût exquis. Ce peintre paraissait se plaire sur-tout à traiter ces sortes de détails qu'il répétait souvent. Ce tableau, d'une exécution hardie, fixe les regards de tous les vrais amateurs de la peinture, qui chériront long-temps les talents de *Winants*, sur lequel on n'a point d'autres renseignements.

POUSSIN (Nicolas),

Né aux Andelys en 1594, *mort à Rome en* 1665.

Il est des hommes dont la renommée a tellement publié les vertus et les grands talents, qu'il est impossible de rien ajouter à leur célébrité ; tel est *le Poussin*, dont le nom seul commande le respect et l'admiration.

Le Poussin reçut en naissant toutes les qualités de l'esprit et du corps propres à former un homme qui devait éclairer son siècle. Il eût été savant dans les sciences comme dans les arts ; mais la nature l'avait destiné à l'art de la peinture. Elle lui donna par un rare assemblage le jugement le plus sain, joint à l'imagination la plus vive ; il semblait qu'elle eût pris plaisir à rassembler sur le même homme toutes les connaissances qui eussent contribué à la gloire de plusieurs.

Digne émule de *Raphael*, qu'il surpassa peut-être dans quelques parties de son art, il sut en admirer les beautés sublimes, et profiter des découvertes de ce vaste génie, pour porter la peinture au degré de perfection où celui-ci serait infailliblement arrivé si la mort ne l'eût moissonné dès le commencement de sa carrière. *Le Poussin* eut en partage toutes les qualités des grands artistes de l'antiquité, et j'ose dire qu'il vint au monde pour dessiller les yeux de ses contemporains, avec des connaissances beaucoup plus grandes en peinture, que celles qu'on avait eues jusqu'à lui.

Si *le Poussin* n'eût pas été assez grand de sa propre gloire,

gloire ; on pourrait dire qu'il naquit d'une famille noble et distinguée, originaire de Soissons, et que ses ancêtres avaient porté les armes sous les règnes de Charles IX, d'Henri III et d'Henri-le-Grand, sous lequel devait naître cet illustre peintre, mais les grands talents n'ont pas besoin d'aïeux.

Dès sa plus tendre enfance ses parents s'aperçurent bientôt de la vivacité de son esprit, et particulièrement de ses grandes dispositions pour le dessin. Malgré leurs réprimandes et celles de ses maîtres, il remplissait ses livres de figures, et copiait tout ce que le hasard lui procurait. Sans avoir reçu de principes d'aucun maître, il devait déjà tout à lui seul.

A peine a-t-il atteint sa dix-huitième année, qu'il forme le projet de se rendre à Paris pour se perfectionner dans un art qui lui présentait déjà de grandes difficultés. *Le Poussin* qui s'était fait de bonne heure une haute idée de la perfection de la peinture, ne trouva aucun maître qui pût remplir le but qu'il s'était proposé ; il en quitta deux en très-peu de temps, qui, quoique jouissant d'une certaine réputation, ne possédaient pas les talents propres à perfectionner ceux du *Poussin*. Il trouve des amateurs chez lesquels il voit pour la première fois des estampes de *Raphael* et de *Jules Romain*. A la vue de ces chef-d'œuvres il se sent enflammé de l'amour du vrai beau : son génie s'agrandit, et il en saisit tellement les beautés, qu'il semblait déjà avoir été élevé à l'école de *Raphael*, tant il s'était pénétré du grand goût qui caractérise les ouvrages de ce dieu de la peinture; mais accablé de fatigues, il tombe malade et est obligé de retourner chez son père pour réparer sa santé.

Aussitôt qu'il se croit rétabli il est entraîné de nouveau par l'amour de son art ; il revient à Paris pour la seconde fois, et bientôt après il exécute le projet qu'il avait formé d'aller à Rome ; mais diverses circonstances le retiennent en France.

Le Poussin toujours occupé de plus en plus de son art, se livre à l'étude de toutes les sciences qui peuvent orner son esprit ; il est chargé, en 1623, par les jésuites de Paris, de faire six grands tableaux à la détrempe. Cet ouvrage qu'il exécute avec beaucoup de hardiesse et de talent, lui procure la connaissance d'un des plus grands poëtes de l'Italie, le Cavalier Marin. Il entreprend plusieurs autres tableaux ; mais à peine les a-t-il terminés, qu'il médite son voyage en Italie (1). Enfin, au printemps de l'année 1624, il entre dans Rome, cette ville fameuse après laquelle il soupirait depuis si long-temps. Il vole dans les bras du Cavalier Marin qui partait pour Naples, réparer sa santé, où il mourut peu de temps après.

Le Poussin, inconsolable de la perte de cet ami, se trouve seul à Rome, sans appui, sans connaissances, obligé de donner ses tableaux presque pour rien. On ne sera pas peu surpris d'apprendre qu'après avoir peint deux tableaux de l'histoire de Constantin (2), il eut bien de la peine à obtenir sept écus de chacun. Il est à considérer, cependant, que *le Poussin* qui avait déjà trente ans, était arrivé en Italie avec des talents distingués ; mais sa manière toute différente de celle de l'école contribuait peu à lui faire des partisans.

(1) Il avait essayé déjà deux fois ce voyage sans avoir pu réussir.

(2) Ces deux tableaux furent ensuite vendus 1,000 écus.

Admirateur de *Raphael*, il ne se contente pas d'étudier dans les ouvrages de ce maître, il veut aller à la source où ce peintre divin avait perfectionné ses grands talents. Dès ce moment, il ne cesse plus de dessiner d'après l'antique, et il observe tout avec le jugement que la nature lui avait prodigué. Il se retire seul dans les lieux les plus écartés de Rome, pour y considérer avec plus de liberté les monuments dont cette ville est remplie, et pour saisir les beaux effets de la nature, qu'il a rendus avec tant d'art dans ses admirables paysages.

C'est là qu'il puise ce goût exquis qui caractérise tous ses tableaux. C'est dans les bas-reliefs antiques qu'il prend une connaissance exacte des habillements des différents peuples, de leurs usages, de leurs armures diverses, et cette multitude de beaux ornements qu'il savait employer avec un discernement si juste.

Lorsque *le Poussin* arriva à Rome, l'art de la peinture était déjà sur son déclin. On n'y suivait plus les grands principes de *Raphael* et de son école. Les élèves des *Carraches* s'en éloignaient par des routes différentes. L'école de Rome était divisée entre deux partis opposés.

Le Poussin eut alors à combattre une ligue terrible formée contre le bon goût et la pureté de l'art ; mais la nature, dans ses décrets éternels, l'avait fait naître pour relever la peinture dont on peut l'appeler le second restaurateur, tant il prit de peines et de soins pour arriver à la grande idée qu'il s'était faite de la perfection de cet art. Enfin, à force de travail et de constance, *le Poussin* parvient à se faire connaître à Rome. Il ramène, par son exemple, tous les artistes devant le tableau du *Dominiquin* (1), qu'il ne peut se lasser d'admirer, et dout il s'efforce de faire sentir aux autres les sublimes beautés. Il parvient à faire rendre à ce grand peintre toute la justice qu'il mérite, mais que l'envie et l'ignorance lui avaient ravie. C'est alors que *le Poussin* fit paraître son fameux tableau de la Mort de Germanicus, dont il a rendu les expressions si nobles et si touchantes, que cet ouvrage est regardé comme un des plus parfaits qu'ait produits la peinture. On ne peut voir sans émotion ce général près d'expirer victime d'une cruelle perfidie, se relevant à peine sur son chevet, et laissant échapper ses derniers adieux au milieu de ses amis et de sa famille en pleurs. Ce tableau fut bientôt suivi de celui de la Prise de Jérusalem par l'empereur Titus, sujet qu'il peignit deux fois avec un succès égal.

Mais un tableau qui mit à jamais le sceau à sa réputation, fut celui de la Peste des philistins (2). *Le Poussin* fit voir par la force de ses pensées, et l'expression qu'il sut donner aux principales figures, combien il cherchait à réaliser tout ce qu'on avait dit de merveilleux des artistes de l'antiquité (3).

Il fait pour le Cavalier del Pozzo (4) les Sept Sacre-

(1) La Communion de Saint-Jérôme.

(2) Il est au musée du Louvre.

(3) *Le Poussin* trouve dans le cabinet du Cavalier del Pozzo une collection considérable de médailles qu'il étudie avec avidité. C'est par cet ami qu'il obtient les manuscrits précieux du savant *Léonard de Vinci*, dont *le Poussin* avoue lui-même avoir tiré un si grand parti pour son art.

(4) Le Cavalier del Pozzo, amateur distingué, et un des hommes les plus savants de l'Italie, devient un des grands admirateurs du *Poussin*. Il le fait connaître à la cour du Pape,

ments qu'il exécuta une seconde fois après son retour de France en Italie, pour son ami M. de Chantelou, mais sans se répéter, et d'une manière encore supérieure aux premiers.

Parmi les tableaux des autres Sept Sacrements, qui formaient la plus belle collection qu'il y eut en France, on doit distinguer celui de l'Extrême-Onction, dans lequel *le Poussin* a su varier à l'infini l'expression de la douleur, et donner à cette touchante cérémonie tout le recueillement de la véritable piété.

Jamais l'esprit humain ne porta l'idée du pathétique à un degré plus éminent. Un vieillard accablé d'années reçoit les dernières consolations de la religion, et va mourir au milieu de sa nombreuse postérité en pleurs. Fut-il jamais conception plus belle et plus attendrissante ? C'est particulièrement dans ces sortes de tableaux que *le Poussin* fait voir combien il avait une haute idée de la dignité des sujets qu'il traitait, et quelles profondes connaissances il avait de son art (1).

---

et parvient à lui procurer l'occasion de faire un grand tableau pour Saint-Pierre de Rome, faveur qu'on n'accordait guères aux étrangers, tant a toujours été grande l'admiration des italiens pour les peintres de leur pays. *Le Poussin* fit voir par la manière avec laquelle il l'exécuta, combien il aurait réussi dans les grandes machines, s'il n'eût pas été forcé de se livrer à des tableaux d'une moindre proportion, pour satisfaire les amateurs envieux de posséder ses ouvrages. Il prouva, quoique borné par de petits espaces, toute l'étendue de son génie et la porfondeur de ses conceptions.

(1) Il écrivait à son ami M. de Chantelou, en ébauchant ce chef-d'œuvre, ces paroles surprenantes : » *Je sens qu'en* » *vieillissant je suis plus enflammé du désir de bien faire ; c'est,* » disait-il, *un sujet tel qu'Apelles l'eût choisi* «.

Je ne puis m'empêcher de jeter encore un coup d'œil sur ses principales productions, tant elles présentent d'intérêt. Je ferai remarquer que l'Enlèvement des Sabines est un des plus beaux ouvrages du *Poussin*, soit pour le mérite de l'exécution, la beauté d'expression, la pureté du dessin, et la véritable physionomie du peuple romain naissant. Celui du Frappement du rocher, que *le Poussin* a peint d'une touche toute différente que le précédent, ainsi que la Manne dans le désert, prouvent quelle était son habileté à changer de style, et comme il savait peindre chaque tableau avec la touche qui convenait au sujet : tantôt il passe d'un pinceau ferme et imposant, à un pinceau doux et moelleux. Jamais il ne peignit le dieu des combats de la même touche ni du même pinceau avec lequel il sut caresser les amours et les grâces ; il est aisé de s'en convaincre par son joli tableau d'Armide, où Renaud endormi est porté par une troupe d'amours, ainsi que par son Triomphe de Flore.

Avec quel art il savait choisir les sujets les plus propres à la peinture ; comme il y plaçait à propos les meubles, les armures, les vases propres aux cérémonies, aux temps, aux lieux et aux mœurs des différents peuples. On distingue aisément dans ses tableaux les grecs d'avec les romains, les perses et les égyptiens d'avec les peuples de la Syrie et de la Judée. On croirait qu'il a vécu au milieu d'eux, tant il a su saisir leurs usages, leur air, je dirais presque le visage de ces peuples différents.

Jamais il ne néglige le moindre accessoire s'il peut contribuer à faire connaître son sujet.

Où a-t-il fait paraître une simplicité plus sublime que dans son Testament d'Eudamidas ? Où s'est-il montré plus noble et plus pathétique que dans l'Evanouissement d'Esther devant le roi Assuérus ? Où peut-on voir mieux exprimés les différents mouvements de la colère, que dans son petit Moïse foulant aux pieds la couronne de Pharaon ? Est-il rien de plus poëtique que son Triomphe de Neptune ayant à ses côtés Thétis accompagnée d'une foule de tritons et de néréïdes ? Il n'est point de tableau où *le Poussin* ait plus approché de la manière des anciens, et dans lequel il ait paru plus pénétré de ce beau idéal, de ce feu divin, si vantés dans leurs ouvrages.

S'il peint des tableaux de paysages, ils représentent toujours des sites heureux ornés de monuments d'un grand style, et dans lequel il sait introduire quelque sujet moral. Quoi de mieux pensé et de plus triste à la fois que celui où l'on voit le corps de Phocion transporté simplement hors de la ville d'Athènes par ordre du peuple ? *Le Poussin* n'a pas manqué de faire apercevoir dans le lointain cette ville ingrate (1) : tout, jusqu'à la cérémonie religieuse qui se passe dans le fond du tableau, sert à caractériser le jour de la mort de ce grand capitaine. Quels souvenirs mélancoliques ne rappelle pas ce tombeau élevé au milieu des champs de l'Arcadie, regardée par les anciens comme le séjour du bonheur et de la félicité ; *et in Arcadiâ ego*, vérité terrible que ce jeune berger fait remarquer à un jeune homme et à une jeune fille.

(1) Le 19 de Mars, jour où les chevaliers faisaient une procession en l'honneur de Jupiter.

On sait que Louis XIII le fit appeler en France pour s'y fixer, mais qu'il fut, par suite des intrigues et de l'envie, obligé de retourner en Italie. Ce fut en 1642 (1).

Ainsi, ce grand homme que l'Italie comptait déjà au rang de ses premiers artistes, qui avait rempli l'Europe de ses chef-d'œuvres et de sa gloire, auquel la savante antiquité eût élevé des statues, n'éprouve que dégoûts et découragement; il est forcé d'abandonner son ingrate patrie. Rebuté d'avoir à combattre les envieux de son mérite, il sollicita un congé et quitta la France.

De retour à Rome, *le Poussin* se livre encore avec plus d'ardeur à l'exercice de son art, et il entreprend pour la seconde fois les Sept Sacrements (2), dont le dernier tableau arriva en France en 1648.

Après une longue suite de travaux, il fait en 1662, un tableau de la Samaritaine pour M. de Chantelou, et il écrit à cet ami, en le lui envoyant, ces paroles affligeantes : » *Je sens que je touche à ma fin, et* » *que c'est le dernier tableau que je ferai pour vous.* « Ses infirmités augmentent de jour en jour. Presqu'au

---

(1) Il fit pendant son séjour à Paris le tableau de la Contre-table du noviciat des jésuites de Paris, et celui de la Cène pour la chapelle du château de Saint-Germain-en-Laye.

(2) Ce sont ces fameux tableaux qui ont orné si long-temps la galerie du duc d'Orléans, et dont on n'aurait jamais dû soupçonner la perte dans un pays qui avait vu naître *le Poussin*. La postérité croira difficilement qu'un descendant d'un prince ami des lettres et des arts, ait pu vendre à vil prix le plus bel ornement de son palais, et l'un des trésors les plus précieux de la France, enfin, une des plus étonnantes productions de la peinture.

même moment, la perte de sa femme vient mettre le comble à ses douleurs.

Le Poussin ne peignait plus que très-peu, sa main tremblante refuse d'obéir à son génie qui a conservé toute sa vivacité; cependant il a encore le courage d'achever les quatre paysages qu'il avait commencés dès l'an 1660, et dans lesquels il a représenté les quatre Saisons ornées de sujets de la bible. Il est aisé de voir par la touche molle de ces tableaux, mais où les pensées se ressentent toujours de la grandeur de son génie, combien la santé du *Poussin* dépérissait chaque jour.

Mais par un dernier effort qui n'a peut-être pas d'exemple dans les arts, *le Poussin* termina sa carrière par un prodige qu'on ne se lassera jamais d'admirer, son Déluge universel. Quelles profondes impressions ne laisse pas dans l'ame cet étonnant tableau où toute la nature va se dissoudre! Comme *le Poussin* s'est pénétré de ce moment terrible! Le spectateur reste muet, interdit devant ce chef-d'œuvre; il manque d'expressions pour en exalter les sublimes et affreuses beautés.

La santé du *Poussin* s'affaiblit de plus en plus, une seconde paralysie lui ôte totalement l'usage des mains.....

Ce grand homme, auquel son génie survit encore, attend avec patience et résignation le moment fatal où son ame va quitter sa dépouille mortelle. *Le Poussin* n'est déjà plus; la mort l'a frappé à l'âge de soixante-onze ans, en 1665 (1).

---

(1) Cette nouvelle répandit un deuil universel dans Rome. Tous les amateurs et les artistes s'empressèrent de lui rendre les derniers devoirs; mais ce fut avec la même simplicité qui avait caractérisé la vie entière de ce grand homme. Tous les

Aux grands talents pour son art *le Poussin* joignit encore de grandes vertus morales et domestiques. La simplicité de ses mœurs et son désintéressement sont sans exemple. Il vécut dans une honnête médiocrité, se souciant moins des faveurs de la fortune que des honneurs qu'il acquérait par l'exercice de son art, qui eût pu lui produire de grands biens; mais son peu d'amour pour les richesses fut tel, qu'étant dans l'usage de fixer lui-même le prix de ses tableaux, il lui est arrivé souvent de renvoyer le surplus de la somme demandée.

Jamais on ne le vit briguer les faveurs des grands, avec lesquels il n'était point embarrassé; il semblait être encore avec eux au-dessus de lui-même par la force et la noblesse de ses discours. S'il était consulté, il disait volontiers son sentiment toujours avec franchise, mais avec beaucoup de grâces et d'honnêteté.

J'ai dit que *le Poussin* avait reçu de la nature toutes les qualités de l'esprit et du corps; en effet, il était d'une taille avantageuse et d'un tempérament robuste. Sa physionomie qui avait quelque chose de grand et de noble, répondait parfaitement à la bonté de son cœur et à la justesse de son esprit. Son regard était vif et spirituel, son front spacieux, la couleur du visage un peu brune, et les cheveux

---

poëtes de l'Italie célébrèrent cette perte irréparable; je me contenterai de citer ces quatre vers du poëte *Bellori*, dont le style simple et noble s'accorde si bien avec celui qui en est l'objet.

Parce piis lacrymis; vivit Pussinus in urnâ,
Vivere qui dederat, nescius ipse mori:
Hic tamen ipse silet; si vis audire loquentem,
Mirum est, in tabulis vivit et eloquitur.

noirs. Les moindres détails deviennent intéressants dans un grand homme et contribuent à le caractériser. Doué d'un génie brillant, orné de toutes les richesses de la poësie, ses conceptions furent toujours sublimes et accompagnées de cette noble simplicité qui ne se trouve que dans ses ouvrages.

Jamais peintre n'a pensé plus profondément que *le Poussin*, qui a été appelé à juste titre le peintre des gens d'esprit.

Je ne répéterai point les anecdotes trop connues de sa vie privée, je dirai seulement qu'il n'eut point d'enfants auxquels il pût transmettre sa gloire, mais ses ouvrages immortels lui tiennent lieu de progéniture ; son nom répété avec celui d'*Apelles*, se perpétuera d'âge en âge.

Son admiration pour *Raphael* ne l'empêcha pas d'avoir beaucoup d'estime pour d'autres artistes habiles, tels que *le Titien*, *les Carraches*, *le Dominiquin*, dont il ne pouvait se lasser d'admirer le talent à rendre les véritables expressions de l'ame. Mais quelqu'amour qu'il eût pour toutes les parties de l'art, il était toujours entraîné malgré lui vers la correction du dessin qu'il regardait comme le principal mérite d'un grand peintre ; aussi lui vit-on sacrifier le charme du coloris qu'il avait puisé dans les ouvrages du *Titien*, et qui se remarque dans ses premiers tableaux.

Encore un dernier trait qui achève de caractériser la simplicité et la modestie du *Poussin*, qui fait voir quelle estime il avait pour *Raphael*, et combien il se plaçait au-dessous de ce grand homme : écoutons sa réponse à M. de Chantelou qui lui demandait un tableau pour en accompagner un de *Raphael*. » Je

» crains, dit ce grand homme, que ma main tremblante
» ne puisse en approcher, et si j'entreprends cette
» tâche difficile, c'est à condition que mon tableau
» ne sera point placé à côté de celui de *Raphael*,
» mais seulement pour lui servir de couverture. «
Paroles admirables du *Poussin*, dont toute la vie fut un modèle de modestie et de sagesse.

On remarque diverses manières de peindre dans les ouvrages du *Poussin* : il y a certains tableaux qui sont touchés d'un pinceau ferme et quelquefois même tranché ; d'autres, et c'est le plus grand nombre, sont en général peints d'une manière moelleuse ; on remarque dans ces derniers une sorte de mollesse qui tenait à la faiblesse de sa santé, mais on y retrouve le génie sublime de ce grand homme qui conservera toujours le titre de premier peintre de l'école française.

On sait que *le Poussin* ne forma point d'élèves, à proprement dire, mais cependant plusieurs peintres suivirent ses conseils et sont parvenus à l'imiter. *Stella* fut un de ceux qui en approchèrent le plus ; il forma aussi le talent de *Letellier*, son neveu, qu'il fit son légataire.

JORDAANS (Jacques),

Né à Anvers en 1594, *mort dans la même ville en* 1676.

Il n'a manqué à *Jordaans* que de l'érudition pour occuper le premier rang dans les fastes de l'école flamande, dont il doit être regardé comme un des plus habiles peintres et l'un des plus grands coloristes. Né avec un sentiment de couleur qui le fait marcher à l'égal de *Rubens* dans cette partie de la peinture, il eût été l'un des premiers peintres du monde, s'il eût eu plus d'instruction, une manière de dessiner plus correcte, et plus de dignité dans le style.

Elevé à l'école d'*Adam Van Oort*, il prit avec les premiers éléments de son art tout le mauvais goût de son maître, peintre très-distingué d'ailleurs par sa bonne couleur, mais qui ne s'était jamais élevé au-delà du mauvais style qui régissait à cette époque l'école d'Anvers. Il était réservé à *Rubens* seul d'y tracer une manière plus grande et plus noble, malgré les défauts où l'ont souvent entraîné sa fougueuse imagination et la précipitation qu'il était obligé de mettre à ses ouvrages pour satisfaire à toutes les demandes de l'Europe entière, jalouse de posséder ses productions.

On s'aperçoit aisément que *Jordaans* n'eut jamais aucune idée des beautés et de la perfection de l'antique ; la nature l'éclaira seule de son flambeau, et il la suivit sans choix et sans goût. Il en reçut au premier degré le sentiment de la couleur et de l'effet ; mais peu sensible à la sévérité des formes et des convenances, il les choquait dans tous ses ouvrages; tant il est vrai que l'instruction est absolument la boussole qui doit être le guide du peintre d'histoire. *Jordaans* imita ses modèles tels qu'il les trouva, sans s'inquiéter ni de l'âge, ni des formes défectueuses qu'ils lui présentaient.

Sa manière de dessiner lourde, incorrecte, est cependant prise dans la nature; il est même celui des peintres, dont la manière d'opérer fait sentir plus de *morbidezza* dans les chairs, et dans laquelle on aperçoive au premier degré le mouvement, cette vie que tant d'autres ont souvent négligée pour vouloir se rapprocher du style de l'antique et dessiner plus correctement. S'il peint de la chair, elle est palpitante, elle respire, on aperçoit aisément le sang qui circule sous l'épiderme; ses caractères de têtes, quoique souvent ignobles, sont pleins de vie et de vérité.

On croit voir parler ses personnages, les entendre rire et chanter; c'est la vraie représentation de la nature, mais la nature sans grâces, sans art, sans agréments et souvent triviale, sur-tout dans les sujets où il a voulu s'égayer, et qui paraissent être dans la trempe de son caractère et de son génie.

Il y a loin de la manière de voir d'un peintre né sur les bords de l'Escaut, d'avec celui que vit naître la ville célèbre arrosée par le Tibre. Il semble qu'une certaine influence agisse d'une manière différente sur les hommes de divers climats.

Jordaans n'avait pas reçu comme *Rubens* cette éducation soignée qui place ce grand peintre si fort au-dessus de ses contemporains; aussi ne put-il atteindre le vol sublime de l'aigle de l'école flamande:

qui peut lui refuser l'expression vraie, naïve de ses figures ? Peut-être dira-t-on que cette expression est triviale, qu'il a été chercher ses modèles dans la plus basse classe du peuple ; mais en considérant les tableaux de *Jordaans*, il faut oublier les défauts de style dont ils fourmillent, pour ne laisser apercevoir que le grand coloriste et le peintre de la simple nature.

Sa manière de peindre est facile, large, onctueuse et fondue : on voit qu'en savant observateur il a toujours cherché à varier la couleur de toutes ses figures, tantôt pâles, tantôt animées par la joie ou enflammées par la fureur ; c'est toujours le coloris propre à la chose, et voilà le type du grand peintre. La première pensée que doit inspirer cet art enchanteur, est la vraie représentation de la nature. On sait bien qu'il est un certain choix qui tient au goût et au discernement de l'artiste :

Prœcipua imprimis artisque potissima pars est,
Nosse quid in rebus natura creavit ad artem
Pulchrius . . . .

Du Fresnoy, *de arte graphicâ.*

Ainsi qu'un point de vue pris de tel ou tel côté charme et plaît davantage au spectateur, de même le peintre d'histoire doit toujours se proposer dans l'étude de la nature, la recherche et l'imitation des belles formes qu'elle lui découvre.

Si *Jordaans* se montre très-habile dans les grandes machines, il n'est pas moins admirable dans les tableaux d'une moindre proportion, tel entr'autres son Roi boit, qui offre un chef-d'œuvre en ce genre. Les tableaux où il s'est plu à représenter aussi des satyres et des bacchantes sont surprenants, non seulement par la beauté et la fraîcheur du coloris des chairs, mais par la vérité des accessoires. Les fruits, les raisins, les animaux, tout reçoit une nouvelle vie sous le pinceau de cet habile coloriste.

On conservait depuis long-temps en France un des plus beaux tableaux de *Jordaans*, exposé maintenant au musée du Louvre, les Vendeurs chassés du temple. Peut-être *Jordaans* n'a-t-il rien produit de plus animé que cette scène bruyante, à laquelle il n'a pu s'empêcher de placer son cachet de trivialité.

Tout est en mouvement, tout respire, tout s'agite. On est pénétré des cris tumultueux des vendeurs, dont les bancs sont renversés.

Les changeurs ramassent les pièces d'argent éparses de tous côtés. Cette vieille court après les volailles qui lui échappent; celui-ci fait de vains efforts pour retenir les bœufs qui renversent tout et concourent à redoubler le désordre de cette scène extraordinaire.

Quel caractère de tête plus vrai que cet homme qui tombe à la renverse? Où trouver plus de vérité de couleur que dans cette figure nue, dont la tête frémit et rougit de colère? Quelle belle exécution! Est-il une manière de peindre plus facile et qui se rapproche plus de la nature?

On voudrait en vain trouver dans cette composition le principal personnage, le moteur de tout ce désordre, il semble que *Jordaans* ait affecté de vouloir le faire chercher : au lieu d'y voir un être simple et majestueux tout à la fois, on ne trouve qu'une figure basse, triviale, avec la pâleur d'un homme prêt à être conduit au supplice.

Voilà de ces erreurs impardonnables dans les arts, faites

faites pour surprendre ceux qui cherchent de la noblesse dans les tableaux des peintres d'histoire.

Il ne faut pas oublier de citer parmi les plus magnifiques conceptions de ce grand peintre, les douze tableaux qu'il peignit pour Charles Gustave, Roi de Suède.

Mais un tableau d'une immense dimension et d'une bien plus grande importance est celui que *Jordaans* peignit à la maison du bois près de la Haye, à la gloire de Frédéric Henri de Nassau, et qui sera toujours regardé comme un des plus grands monuments de la peinture.

Il serait superficiel de citer d'autres ouvrages de ce peintre, qui a rempli l'Europe de ses productions, et auquel la postérité a fixé la place due à ses talents. Les plus habiles graveurs de son siècle ont assez fait connaître la meilleure partie des tableaux de *Jordaans*, par leurs estampes très-estimées.

Malgré son défaut d'érudition, on ne peut refuser à *Jordaans* beaucoup d'imagination et de poësie. Il n'a manqué à cet artiste admirable que plus d'instruction et de n'avoir pu parcourir l'Italie, s'étant engagé trop jeune dans les liens du mariage avec la fille de *Van Oort*, son maître.

Je ne terminerai point cet article sans ajouter que la prétendue jalousie de *Rubens* contre *Jordaans*, si fort accréditée par différents auteurs, paraît dénuée de toute vraisemblance. La supériorité de ce vaste génie l'avait tellement placé au-dessus de ce rival, qu'il ne pouvait jamais craindre d'en être éclipsé. C'est encore un de ces mensonges imprimés et répétés dans tous les ouvrages écrits sur la peinture, et toujours par des littérateurs très-instruits d'ailleurs ; mais pour parler des arts avec connaissance et sans partialité, il est utile de les avoir exercés.

La conformité de nom avec celle d'un autre peintre a fait commettre de grandes erreurs, et l'on a souvent confondu avec *Jacques Jordaans*, *Luca Giordano*, peintre napolitain, que l'on a, je ne sais trop pourquoi, traduit en *Luc Jordans*. Les gens plus instruits savent qu'il n'y a nulle ressemblance dans la manière et dans les ouvrages de ces deux peintres, le peintre italien est gracieux, svelte, élégant, toutefois avec quelques défauts de son école. Mais quelle autre trempe de génie ! *Luca Giordano* n'a travaillé que pendant les longs accès d'une espèce de fièvre pittoresque qui produisait une foule de pensées, à laquelle sa prestesse de main suffisait à peine.

Il est aisé d'ailleurs de le reconnaître à des idées toujours élevées et pleines de poësie. Une touche facile, large et pâteuse caractérise les productions de *Luca Giordano*, mais il n'avait point reçu de la nature cette vigueur et cette force de couleur du peintre flamand.

On trouve au musée du Louvre une immense quantité de tableaux de *Jacques Jordaans*, qui par leur brillant et beau coloris fixent tous les regards et donnent une idée suffisante des grands talents de cet artiste.

VAN-GOYEN (Jean),

Né à Leyden en 1595, mort à la Haye en 1656.

Van-Goyen issu d'un père qui aimait passionnément la peinture, et qui avait rassemblé des chef-d'œuvres en ce genre, prit aisément dès l'enfance un goût décidé pour cet art enchanteur. Son père, charmé de ses heureuses dispositions, se hâta de le placer très-jeune chez *Schilperort*, paysagiste à Leyden, qu'il abandonna pour passer sous plusieurs autres maîtres qui ne purent fixer sa vivacité et son caractère bouillant.

Il passa à Horn deux années chez *Willem Garitz* dont la manière parut lui plaire davantage, et il reparut fort jeune encore à Leyden avec des talents qui étonnèrent son père, et qu'il augmenta par une étude suivie de la nature. A peine a-t-il atteint l'âge de 19 ans, qu'il entreprend de voyager en divers lieux de l'Europe. Avec un talent déjà formé, il ne pouvait manquer de plaire ; aussi peignit-il avec succès dans les différentes villes où il s'arrêta. Il séjourne quelque temps à Paris, où Marie de Médicis cherchait à fixer tous les artistes étrangers ; mais ce fut le terme de ses voyages, et l'amour de la patrie le ramène en Hollande qu'il n'a jamais quittée depuis.

Le père de *Van-Goyen* enchanté de le revoir, l'engage à venir visiter avec lui *Isaïe Vanden-Velde*, habile paysagiste d'Harlem, qui jouissait alors de la plus grande réputation, et dont les ouvrages et les conseils achevèrent de perfectionner le jeune artiste.

Dès-lors il ne quitta plus la palette, et il enrichit l'art et son pays d'une quantité innombrable de productions où l'on admirait la fidelle représentation de la nature, jointe à la plus prodigieuse facilité. Après avoir demeuré encore quelques années à Leyden sa patrie, il fut attiré par le séjour pittoresque de Harlem qui l'avait frappé, c'est là qu'il a passé la plus grande partie de sa vie et qu'il a formé cette école qui devint le berceau des premiers peintres de paysage de la Hollande.

Van-Goyen d'un génie facile et bouillant, se montra peu sensible au précieux fini qui se fait admirer dans la plupart des ouvrages des peintres de l'école hollandaise, il semble avoir plutôt voulu se jouer de son art, qu'avoir cherché à finir ses tableaux qui au premier coup-d'œil n'ont l'air que de simples esquisses, mais qui examinés avec plus d'attention, laissent apercevoir une étude réfléchie de la nature avec tous ses charmes et sa naïveté. Ils produisent à une certaine distance tout l'effet qu'on pourrait désirer des tableaux les plus arrêtés.

L'école de *Van-Goyen* que l'on peut appeler le patriarche des paysagistes de la Hollande, devint une pépinière féconde d'habiles peintres dont les talents ont assuré la réputation de l'école hollandaise dans le genre du paysage, des animaux et des marines. C'est à cette école que se formèrent *Berchem*, les frères *Jean* et *André Both*, *Pierre de Laar*, *Winants*, et une infinité d'autres peintres célèbres. La bonté et la bonhomie de *Van-Goyen*, son affection pour ses élèves dont il semblait plutôt être le père que le maître, lui méritèrent toute leur confiance et leur attachement. On se rappelle de quelle manière il sauva *Berchem* encore jeune, de la colère de son père qui le poursuivait un jour jusque dans l'atelier de *Van-Goyen*, lequel arrêtant le père, criait à ses élèves, *Berchem*, *Berchem*, qui veut dire en hollandais, sauvez le. Cette anecdote fut la cause du sobriquet qui en resta à *Berchem* dont le nom de famille était *Klaas ;* le nom de *Berchem* sous lequel il est connu dans les arts lui est resté toute sa vie.

Peu de paysagistes ont autant produit que *Van-Goyen*, il n'était presque point de maison en Hollande où l'on ne trouvât au moins un tableau de ce maître, tandis qu'ils étaient très-rares en France, et même peu connus avant la guerre de la Hollande, sous Louis XIV, laquelle répandit par toute l'Europe les tableaux de cette école, qui jusqu'à cette époque avaient été précieusement conservés dans les riches cabinets, et même par les plus simples particuliers du pays, tant était grand l'amour des hollandais pour les productions de leurs artistes.

Cette mine féconde a été depuis exploitée à plusieurs reprises par tous les marchands de tableaux, qui les ont ensuite colportés avec grand avantage et qui sont parvenus à les faire monter à des prix tellement exorbitants, qu'ils ne pouvaient être obtenus que par des princes ou de riches financiers. On peut reporter à cette époque l'espèce de décadence où tomba depuis l'école française, qui cessa d'être encouragée, et que les mêmes marchands parvinrent à avilir en ne cessant d'en dégoûter par toutes les ruses et tous les moyens du charlatanisme le plus raffiné, la plupart des amateurs riches, mais peu instruits. On ne peut douter que dans ces enlèvements il ne se soit trouvé beaucoup de tableaux de *Van-Goyen*. Son goût particulier était de représenter des canaux de Hollande, des rivières couvertes de barques, de bateaux passagers, où l'on voit s'embarquer des hommes et des animaux. Il y règne un mouvement et un effet toujours large et pittoresque, il amuse, il instruit, c'est une espèce de topographie tellement vraie, qu'en examinant ses tableaux on peut se faire une idée exacte de l'état agreste où était ce pays de son temps. Il se plaisait à placer dans ses tableaux de vieilles forteresses démantelées, des moulins, des baraques de pêcheurs, de vieux ports construits en bois, à la mode du temps, et à moitié détruits, mais dont l'aspect est toujours pittoresque.

Ses petites figures, touchées avec esprit, sont exactement prises dans la nature, jamais d'attitudes hasardées, on croit les voir agir et les entendre.

Van-Goyen ne s'est pas toujours borné à peindre des bords de rivières; on connaît aussi de ce peintre, des paysages très-agréables dans leur simplicité, et d'une grande transparence, il s'y est plu à représenter des prairies, des grands chemins, ornés sur le devant d'arbres majestueux dont le feuiller touché avec esprit et beaucoup de légéreté a l'air d'être agité par le vent. Il a toujours soin de rappeler la principale lumière, ses terrasses sont ornées de plantes, ses fonds vaporeux vont se perdre dans l'horizon. La touche de *Teniers* a un singulier rapport avec celle de ce peintre, sur-tout dans la manière de peindre les arbres et de pincer la forme des terrasses.

On rapporte que *Van-Goyen* fit un jour un pari avec deux autres paysagistes contemporains, qui prouve quelle était sa facilité à opérer. Il était question de peindre en un seul jour un tableau d'une assez grande dimension, en présence de plusieurs autres peintres. *Van-Goyen* prend un panneau, saisit sa palette, ses pinceaux, et sans s'amuser à dessiner son sujet, il peint par tout à la fois, plaçant çà et là des tons clairs, des ombres. Les témoins étonnés de cette nouvelle manière d'opérer, attendent avec impatience ce que va produire ce cahos : mais quel fut leur étonnement lorsque *Van-Goyen* revenant sur cette préparation, on voit briller un ciel où viennent se placer comme par magie des nuages clairs et transparents, des fabriques, une rivière qui s'étend à perte de vue, sur le bord de laquelle est un fort d'un style gothique, des navires qui ont l'air de sortir tout équipés du sein des eaux, une infinité de petites barques remplies de figures; des lointains qui se perdent dans l'air terminent le fond de ce charmant tableau dont le devant présente en forme de repoussoir de grandes masses d'ombres ; et le tableau fut terminé bien avant le temps accordé pour le pari.

On reproche aujourd'hui à ce peintre d'avoir souvent donné dans le gris, et dans un certain ton jaunâtre dans ses arbres et ses terrasses ; ce que l'on doit attribuer à la disparition d'une certaine couleur, appelée bleu d'Harlem, fort à la mode alors, et que plusieurs paysagistes du temps ont employée au lieu d'outremer.

Il existe pourtant beaucoup de tableaux de *Van-Goyen* peints à l'outremer, qui sont exempts de ce défaut, ce qui ferait croire que lorsqu'ils sont sortis de ses mains, ils étaient d'un ton plus vif et plus naturel (1). Malgré cette pâleur et cette espèce de monotonie de couleur qui se remarquent en certains tableaux de *Van-Goyen*, ils n'en font pas moins les délices des artistes et des vrais amateurs qui savent apprécier l'esprit, la légéreté et la finesse de la touche de ce maître. On verra toujours avec plaisir ses ciels, dont les nuages sont disposés par grandes masses sans pesanteur ; la légéreté, la transparence de ses eaux, où tous les objets semblent se peindre une seconde fois, ainsi que le naturel de ses petites figures.

Une remarque assez singulière, c'est que souvent la promptitude de *Van-Goyen* ne lui permettait pas d'attendre que son panneau fût imprimé ; on voit beaucoup de ses tableaux qui, peints sur le bois même, laissent encore apercevoir les pores à travers la couleur, ce qui est plus sensible encore sous les glacis.

Les dessins de *Van-Goyen* sont en grand nombre et toujours faits de peu de choses ; un simple croquis dessiné avec esprit, au crayon noir, et retouché au pinceau à l'encre de la Chine, produit tout l'effet de la nature ; ils plaisent beaucoup plus que des dessins très-terminés : ce sont toujours des vues prises au bord des rivières, ornées de jolies petites figures qui ayant à peine l'ame, ont cependant le caractère et toute l'action qu'il a voulu leur donner.

---

(1) On pourrait en accuser plutôt les gens qui ont la manie de toujours dévernir et frotter les tableaux, ce qui en enlève l'épiderme et le glacis, sur-tout lorsqu'ils sont peints avec finesse et d'une manière transparente et aussi légère que ceux de *Van-Goyen*.

Van-Goyen, dont l'œuvre aurait coûté plus d'un siècle à tout autre moins expéditif, a terminé sa carrière à soixante-un ans.

Il n'est aucun peintre de l'école hollandaise dont le cachet soit plus aisé à reconnaître que celui de *Van-Goyen*; ses tableaux n'appartiennent qu'à lui seul, et jamais ses nombreux élèves n'ont rien emprunté de sa manière : on n'en connaît au moins aucuns qui aient cherché à l'imiter, comme cela n'arrive que trop souvent dans les écoles.

PIETRE DE CORTONE,

Né à Cortone en 1596, mort à Rome en 1669.

Les grâces sont le type principal auquel on reconnaît les productions de *Pietre Beretini de Cortone.* Elles semblent avoir présidé à sa naissance, et s'être placées d'elles-mêmes sur sa palette ; aussi consacra-t-il sa vie entière à leur élever de nouveaux trophées. Il introduisit un des premiers dans l'école romaine une manière enchanteresse ; il sut donner à ses figures de femmes et d'enfants une tournure de volupté, un certain charme de couleur qui entraîne et qui séduit. Ses groupes heureusement constrastés, ses draperies flottantes jetées avec art, et qui embrassent voluptueusement les membres qu'elles ont l'air de caresser, produisent les plus douces sensations.

Le Cortone est à la peinture ce que le Cavalier Marin est à la poësie : il y a beaucoup de ressemblance dans le talent de ces deux hommes séduisants et contemporains, mais dont l'exemple devint peut-être dangereux.

Le Cortone, sans avoir dessiné correctement, parvint à plaire par sa belle manière de traiter les grandes ordonnances, par la fraîcheur de son coloris, la grâce et le moelleux de son pinceau. Avec un talent aussi agréable, ce peintre ne pouvait manquer d'être chargé des plus grands ouvrages de Rome.

Sa manière d'opérer excita une espèce de révolution dans les arts ; on parut oublier le goût sévère de la première école du monde, et on se laissa entraîner par la manière neuve et gracieuse de ce peintre.

Pietre de Cortone vint fort jeune à Rome ; il entra dans l'école de *Baccio-Carpi*, peintre florentin assez habile ; mais si quelque chose doit étonner, ce fut l'extrême difficulté que cet homme célèbre éprouva d'abord pour apprendre les premiers éléments du dessin. Il annonçait si peu de dispositions, que *Baccio-Carpi* désespéra de pouvoir jamais l'appliquer à cet art difficile, au point qu'il devint la risée de ses camarades qui lui donnèrent la surnom de *Tête d'âne*, à cause de la peine inutile qu'il prenait, et de sa manière de dessiner lourde et pesante.

Avec de la persévérance et de l'assiduité à l'étude, *le Cortone* parvint bientôt au point de les étonner à son tour ; ses talents se développèrent et son génie éclata comme la foudre. Ses observations et les études qu'il fit d'après les ouvrages de *Raphael*, *Michel-Ange* et *Polidore*, lui formèrent le goût, et cette prétendue *tête d'âne* devint tout-à-coup un *aigle* dont le vol rapide ne connut plus de bornes.

Le premier tableau qui le fit connaître fut une Nativité pour l'église de San-Salvador-in-Lauro. Le marquis Sachetti, charmé de ce premier essai, voulut le loger dans son palais, et ce fut là qu'il peignit son Enlèvement des Sabines et une des Batailles d'Alexandre. Ces deux tableaux parurent participer de la manière des *Carraches*, et augmentèrent sa réputation au point que le pape Urbain VIII le chargea des peintures de l'église de Sainte-Bibienne, dont sa Sainteté fut si satisfaite, qu'elle lui confia l'exécution des peintures du grand salon du palais Barberin.

C'est alors que *le Cortone* voulut se surpasser par la vaste étendue de ses idées, la belle ordonnance, les riches ornements feints de stuc, la beauté du coloris, et les grâces inexprimables qu'il sut répandre sur cette fresque magnifique, dont l'union des couleurs est si suave et si bien entendue, que cet ouvrage paraît avoir autant de force, de tendresse et de *vaguezze* que s'il était peint à l'huile. C'est dans ce chef-d'œuvre, où les grâces ont seules présidé, qu'il faut admirer ce bel ensemble qui réunit tant d'agréments qu'il est impossible de s'en arracher.

Si le dessin du *Cortone* n'est pas d'un style noble, s'il manque souvent de correction, et s'il présente à la vue quelque chose de rond dans les formes, si ses draperies ne sont pas de grand goût, il a si bien trouvé l'art de les disposer, de les agencer avec grâce, de leur donner une certaine tournure, ce *molle atque facetum* dont il a eu seul le secret, que le plaisir désarme la critique.

On sait que *le Cortone* voulut aller visiter l'école vénitienne pour se délasser de ce grand ouvrage, et que retournant par la Lombardie, le grand duc l'arrêta à Florence, et l'engagea à peindre au palais Pitti, où il s'est surpassé dans plusieurs magnifiques plafonds, par la beauté de l'invention et la force du coloris.

On rapporte que lorsqu'il peignait au palais Pitti, le grand duc Ferdinand II prenait un plaisir infini à le voir travailler, et ne pouvait se lasser d'admirer un enfant que ce peintre avait représenté pleurant. » Vou-» lez-vous, prince, lui dit *le Cortone*, voir dans le » moment avec quelle facilité les enfants pleurent et » rient «, il ne donna qu'un coup de pinceau, et l'enfant parut rire, au grand étonnement du prince qui voulait attacher *le Cortone* à son service ; mais la jalousie des peintres florentins lui causa tellement de dégoût, qu'il fut obligé de quitter Florence pour retourner à Rome.

A peine apprend-on son retour en cette ville, qu'il est chargé de tous les grands ouvrages. Il débute par décorer pour les pères de l'oratoire leur église de la Chiesa Nova, ouvrage qui fut souvent interrompu pour peindre, par ordre d'Innocent X, la galerie du palais Pamphile, à la place Navonne. Il a représenté dans cette galerie, avec autant de talent que de génie, l'histoire d'Énée. Cet ouvrage n'était pas terminé que déjà il était chargé des peintures du dôme de Sainte-Agnès, et de composer en même temps des cartons pour les petits dômes de Saint-Pierre.

Son génie facile et abondant ne peut cependant suffire à tout ; il est tellement accablé de nouvelles entreprises, que sa santé s'en affaiblit, quoiqu'un travail opiniâtre n'eût jamais étonné *le Cortone*, tant il avait acquis de facilité pour exécuter les ouvrages de la plus grande proportion, qu'il recherchait pardessus tout. Il s'y montra toujours plus supérieur que dans ses tableaux de chevalet, où on le trouve quelquefois au-dessous de lui-même. A la vérité, il n'en peignait jamais que lorsque, repris de sa goutte, il se voyait forcé de garder la chambre, et c'était pour se distraire de ses souffrances qu'il s'amusait à peindre pendant quelques heures pour ses amis.

Le Cortone n'entreprenait jamais un grand ouvrage qu'il ne se sentît saisi d'une émotion violente qui échauffait son génie et l'emportait hors de lui-même.

Mais autant tout ce qu'il a peint de grande proportion était plein de chaleur et de force, autant ce qu'il faisait dans le recueillement de son atelier devenait froid. Il semblait qu'en prenant le pinceau avec plus d'aisance et de tranquillité il ne ressentait plus, dans un lieu resserré, cet élan, cette émotion, qui, semblables à un vent impétueux, l'agitaient dans les lieux vastes où son génie se trouvait plus à son aise. Bien différent en cela du *Poussin* qui, accoutumé à se laisser guider par un jugement sain et réfléchi, ne commençait à opérer que lorsqu'il avait bien conçu et bien mûri ses idées qu'il conservait jusqu'à la fin de son tableau ; aussi aperçoit-on dans tous les ouvrages du *Poussin* cette force d'esprit, cette science solide, cette profondeur de raisonnement qui lui ont mérité le titre d'un des plus savants peintres de l'univers.

Ne croyez pas, cependant, que quel que fût le talent du *Cortone* pour la fresque, il se soit seulement distingué dans les très-grandes machines où l'on retrouve toute la beauté et l'étendue de son génie ; on connaît aussi de ce peintre certains tableaux d'une moindre proportion, placés en différentes églises de Rome, qui se font admirer et soutiennent sa réputation.

Si *le Cortone* a été célèbre par ses grands talents en peinture, il ne se montra pas moins habile architecte. On vit s'élever dans Rome, sous ses ordres, plusieurs vastes édifices et des églises d'une belle ordonnance.

Le portail de l'église de la Paix, bâti sur ses dessins, fit tant de plaisir au pape Alexandre VII, qu'il décora son auteur du titre de chevalier de l'éperon d'or, et lui fit présenter par le cardinal Sachetti, son ancien protecteur, la croix de cet ordre, suspendue à une chaîne d'or d'un grand prix.

Le Cortone, pénétré de tant d'honneur, voulut marquer sa reconnaissance au pape, en lui faisant présent de deux de ses tableaux.

On ne peut disconvenir, cependant, qu'il introduisit des innovations dans l'architecture, sur lesquelles ses imitateurs renchérirent dans la suite et s'éloignèrent peu à peu du style pur et sévère de l'antique.

Peu de peintres ont été aussi laborieux que *le Cortone*; et ce qui doit surprendre, c'est qu'il aimait tellement son art, que la goutte, dont il fut très-souvent tourmenté, ne put arrêter l'impétuosité de son génie. Mais les fatigues et son extrême application augmentant de jour en jour la force de son mal, sa santé s'affaiblit à un tel point qu'il se vit forcé d'abandonner malgré lui un art qu'il avait tant honoré; la mort surprit cet homme extraordinaire, le 20 Mai 1669, à l'âge de soixante-quatorze ans.

La nature avait épuisé ses dons sur ce peintre aimable et gracieux. Il était grand et bien fait, la physionomie ouverte; doué d'un esprit vif et agréable, il joignait à ces agréments une douceur de caractère et une intégrité de mœurs qui le firent estimer et chérir. Sans la goutte qui le tourmenta presque toute sa vie, il n'eût rien manqué à son bonheur.

Les richesses considérables que lui avaient procurées ses talents ne purent jamais changer son caractère; toujours prêt à obliger, il fut charitable et bon ami: jamais on ne l'entendit dire du mal ni critiquer personne, exemple admirable pour ceux qui cultivent les arts.

Le Cortone légua une somme de cent mille écus à

l'église de Sainte-Martine, qui fut rebâtie sur ses dessins, et dans laquelle fut construit son tombeau.

Le plaisir qui séduit dès le premier abord à la vue des ouvrages du *Cortone*, augmente encore à mesure qu'on les considère avec plus d'attention ; mais quelque admiration qu'inspire *le Cortone*, on ne peut s'empêcher de trouver le dessin de ses figures d'hommes, rond et souvent lourd. Cette manière de dessiner qui rend ses femmes si gracieuses, plaît moins dans les hommes qui exigent un caractère de dessin mâle et sévère. Eh ! quel est l'artiste, quelque grand que soit son talent, auquel une juste critique ne puisse faire aucun reproche ?

Le Cortone tenait son beau talent de la nature ; il fait époque dans l'école romaine par sa belle façon de peindre la fresque, avec un fini, un rendu et une fraîcheur de couleur qui n'appartiennent qu'à lui seul. C'est un des peintres qui a le mieux traité ce genre de peinture ; aussi, sans s'arrêter aux propos ordinaires, que la fresque doit être moins terminée pour produire plus d'effet, *le Cortone* voulut, au contraire, qu'elle fût aussi agréable à voir de près que de loin ; magie bien difficile à obtenir et dont il sut vaincre les difficultés.

Par quelle fatalité un talent aussi agréable devint-il un sentier si périlleux pour les peintres qui crurent l'imiter, et qui, pour avoir voulu trop lui ressembler, ne pouvaient manquer de tomber dans une manière ronde qui, sous sa main, a quelque chose de tendre et de voluptueux par la grâce qu'il savait répandre sur tout ce qu'enfantait son génie.

Ses élèves et ses imitateurs s'emparèrent de ses incorrections ;

incorrections, mais les grâces du *Cortone* leur échappèrent, et, tout en croyant l'imiter, ils n'enfantèrent que des ouvrages pleins de froideur et souvent insipides. *Romanelli* et *Ciro-Ferri* furent ceux de ses élèves qui en ont le plus approché, et qui ont su ressaisir quelquefois les grâces de leur maître, aussi furent-ils trouvés dignes de terminer plusieurs de ses ouvrages restés imparfaits à sa mort.

En voulant apprécier les grâces du *Cortone*, il faut bien se garder de les comparer ou de les confondre avec celles qui avaient distingué avant lui les ouvrages immortels du *Corrége* et de *Raphael*, lesquelles consistent particulièrement dans le bon goût du dessin, les beaux airs de tête et les expressions divines de ces prototypes de la peinture dans le genre sublime et gracieux tout à la fois.

Le Cortone n'a obtenu ses succès que par sa belle manière de composer, de distribuer agréablement ses groupes, de donner une tournure aimable aux membres de ses figures, dont il avait l'art d'interrompre les lignes par des draperies légères, des écharpes flottant au gré de l'air, ou tombant négligemment; joignez y la fraîcheur surprenante de son coloris dans un genre qui offre bien moins de ressources que la peinture à l'huile, laquelle prête beaucoup plus au fini que la fresque, cette dernière exigeant avec une imagination très-vive une main prompte et légère.

Si *Pietre de Cortone* n'était pas aussi connu, je serais entré dans de plus grands détails sur ses principales productions.

L'art de la gravure les a reproduites plusieurs fois sous des mains habiles; elles sont répandues dans toutes les collections. Il n'est point d'artiste ou d'amateur qui ne connaisse ou ne possède les gravures de l'histoire d'Enée du palais Pamphile, et la jolie galerie du palais Barberin.

Pour juger de sa belle façon d'opérer, et de la beauté de ses ouvrages, c'est à Rome qu'il faut admirer ces monuments du génie que le temps seul peut détruire. Disons à la louange du *Cortone* qu'il fut le créateur de son style, dont les grâces lui avaient donné le secret, et qu'il a emporté avec lui.

VANDICK (Antoine),

Né à Anvers en 1599, mort à Londres en 1641.

Rien jusqu'à ce jour n'a pu enlever à *Vandick* le titre de premier peintre de portrait, ainsi que celui du plus habile des élèves de *Rubens*.

Tel que le chêne des forêts, il s'éleva majestueusement au sein de cette école qui vit éclore tant de talents divers dont s'est emparée la renommée.

La gloire pittoresque de *Vandick* est tellement liée à celle de *Rubens*, son maître, que l'on confond souvent leurs ouvrages, et qu'il est impossible de parler du maître sans penser à *Vandick* qui lui fit tant d'honneur et qui fut regardé toujours comme son élève d'adoption.

On vit *Rubens* lui prodiguer toute l'affection d'un père et s'applaudir d'avoir formé les talents de *Vandick*, qui, s'il n'eut pas toute la fougue et la grande abondance du génie de *Rubens*, le surpassa souvent par la perfection de certaines parties de ses tableaux.

Les grands talents de *Vandick* et la réputation qu'il acquit pour le genre du portrait, l'éloignèrent de celui de l'histoire, et il lui fut impossible d'élever aussi souvent ses pensées et son génie vers cette belle partie de la peinture; aussi les vrais amateurs, tout en admirant son grand talent, le beau faire et la perfection de ses portraits, regrettent-ils le temps qu'il eût employé à peindre des tableaux d'histoire, dans lesquels il se montra quelquefois, comme je l'ai dit, supérieur à *Rubens*, pour la correction du dessin, mais avec une imagination moins riche et moins abondante.

Jamais peintre depuis *le Titien* n'avait obtenu autant de supériorité pour le portrait que *Vandick*, qui l'a égalé par la transparence de la couleur, la belle fonte de ses teintes, par la légéreté, la finesse de sa touche et par son étonnante facilité.

Vandick forma le projet de quitter Anvers pour aller se perfectionner en Italie, et il reçut en présent de *Rubens*, son maître, le plus beau cheval de son écurie ; mais il s'en fallut bien peu que ce savant élève ne fût arrêté au milieu de ses succès.

Vandick en traversant un village de la Flandre fut frappé de l'extrême beauté d'une jeune paysanne pour laquelle il s'enflamma tout-à-coup, et cette passion allait peut-être lui ravir toute sa gloire, si *Rubens* averti à temps ne se fût empressé de briser l'arc de l'amour et d'enlever le moderne Renaud des bras de son amante : ainsi les conseils de ce grand maître rendirent *Vandick* à l'immortalité.

Arrivé d'abord à Venise, *Vandick* visita tous les chef-d'œuvres que renfermait cette république si riche en productions des arts.

On le vit admirer tour-à-tour la force et la beauté des ouvrages du *Titien*, la grâce, la majesté et les belles ordonnances de *Paul Véronèse*, l'abondante fécondité, peut-être sans exemple, du génie fougueux du *Tintoret*. La vue et l'étude qu'il fit de ces ouvrages magnifiques achevèrent de perfectionner son goût et son entente parfaite du clair obscur.

Arrivé à Rome, il étudia les chef-d'œuvres de cette capitale des arts.

Il visita Naples, la Sicile et les principales villes

de l'Italie et revint par Gênes, où il fut obligé de séjourner assez long-temps pour peindre les portraits des principaux personnages de cette république.

Ce fut pendant son séjour à Gênes que *le Benedette Castiglione*, celèbre peintre génois, jeune encore, profita des leçons de *Vandick* et forma ce coloris ferme et vigoureux qui se fait remarquer dans ses productions.

Après avoir laissé à Gênes les preuves les plus éclatantes de ses grands talents, *Vandick* revint dans sa patrie, où l'on s'empressa d'obtenir de ses portraits; il fut aussi chargé de peindre des tableaux d'église pour diverses villes de Flandre, mais traversé par des désagréments qu'il éprouva pour l'un de ses plus magnifiques tableaux, et par la jalousie de quelques peintres d'Anvers, il résolut d'abandonner cette terre natale, et il alla s'établir à la Haye, où sa grande réputation l'avait déjà devancé. Il y peignit le prince et la princesse d'Orange, ainsi que les personnes les plus qualifiées de la cour. Fatigué du séjour de la Hollande, *Vandick* s'embarqua pour l'Angleterre, où sa première apparition ne fut pas heureuse; aussi abandonna-t-il bientôt un pays où ses talents n'avaient pas été favorablement connus.

Mais à peine a-t-il quitté la Grande Bretagne, que les anglais plus éclairés sur la perte qu'ils avaient faite, s'empressèrent de lui rendre la justice due à son rare talent; le chevalier Dygby fut chargé d'aller à Anvers pour l'engager à retourner en Angleterre. *Vandick* se rendit aux sollicitations pressantes de cet amateur distingué qui le ramena à Londres où son retour y fut des plus glorieux.

Charles Ier. lui fit l'accueil le plus honorable, il le créa chevalier du bain et lui fit présent de son portrait enrichi de diamans, suspendu à une chaîne d'or.

Dès-lors la réputation de *Vandick* s'accrut de telle sorte, qu'à peine son étonnante facilité put-elle suffire à l'empressement de la cour et de toutes les personnes distinguées qui voulurent avoir leur portrait de sa main. C'est ainsi que l'Angleterre possède la majeure partie des ouvrages de ce savant peintre.

Un mariage très-illustre que lui fit contracter le duc de Buckingam avec la fille unique de milord Ruthwen, comte de Gorée, l'une des plus belles femmes de l'Angleterre, le lia aux principales familles des trois royaumes.

La fortune vint l'accabler de tous ses dons, et il vécut à Londres avec une magnificence dont les annales des arts offrent bien peu d'exemples (1).

Rien n'eût manqué au bonheur de *Vandick*, si son extrême prodigalité, son goût pour la chimie, et l'excès du travail n'eussent épuisé ses forces et les ressources de sa fortune au milieu de sa carrière.

Vandick quitta momentanément l'Angleterre pour conduire sa femme à Anvers, d'où il se rendit à Paris, où l'on s'empressa de jouir de ses talents; mais le désir qu'elle lui témoigna de revoir l'Angleterre, le ramena dans un pays où les admirateurs de son grand mérite eurent la douleur de le voir périr peu

(1) Sa coutume était de retenir à dîner les personnes qu'il peignait, quel que fût leur rang. Sa grande manière de vivre égalait ses talents; des musiciens à sa solde égayaient, par leurs accords harmonieux, les festins délicats offerts par l'enthousiasme du génie.

après son retour, épuisé de fatigues et tombé dans une espèce de phthisie qui le conduisit au tombeau à l'âge de quarante-sept ans. Sa dépouille mortelle fut déposée à Saint-Paul de Londres, où ses obsèques furent faites avec pompe ; un beau mausolée y fut élevé à sa mémoire, et le poëte Covay fut chargé de son épitaphe.

Je ne citerai point les anecdotes répétées de la vie de cet homme extraordinaire ; mon intention étant de faire connaître seulement la place que lui ont assignée ses talents dans les annales des arts, et ses droits à l'immortalité.

Je ne puis cependant passer sous silence l'anecdote qui fit tant d'honneur au talent de *Vandick* et qui lui assura, dès sa jeunesse, une grande supériorité sur les autres élèves de *Rubens*. On dit que *Rubens*, après avoir terminé un de ses plus beaux tableaux (on croit que c'est sa fameuse Descente de croix), laissa son atelier ouvert, et qu'aussitôt ses élèves curieux s'empressèrent d'entrer pour admirer son ouvrage ; on ajoute que l'un d'eux, précipité par ses camarades sur une partie du tableau fraîchement peinte, effaça la tête et le bras d'une Madeleine. Tous restent muets, interdits à la vue de cet accident, lorsque *Vandick*, reprenant la palette de son maître, les rassura en réparant si bien ce qui avait été effacé, que *Rubens* lui-même y fut trompé et ne put s'empêcher de dire le lendemain, avec l'élan et la confiance d'un homme fort de son talent, cette tête et ce bras sont une des bonnes parties de mon tableau.

Est-il un témoignage plus authentique des talents

de *Vandick*, qui déjà savait si bien s'assimiler à la gloire de son maître ?

Vandick fut toujours le disciple chéri de *Rubens*, et il faisait tant de cas de ses talents pour le portrait, qu'il voulut recevoir de lui une seconde vie en le chargeant de transmettre le sien à la postérité.

Les portraits de *Vandick* rendent la nature avec toute sa naïveté, ils sont posés naturellement et sans gêne, sans aucune affectation et sans recherches ; exagérés d'ombres et de lumières, l'effet en est toujours grand et simple. Ce peintre semble ne s'être attaché qu'à la vraie représentation du naturel, mais auquel il savait cependant ajouter certaines grâces qui n'appartenaient qu'à son génie et à sa belle manière d'envisager la nature.

Ses têtes ont un relief surprenant et semblent sortir de la toile ; elles sont du plus beau faire, d'un fini qui, quoique précieux, offre une touche ferme, large et fondue. Ses portraits sont souvent d'une telle vérité, qu'après les avoir considérés, l'illusion de l'art y est portée à un tel point que l'on imagine converser avec les personnages qu'il a représentés.

Il a su donner à ses têtes ce degré de vie, ce sentiment qui lui assignent la supériorité en ce genre sur tous les peintres qui sont venus après lui, sans avoir pu le surpasser ni lui dérober son secret.

Ce qu'il y a d'admirable et ce qui est difficile à concevoir dans la manière d'opérer de ce peintre, c'est qu'il soit parvenu à mettre autant de perfection et de fini dans ses portraits, qui pour la plupart sont peints au premier coup et de la même palette, pour me servir de l'expression usitée par les peintres.

On serait tenté de croire, en les examinant avec attention, qu'ils sont l'ouvrage d'un temps considérable, tandis que sa coutume était de les commencer le matin et de les finir souvent l'après-dînée. Le genre du portrait sous le pinceau de *Vandick* eût conservé le rang distingué que lui avaient assigné ses grands talents sur les autres parties de la peinture, sans la médiocrité qui s'en est trop souvent emparée et l'a dégradé.

Le portrait n'est-il pas, en effet, le premier but de l'art de peindre, le genre qui est le plus à la portée de tous les hommes auxquels il suffit d'avoir des yeux pour juger.

N'est-ce pas le portrait qui donne une nouvelle vie à des êtres chers à l'amitié, à des hommes qui par leur mérite, leurs grands talents ou leur valeur, sont devenus le domaine de l'immortalité !

S'il faut en croire la tradition des siècles les plus reculés, le portrait ne fut-il pas l'origine de la peinture. N'est-ce pas l'amour qui éclaira de son flambeau le premier portrait, qui guida la main timide de la tendre Dibutade voulant saisir les traits fugitifs de son amant ?

Combien de vives sensations ne font pas éprouver la vue d'un portrait ? Il sert à consoler une épouse de l'absence d'un mari forcé d'entreprendre un voyage lointain.

Quelle douce jouissance pour celui-ci de revoir les traits chéris de celle que la mort lui a enlevée en donnant le jour au premier gage de leur union !

Quel plaisir plus vif que de posséder le portrait d'un ami qui n'est plus !

Je suis loin de partager l'opinion trop accréditée parmi les peintres eux-mêmes, d'engager à se livrer au genre du portrait, qu'ils regardent comme secondaire, ceux de leurs élèves auxquels la nature semble refuser d'abord l'influence du génie.

Vandick a aussi prouvé qu'il a été un très-grand peintre d'histoire, et que sans son extrême renommée pour le portrait, il eût sans doute enrichi de beaucoup plus de chef-d'œuvres cette belle partie de la peinture.

Ce peintre ne passa jamais dans aucune ville sans visiter les plus habiles artistes ; sa coutume était de leur laisser leur portrait, et c'était pour l'ordinaire autant de chef-d'œuvres, car telle était sa facilité qu'ils semblaient naître d'eux-mêmes sous son pinceau.

Vandick s'est amusé à graver à l'eau-forte, d'une pointe facile et spirituelle, tous les portraits de ces artistes, qui sont devenus autant de gages précieux de ses talents pour la gravure, et qui forment une suite très-recherchée des amateurs. Ils offrent à l'aide de quelques traits hardis et vigoureux, toute la force, la finesse et la transparence de ses tableaux.

On rencontre des ouvrages de *Vandick* dans les plus célèbres collections de l'Europe ; mais c'est sur-tout en Flandre et en Angleterre qu'ils se trouvent en plus grand nombre. Le temps qui dévore tout ne leur a rien enlevé de leur premier éclat et de leur fraîcheur ; car telle est la magie de *Vandick*, que ses tableaux semblent encore gagner avec les années.

MEEL (Jean)

ou Miel,

Né à Anvers en 1599, mort à Turin en 1664.

Quoique né en Flandre *Jean Miel* appartient bien plus à l'Italie, où il forma les talents supérieurs qui lui ont fait la réputation d'un très-habile peintre. Elevé d'abord à l'école de *Gérard Seghers*, il le quitta très-jeune pour aller à Rome, où il a passé une grande partie de sa vie.

A peine fut-il arrivé dans cette patrie des arts qu'il entra chez *André Sacchi*, peintre d'histoire, d'une grande réputation ; il y resta quelques années. Celui-ci l'ayant chargé de faire un tableau d'histoire, *Jean Miel* ne put déguiser son goût naturel pour les bambochades et fâcha tellement *Sacchi* qu'il le renvoya de chez lui.

Abandonné à lui-même et corrigé de ce défaut, *Jean Miel* fut chargé par le pape Alexandre VII de peindre le Frappement du rocher dans une galerie à Monte-Cavallo, dans lequel il se surpassa tellement par la belle ordonnance de ses pensées, qu'il fit voir que le génie du peintre de bambochades disparaissait à son gré quand il voulait, pour s'élever au sublime.

Sa réputation s'accrut comme peintre d'histoire, et bientôt il fut chargé de beaucoup de tableaux pour différentes églises de Rome ; mais le naturel reprenait souvent ses droits sur le génie de *Jean Miel*, qui se délassait à peindre des assemblées de paysans, des pastorales, des animaux à la manière de *Bamboche*; qu'il paraît s'être proposé pour modèle, peut-être par l'habitude de le fréquenter souvent.

C'est sur-tout dans ce genre agréable que *Jean Miel* a obtenu sa grande réputation, et qu'il est connu en France, où l'on ne paraît pas avoir jamais transporté de ses tableaux d'histoire.

On ne connaît *Jean Miel* dans les meilleures collections que par ses joyeuses assemblées de paysans, par ses fêtes de village, ses mascarades, ses repos de bergers et ses haltes à la porte des hôtelleries. Tels sont les sujets favoris de ce délicieux peintre, dont la manière savante le fait aisément reconnaître et toujours admirer. Une couleur forte et vigoureuse, une touche large et moelleuse, des ciels toujours clairs, telles sont les marques distinctives qui servent à reconnaître cet habile peintre, dont le genre et la manière ont été tellement imités par ses élèves, qu'il est facile de s'y méprendre. On a souvent vendu, sous le nom de ce maître, des tableaux fort ressemblants aux siens ; mais une connaissance exacte de sa manière de faire, l'habitude de le voir, de le détailler, pour ainsi dire, met en garde les véritables connaisseurs contre la supercherie toujours prête à leur tendre des piéges.

Quelquefois *Jean Miel* et *Bamboche* ont entr'eux une si grande ressemblance, qu'il serait aisé de confondre ensemble leurs tableaux.

Quelque grande que fût la facilité de *Jean Miel*, à peine pouvait-il suffire à l'empressement des amateurs. Nommé avec distinction membre de l'académie de Saint-Luc à Rome, sa réputation croissait de plus en plus, et ses tableaux passèrent dans les cours étrangères.

Charles Emmanuel, duc de Savoie, voulant le fixer à sa cour, l'engage à venir à Turin avec le titre de son premier peintre; il le nomme chevalier de l'ordre de Saint-Maurice, et il ajoute à cet honneur le don de la croix de l'ordre, enrichie de diamans.

Tant de faveurs produisirent de nouvelles merveilles qui le firent autant admirer à Turin qu'il l'avait été à Rome. Chargé d'embellir différents palais du duc, il peignit des métamorphoses, des animaux, des paysages, des haltes, des rendez-vous de chasse, dont la perfection charma tellement qu'on voulut le retenir tout-à-fait dans ce pays.

Les honneurs, les richesses vinrent l'accabler, mais *Jean Miel*, tourmenté du désir de revoir Rome qu'il chérissait, se lasse bientôt des faveurs du duc et du séjour de Turin, où il jouissait du plus heureux sort.

Il veut absolument quitter ce pays, toutes ses pensées se reportent sans cesse vers cette Rome qu'il avait abandonnée.

D'un côté la crainte de fâcher un prince qui l'avait comblé de bienfaits, de l'autre le désespoir de ne pouvoir satisfaire ses désirs, le firent tomber dans une noire mélancolie qui le conduisit au tombeau à l'âge de soixante-cinq ans.

Ainsi les dons de la fortune, qui auraient fait le bonheur de tant d'autres artistes, causèrent la perte de *Jean Miel*, désolé d'être forcé de rester éloigné de Rome, de ses anciens amis et de ses habitudes.

On a peine à croire, en examinant les tableaux de *Jean Miel*, sur-tout ceux dans lesquels il s'est livré à toute la gaieté de son caractère, à ses sujets de mascarades et ses fêtes de village, où la joie est portée au comble, que cette tournure de génie ait jamais produit des tableaux d'histoire et sur-tout des sujets de piété.

Le dessin de *Jean Miel* présente beaucoup plus de finesse et de correction, lorsqu'il peint en petit qu'en grand ; aussi c'est sous cette forme que ce peintre captive l'admiration.

On reconnaît encore *Jean Miel* à sa touche particulière, à sa manière d'éclairer ses sujets par de grands éclats de lumière opposés à de grandes masses d'ombres, comme s'il eût toujours peint en plein soleil.

Voilà de ces signes caractéristiques avec lesquels il est impossible de se tromper devant un tableau de *Jean Miel*.

Ajoutez à cela de belles ruines d'architecture ou de hautes murailles de couleur chaude et vigoureuse, qui se détachent merveilleusement sur ses ciels qu'il tient toujours très-clairs et très-lumineux.

Jean Miel obtiendra toujours une place distinguée dans les plus célèbres collections, par sa belle manière qui forme une heureuse opposition avec le voisinage des autres maîtres.

Ce peintre a gravé quelques morceaux à l'eau-forte, dans lesquels il a conservé tout l'effet et la touche moelleuse qui se font admirer dans ses tableaux. Ses estampes devenues pour la plupart le patrimoine de l'Italie, sont assez difficiles à trouver en France.

GELÉE (Claude)

dit LE LORRAIN,

Né dans le diocèse de Toul en 1600, mort à Rome en 1682.

TOUT ce que la nature offre de richesses dans sa noble simplicité, de plus grand et de plus majestueux tout à la fois; les beaux restes de l'antiquité, les scènes pastorales de Virgile et de Théocrite, les songes romantiques de l'ancienne chevalerie, tout est devenu le domaine du pinceau de *Claude Lorrain.*

Les tableaux de ce grand peintre rappellent à l'œil de l'observateur les souvenirs de ces siècles fortunés où les hommes à peine sortis du berceau de la nature, livrés à la vie contemplative et couchés au milieu de leurs nombreux troupeaux, trouvaient le bonheur au sein d'une douce oisiveté.

Le Lorrain est le peintre de tous les siècles et de l'univers entier. Si la nature lui découvrit ses secrets, il ne dut cette faveur qu'à son opiniâtreté à l'étude et à ses grandes méditations sur cette mère commune. On la trouve tout entière dans ses admirables tableaux, mais toujours avec ses charmes primitifs, que l'art et la mode défigurent et détruisent chaque jour. Il a trouvé le secret de faire passer dans l'ame du spectateur un plaisir délicieux qu'il est difficile d'exprimer; malgré soi on devient rêveur à la vue des paysages du *Lorrain.*

On y trouve les bergers de Mantoue couchés à

l'ombre des hêtres touffus, au bord du cristal des fontaines, chantant des hymnes au son de leurs chalumeaux champêtres, ou composant des guirlandes de fleurs pour une fête ou un sacrifice.

Veut-il changer de mode, il vous transporte près de ces châteaux à tourelles gothiques, élevés dans des lieux sauvages, séjour de la nécromancie, effroi du vulgaire ignorant. De vieux arbres épais, aussi anciens que le monde, en dérobent l'entrée à tout être assez téméraire pour oser y pénétrer. Ces sujets d'une imagination hardie et mélancolique tout à la fois, plaisent infiniment, animés par le pinceau du *Lorrain*.

Ce grand paysagiste est peut-être le premier qui ait osé placer le disque du soleil au milieu de ses tableaux. L'effet en est tel que le spectateur craint au premier abord d'être ébloui par l'extrême vérité avec laquelle il a rendu tout l'éclat de cet astre étincelant.

Ne croyez pas qu'il soit parvenu à obtenir ce prestige en mettant à contribution les couleurs fortes et brillantes de la palette, et qu'il ait employé ces brusques oppositions d'ombres et de clairs souvent usitées par beaucoup de peintres. Ses ciels sont simples, presque sans nuages, quelques-uns très-faibles se traînent en longs sillons vers l'horizon, où ils ont l'air d'aller se perdre.

Peint-il l'aube matinale ? Des vapeurs légères enveloppent et voilent encore les fonds du tableau, le soleil sous la forme d'un globe argentin paraît à peine. Les premiers plans, seuls visibles, couverts des plus riches tapis de verdure, paraissent encore imbibés des pleurs de l'aurore : ajoutez à cela qu'il serait aisé de reconnaître les différentes heures du jour, en étudiant avec attention les tableaux du *Lorrain*.

S'il

S'il peint des marines qu'il orne des plus riches monuments d'architecture, c'est toujours avec la même vérité ; ses vagues sont légères et transparentes, ses fonds tendres et vaporeux. Mais c'est sur-tout dans les différents effets du coucher du soleil que cet habile peintre n'a pu jamais être surpassé ; soit qu'il représente son disque rayonnant, suspendu au milieu des airs, soit qu'il se plonge au sein des eaux auxquelles il communique toute sa chaleur et son éclat éblouissant : il va disparaître, la surface des vagues légèrement soulevées par le vent frais du soir répète sa lumière fugitive en mille étincelles d'émeraudes.

Ses imitateurs ont fait de vains efforts pour faire jaillir la lumière, et pour ressembler à ce peintre merveilleux, qui sera long-temps encore leur modèle.

On parcourt avec *le Lorrain* les sites les plus pittoresques de l'Italie ; il n'est presque pas de monuments qui n'aient trouvé place dans ses tableaux ; tantôt son génie les relève entiers de leurs propres ruines, tantôt il se plaît à les représenter dans leur état de destruction naturelle.

Ce peintre, né avec très-peu de facilité pour son art, eut une peine singulière à pouvoir en comprendre les premiers éléments. La nature qui l'avait enveloppé d'une écorce grossière, semblait ne vouloir lui opposer tant d'obstacles que pour le faire paraître ensuite avec plus d'éclat.

Ses parents, d'une extrême pauvreté, l'envoyèrent cependant à l'école, où il ne put jamais rien apprendre ; placé chez un pâtissier, il ne parut pas plus propre à cette profession : enfin, désespéré lui-même de son ignorance, et ne sachant quel parti prendre, il s'avisa de suivre des voyageurs qui allaient à Rome, selon l'usage de ces temps-là. Arrivé en Italie, sans secours, avec des dehors peu favorables, *le Lorrain* ne pouvait trouver d'emploi, lorsque le besoin le fit entrer par hasard chez *Augustin Tassi*, peintre, élève de *Paul Bril*, qui le reçut pour broyer ses couleurs, nettoyer sa palette, panser son cheval et s'occuper des soins les plus communs du ménage.

Telle fut la première cause de sa fortune et l'heureux présage de ses grands talents. *Tassi*, dans l'intention de tirer quelque parti de ce nouveau domestique, essaya de lui donner quelques leçons, et voulut lui apprendre peu à peu les règles de la perspective, auxquelles *le Lorrain* ne pouvait rien comprendre ; mais loin d'être rebuté par tant de difficultés, il redoublait d'attention et d'opiniâtreté à l'étude.

Le Lorrain, né avec une patience et un courage à toute épreuve, parvint à surmonter les premiers obstacles ; son esprit parut s'ouvrir peu à peu ; il s'aperçut enfin que la nature venait à son secours, et que c'était le seul maître à consulter ; dès-lors il ne cessa de l'étudier. On le trouvait toujours seul, aux environs de Rome, occupé à observer et à peindre les différents effets qu'elle offre à ceux qui veulent lire dans ce grand livre.

Il parvint, après quelques années d'études faites dans le silence, à étonner par le talent inimitable qu'il ne devait qu'à ses profondes réflexions.

Enfin *le Lorrain* parut, et Rome ravie applaudit à ses talents inconnus. Il eut pour amis tous les grands artistes de l'Italie. *Le Poussin*, son compatriote et juste appréciateur de ses talents, s'empressa de les louer, et devint un de ses plus grands admirateurs.

Les grandes difficultés que *le Lorrain* avait éprouvées, l'accoutumèrent de bonne heure à penser profondément, et cette longue habitude de méditer meubla sa mémoire de tout ce qui avait frappé ses regards. La nature, qu'il s'était obstiné d'apprendre par cœur, avait enrichi son imagination de toutes ses beautés.

C'est ainsi qu'elle voulut le dédommager de ses longs travaux. Elle se présentait d'elle-même sous son pinceau. C'est dans le silence de son atelier que *le Lorrain* enfantait ses tableaux, comme si la nature eût été présente à ses yeux; mais souvent mécontent de lui-même, il effaçait et repeignait, sans se décourager, jusqu'à ce qu'il fût satisfait.

Loin de ressembler à la plupart des paysagistes, qui abusent trop souvent d'une dangereuse facilité, et qui se laissent entraîner par une abondance fatigante, *le Lorrain* tenait peu à ses premières pensées, ce qui fait quelquefois remarquer une sorte de difficulté dans l'exécution.

On ne le vit jamais abandonner son tableau, qu'après en avoir élagué les choses inutiles, et que lorsqu'il croyait avoir obtenu la véritable illusion de la nature.

Le Lorrain, plus sensible à la gloire que lui procurait son art, qu'à la passion d'amasser de grands biens, loin de chercher à faire beaucoup de tableaux, mettait toute son ambition à les terminer avec beaucoup de peine et de vérité; semblable au *Poussin*, il n'entreprit jamais un tableau qu'après l'avoir mûrement pensé, et l'avoir meublé de toutes les convenances propres au sujet et aux différentes heures du jour, qu'il voulait représenter.

J'ai dit que *le Lorrain* retouchait et repassait plusieurs fois sur toutes ses teintes ; c'est avec cette manière d'opérer, qui peut-être eût été nuisible à tout autre, qu'il est parvenu à produire cet accord, cette grande harmonie qui le rendent si différent des autres peintres de paysages. C'est par ce travail opiniâtre qu'il a obtenu cette vapeur aérienne qui semble envelopper tous ses tableaux, cette magie qu'il est impossible de deviner, qui produit un effet merveilleux dans ses lointains où l'œil se perd avec le vague de l'horizon.

Les ciels du *Lorrain* sont ordinairement très-clairs et fort peu chargés de nuages. A-t-il voulu rendre l'image fidelle de la beauté du climat où il a souvent placé les scènes de ses tableaux, ou la difficulté d'opérer l'a-t-elle fait éviter d'entreprendre cette partie de la peinture qui exige beaucoup de facilité et une prestesse de main, je dirais presque une adresse toute particulière pour rendre cette magie de l'art que la nature présente sous des formes si variées ?

Bien différent en cela de plusieurs habiles peintres des écoles flamande et hollandaise, qui, accoutumés à vivre sous un ciel souvent chargé de nuages, se sont exercés à peindre ces belles masses aériennes qu'ils ont rendues avec un art infini. C'est ainsi que *Berchem*, les *Vanden-Velde*, *Backhuyssen*, *Ruisdaal*, *Moucheron*, les *Both*, *Winants* et *Asselyn* sont en possession de nous plaire par leur manière franche et moelleuse de peindre des ciels admirables, tant pour les belles formes des nuages que par la légéreté de leur pinceau et la beauté de la couleur. En France, *Vernet* ne s'est pas rendu moins célèbre par sa grande manière de rendre les ciels, qu'il a su varier à l'infini avec cette vérité et cette belle facilité que l'on admire dans tout ce qu'il a fait.

Deux grands peintres se sont distingués parmi les élèves du *Lorrain* : l'un est *Herman Van Swanevelt*, hollandais de nation, plus connu sous le nom d'*Herman* d'Italie, à cause du long séjour qu'il fit dans cette contrée ; l'autre est *le Courtois*, né en Bourgogne, plus connu dans les arts sous le nom du *Bourguignon* ; ce dernier peignait des paysages, mais il se livra plus odinairement à peindre des batailles.

Herman d'Italie a tellement approché de la façon de peindre de son maître, qu'il serait aisé de les confondre quelquefois ensemble, si on ne le reconnaissait à la touche facile et piquante qu'il tenait de sa première école. Mais quelque charmants que soient les tableaux de *Swanevelt*, ils n'ont point toute la vapeur et la magie du *Lorrain ;* c'est cependant après lui le paysagiste le plus vrai et le plus habile de l'Italie.

Les tableaux d'*Herman*, qu'il peignait souvent d'après nature, et qui ne sont pas composés comme ceux de son maître, dans le silence du cabinet, offrent des idées moins poëtiques, des étendues de pays moins vastes que celles que rêvait *le Lorrain.* Ce qui distingue sur-tout les tableaux d'*Herman* d'avec ceux du *Lorrain*, c'est une sorte de facilité dans la pratique de la peinture ; ajoutez à cela l'art avec lequel *Herman* dessinait les petites figures et les animaux, avantage qu'il a toujours eu sur *le Lorrain* qui les faisait avec beaucoup de difficulté, et qu avait souvent recours à d'autres peintres pour en meubler ses tableaux. Aussi avait-il coutume de dire qu'il vendait ses tableaux et qu'il donnait ses figures.

C'est donc à l'extrême misère dans laquelle était né cet homme célèbre, que les arts doivent les chef-d'œuvres qui l'ont rendu immortel; peut-être n'eût-il jamais manié le pinceau, si le besoin ne l'eût forcé d'entrer au service d'*Augustin Tassi* qui, à force de patience, parvint à découvrir un talent enfoui et perdu à jamais pour un art qu'il a tant honoré.

Le Lorrain, malgré son peu de facilité, s'est occupé de la gravure à l'eau-forte, et l'on a de lui plusieurs eaux-fortes où l'on retrouve toute l'harmonie et tout le prestige de ses tableaux. On admire au musée du Louvre beaucoup de tableaux capitaux du *Lorrain*, mais la majeure partie de ceux dont il avait enrichi l'Italie, sont passés en Angleterre, où ils ont été gravés par les plus habiles artistes de ce pays (1).

(1) Ils forment un recueil très-intéressant et très-recherché en Angleterre; on y a joint quelques gravures d'après *Patel*.

DE CHAMPAGNE (Philippe),

Né à Bruxelles en 1602, mort à Paris en 1674.

Nommer *Philippe de Champagne*, c'est rappeler toutes les vertus qui caractérisent l'homme de bien, l'artiste distingué et le véritable philosophe. La physionomie de *Champagne*, où se peignait la bonté de son cœur, avait un air de candeur et de probité qui inspirait une sorte de vénération.

Toujours grand économe du temps, il le partageait entre la pratique des vertus, la conduite la plus régulière et une assiduité sans exemple à l'exercice de son art. L'aurore le trouva toujours la palette à la main; et c'est à cette assiduité au travail que l'on doit le grand nombre d'ouvrages qu'il a produits, d'un fini précieux et qui paraissent le résultat de la plus grande patience et des plus longues veilles.

On est surpris de trouver dans les productions de ce grand artiste autant de perfection et de vérité dans les détails. Ses tableaux d'une touche large et moelleuse, et qui semblent peints du même jour, produisent dans l'ame un doux ravissement, sans exciter les vives sensations que causent les élans du génie. On s'y arrête avec complaisance, comme auprès d'une vierge simple et modeste, et on les quitte sans éprouver d'émotion.

Les tableaux de *Champagne* offrent la pureté de ses mœurs et la beauté de son ame. Aucune manière, aucune touche, ce qu'on appelle chez certains artistes de la facilité, ne se laissent apercevoir; c'est toujours la touche propre à la chose, sans aucune coquetterie d'artiste ; des détails d'une exacte vérité, noyés dans une harmonie et un ensemble qui plaisent même à l'œil du vulgaire. C'est la nature qui semble s'être placée sur son tableau, comme dans un miroir fidelle.

Champagne ne vit point l'Italie, et ne put former ses études sur les beautés de l'antique qu'il a paru peu connaître. La nature fut son seul guide, il la peignit telle qu'elle se présenta à ses yeux, sans peut-être en faire un choix assez délicat et assez recherché ; mais il la rendit avec la plus exacte vérité. Les têtes de *Champagne* ont presque la parole, ses mains vont agir, on y voit le sang circuler à travers un épiderme fin et transparent ; et il est telle de ses mains, qui, séparée de l'ensemble de l'ouvrage, ferait à elle seule un tableau d'un grand prix.

Champagne a composé ses tableaux avec justesse et simplicité. L'effet en est toujours sûr, et l'entente du clair obscur est parfaite. Ses plans sont bien arrêtés, ses groupes bien disposés ; et si l'on y trouve peu d'enthousiasme, on en est dédommagé par la sagesse du raisonnement et par une entente judicieuse de toutes les parties qui contribuent à faire un bon tableau. Sa couleur, qu'il tenait de l'école qui l'avait vu naître, fut toujours excellente.

Quoique *Champagne* ait précieusement fini ses draperies, et qu'il ait eu soin de bien distinguer les différentes étoffes, la critique peut cependant lui faire un reproche sur sa manière de draper, qui donne à ses plis un air de mollesse et de rondeur qui ne convient point au genre de l'histoire. On pourrait faire à ce peintre d'autres reproches du côté des convenances et du costume ; mais les beautés sans nombre qui se rencontrent dans tout ce qu'il a fait, désarment la critique sur les belles parties de son art qui lui manquent.

Ce serait en vain que l'on irait chercher dans les tableaux de *Champagne* ces formes grandes et savantes, ce beau idéal que donne l'étude des grands modèles. Occupé dès sa plus tendre jeunesse à manier le pinceau, il n'eût pas le loisir de faire des études préliminaires ; et on n'apprendra pas sans surprise que, dès l'âge de neuf ans, il copiait déjà des tableaux, et que les premiers moments de son enfance furent marqués par un goût si décidé pour tracer des figures, que ses parents ne purent jamais le fixer à autre chose.

A seize ans, il était déjà renommé pour peindre des portraits et des paysages, qu'il traitait d'un grand goût. *Fouquieres* son compatriote, l'un des plus habiles paysagistes de la Flandre et de son siècle, frappé des grandes dispositions du jeune *Philippe*, s'était plu à lui apprendre les secrets de son art, où il fit de tels progrès, que ses tableaux passaient déjà pour être de ce savant paysagiste.

Le père de *Champagne* voyant accroître les talents de son fils dans l'art difficile de la peinture, résolut de l'envoyer à l'école de *Rubens* ; mais le jeune *Champagne*, qui depuis long-temps avait formé le projet d'aller en Italie, le sollicita de le laisser entreprendre ce voyage. Il avait dix-neuf ans lorsqu'il quitta Bruxelles, avec le dessein de s'arrêter quelque temps à Paris pour visiter les beautés de cette grande ville et les artistes qui y brillaient alors.

A peine est-il arrivé à Paris, qu'il se fait connaître

avantageusement par plusieurs beaux portraits ; et il se disposait à partir pour Rome, lorsqu'il rencontra *le Poussin* qui était nouvellement arrivé de son premier voyage en Italie. Une certaine ressemblance de caractère, la même exactitude dans les principes et dans les mœurs, le même amour pour l'étude devaient nécessairement lier ensemble deux jeunes artistes animés d'une égale ardeur pour la peinture. *Le Poussin* l'engage à venir habiter avec lui, afin de rendre leurs études communes, et rivaliser dans l'exercice de leur art. Mais la nature en dispensant ses dons sur *Champagne*, ne lui avait pas accordé, comme au *Poussin*, ce génie sublime, ce tact exquis pour découvrir ce qui est beau, et pour arriver à la perfection.

Le Poussin présente son jeune ami au peintre *Duchesne*, qui était chargé de tous les ouvrages qui se faisaient pour la cour, et sous la conduite duquel il travaillait au Luxembourg dans les appartements de la Reine Marie de Médicis.

La manière suave et gracieuse de *Champagne* ne pouvait manquer de lui faire des partisans. Le surintendant des bâtiments en fut si satisfait, qu'il voulut se l'attacher d'une manière particulière ; mais *Duchesne* en conçut de l'ombrage et voulut éloigner *Champagne* qui, avec un caractère simple et peu propre à l'intrigue, aima mieux se retirer, et qui se décida à faire le voyage d'Italie par l'Allemagne. Dans ce dessein, il retourna à Bruxelles en 1627, où il resta quelque temps, à la sollicitation de son frère et pour se rendre aux désirs de plusieurs amateurs qui voulaient avoir de ses ouvrages. Sur ces entrefaites le surintendant lui annonce la mort de *Duchesne*, et le presse de revenir à Paris prendre la conduite de tous les travaux, avec le titre de premier peintre de la Reine. Ce fut l'époque de sa réputation, et ce qui l'empêcha de faire le voyage d'Italie. Il revient à Paris en 1628. On lui donne un logement au Luxembourg, avec des appointements honorables.

La Reine qui aimait beaucoup sa manière simple et gracieuse, lui commande beaucoup de tableaux pour ses appartements et ses oratoires. Il se trouve chargé de tant d'ouvrages, que sa grande assiduité au travail ne pouvant y suffire, il est obligé de se faire aider par des artistes du temps assez médiocres.

Lorsque *Champagne* parut à Paris, l'école de France était encore à son aurore. *Le Vouet* formait cet essaim de jeunes nourrissons qui devinrent les artistes célèbres dont les grands talents ont illustré la France : les *le Sueur*, *la Hyre*, *le Brun*, *Mignard*, *Mola*, *Dorigny*, *Perrier*, *Dufresnoy*, *Testelin*, et bien d'autres moins connus, suivaient alors les leçons de ce peintre ingénieux qui doit être regardé comme le fondateur de l'école française.

Champagne fut chargé de décorer l'église des carmélites du faubourg Saint-Jacques, où il se distingua par plusieurs chef-d'œuvres. On a admiré long-temps à la voûte de cette église un Christ accompagné de deux figures, dont les raccourcis sont si parfaits qu'il est impossible de porter plus loin l'illusion. La plupart des églises de Paris furent décorées de ses tableaux ; et on aura peine à croire qu'un seul homme ait pu faire autant d'ouvrages avec la perfection qu'il y mettait, et l'habitude de peindre tout d'après le naturel.

Le goût de la cour pour les sujets de dévotion lui fournit peu d'occasions de traiter des sujets d'histoire ancienne, et on ignore si son génie eût été propre à ce genre de peinture qui demande de l'élévation et de l'enthousiasme. Il a cependant traité avec succès quelques allégories dans les plafonds des appartements des Tuileries (1).

On doit considérer *Champagne* comme un modèle d'exécution pittoresque, pour la sagesse de ses conceptions, sa bonne couleur, et l'entente parfaite de la lumière et des ombres. Son goût de dessin, quoique correct, présente souvent des formes rondes et d'un choix peu élevé. Ce peintre conserva toujours quelque chose du goût de son pays, qui se décèle dans tous ses ouvrages. Comme la plupart des peintres flamands, il imite trop servilement ses modèles ; il ne savait point leur donner de mouvement et ce certain caractère qui tient au génie. Si les tableaux de *Champagne* attirent généralement l'œil du vulgaire par la naïveté et la vérité, le connaisseur y chercherait en vain ce sentiment poëtique qui fait le caractère principal des tableaux des grands maîtres. Il y règne un peu trop de monotonie, et peu de variété dans les airs de têtes auxquelles il ne manquait pourtant pas de donner l'expression de la vie, mais non celle qui convient au style propre au sujet. Point d'attitudes fières et imposantes ; tout, chez ce peintre, se ressent du sérieux

(1) Il fut chargé de peindre à Fontainebleau un plafond allégorique, lors du premier retour de Louis XIV à Paris, qui est sans contredit l'un de ses plus beaux ouvrages. Il en existe une belle et grande esquisse terminée, chez un amateur distingué à Rouen, M. Chapais.

de son caractère paisible et réfléchi, et de la simplicité de ses mœurs vraiment patriarcales.

Champagne conserva à la cour, et au milieu des courtisans, les vertus de l'âge d'or, sans autre ambition que celle de son talent. Il s'engagea dans les liens du mariage qui fit son bonheur, mais qui fut de courte durée. Il perdit sa femme, encore fort jeune, de laquelle il eut trois enfants. Cette perte, dont il fut inconsolable, le fit renoncer au mariage pour toujours. Celle de son fils, qui mourut dans la première jeunesse, et de la plus jeune de ses filles qui lui survécut peu, acheva de remplir d'amertume le reste de sa vie. L'aînée, la seule consolation de ce père sensible, eut envie de se faire religieuse à l'abbaye de Port-Royal. L'amitié qu'il avait pour elle ne put la détourner d'embrasser l'état religieux, et il s'attacha dans la suite à cette maison qui, comme on sait, fut le rendez-vous des vertus et des grands talents. Il y vécut dans la plus étroite intimité avec les hommes célèbres qui l'habitaient. Il ne pensa plus qu'à se fixer dans ce quartier paisible, et il prit un logement à l'extrémité du faubourg Saint-Marcel. *Champagne* allait souvent dans cet asyle de paix et ce sanctuaire des sciences chercher un délassement au sein de l'amour filial et de l'amitié des sages de son siècle. Il y passa presque les dernières années de sa vie qui fut assez longue et qui ne fut altérée par aucune infirmité. La seule maladie qu'il ait éprouvée, fut celle qui lui causa la mort dans la soixante-douzième année d'une vie laborieuse, qu'il abandonna avec la tranquillité et le calme d'une conscience pure, emportant avec lui les regrets de ses amis, la réputation d'un des hommes les plus vertueux de son siècle, et celle d'habile peintre qui s'est conservée jusqu'à nous.

Sans occuper le premier rang dans la peinture, *Champagne* sera toujours considéré comme un des bons peintres de notre école, pour les belles parties de l'art qu'il a possédé. Il a montré un talent réel pour le portrait, genre dans lequel il a souvent égalé les premiers peintres; il les a peints d'une belle couleur, et de la plus parfaite ressemblance. Son portrait, qu'il a fait lui-même peu d'années avant sa mort, est une preuve de ses grands talents. On ne peut mettre plus de soin et de vérité dans tous les accessoires; c'est principalement dans les détails que l'on retrouve cette exactitude scrupuleuse et cette belle couleur si naturelle aux flamands.

Si l'on juge de sa facilité à opérer, par le grand nombre d'ouvrages sortis de ses mains, et par le soin avec lequel il les terminait, il laisse une haute idée de l'excellente pratique qu'il avait acquise par un travail constant, soutenu des bons principes de son art. Il a prouvé son talent pour les grandes machines, par les tableaux des carmélites et de Notre-Dame. Ceux qu'il fit pour Saint-Gervais, et qui ont été exécutés en tapisserie, lui ont mérité les honneurs du musée du Louvre, où l'on admirera toujours son précieux tableau des deux Religieuses de Port-Royal, ouvrage dont il fit ses délices et l'objet de sa complaisance. Celui qui est placé dans la grande galerie du Luxembourg se soutient à côté des chef-d'œuvres qui ornent cette galerie.

La Reine Anne d'Autriche exerça long-temps son pinceau dans l'intérieur du Val-de-Grâce, à décorer les appartements qu'elle avait dans cette maison. Son neveu, *Jean-Baptiste de Champagne*, qu'il aima comme son fils, et qui fut son seul élève, l'aida beaucoup dans ses immenses travaux, et lui fut toujours attaché d'une manière qui honore le maître et le disciple.

Le cardinal de Richelieu croyant avoir à se plaindre des refus que lui fit *Champagne* de peindre pour ses maisons de plaisance et pour sa nouvelle ville, où il voulait se fixer, ainsi que pour son zèle à travailler pour la Reine, crut devoir lui en faire des reproches. *Champagne* y répondit avec une telle modération, que le cardinal confondu de ses vertus et de sa grandeur d'ame, loin de s'irriter contre l'artiste, lui fit les propositions les plus flatteuses, et voulut le combler de biens lui et toute sa famille. On connaît la belle réponse de *Champagne* au cardinal ; il agit avec le même désintéressement, lorsque parvenu à la place de recteur de l'académie de peinture, il en abandonnait les honoraires pour les besoins de quelques artistes.

Je ne puis cesser de parler de cet habile homme ; sans citer un de ses plus beaux tableaux placé dans la cathédrale de Rouen, dont le sujet est l'Adoration des bergers, que ce peintre s'est plu à terminer dans toutes ses parties, et d'un genre différent de ses autres ouvrages. Tout concourt à faire un chef-d'œuvre de ce tableau : correction de dessin, belle couleur, conduite admirable de la lumière, entente parfaite du clair obscur, caractères de têtes pleins de vie et propres au sujet.

L'exécution très-soignée de ce tableau ne s'oppose

nullement à l'effet qu'il produit en place. La lumière sort resplendissante de l'enfant nouveau né, et se répand à droite et à gauche sur toutes les parties du tableau, jusque vers les extrémités où elle s'affaiblit, pour reposer l'œil sur le principal. C'est la nuit la plus obscure éclairée par le plus brillant météore. Toutes les figures ont un caractère de vérité, de respect et d'onction qui convient au sujet. Deux enfants nus voltigeant dans le haut du tableau, et développant dans les airs le chant de gloire, absolument éclairés de reflet, se font admirer par la beauté des formes, et ne le cèdent en rien à ce que *le Guide* a fait de plus parfait pour la grâce et la légéreté. Si je ne craignais d'alonger par trop cette description, j'appellerais encore l'attention sur un joli agneau, l'image même de la nature, couché sur le premier plan, dont le faire est on ne peut plus séduisant et tel que le plus habile peintre d'animaux n'y eût jamais mis plus de vérité. On a gravé d'après ce tableau, du temps de *Champagne*, une eau-forte qui est assez rare à trouver (1).

La réputation de *Champagne*, justement méritée, et que bientôt deux siècles lui ont conservée, ne fut point l'ouvrage de l'intrigue ni de la flatterie; il ne la dut qu'à ses véritables talents. On peut citer avec éloge parmi les plus célèbres graveurs qui nous ont laissé des estampes d'après ce maître, *Pitau* d'Anvers, *Edelinck* et *Nanteuil.* L'estampe du Moïse, l'une des plus savantes productions du burin de ces deux

(1) Ce tableau ne doit sa conservation qu'au zèle de l'auteur de cet ouvrage, qui, pendant des temps désastreux, l'a sauvé au péril de ses jours.

hommes

hommes célèbres qui prirent plaisir à y travailler en commun, sera toujours une pièce précieuse et recherchée des vrais connaisseurs. La Vierge de *Pitau*, portant sur ses genoux l'enfant au maillot, offre aussi une perfection rare, sur-tout dans les mains, auxquelles son savant burin a su conserver toute la perfection du tableau. Le portrait de *Champagne*, peint par lui-même, et gravé par *Gérard Edelinck*, est un des plus beaux monuments de la gravure, et l'un des chef-d'œuvres de cet habile graveur du dix-septième siècle.

SALVATOR ROSA,

Né à Renella près Naples en 1605, mort à Rome en 1673.

Peu de peintres apportèrent en naissant autant d'aptitude et de facilité pour leur art, que *Salvator Rosa*, dont le génie créateur s'empara de toutes les parties de la peinture.

Le nom de *Salvator* rappelle des conceptions savantes et pleines de cette inspiration qui décèle le type du vrai talent.

Sans jamais avoir rien emprunté du style des autres, *Salvator* s'abandonna tout entier à l'impulsion de son génie brûlant.

Elevé à l'école de Naples, dont les peintres en général se sont peu soucié des convenances de l'art, il parut encore renchérir sur les bizarreries de ses compatriotes, et devenir le peintre le plus singulier et peut-être l'un des plus étonnants de l'école d'Italie.

Les compositions de *Salvator*, quoique pleines de feu et d'enthousiasme, ont cependant une certaine teinte de mélancolie, et inspirent un sentiment de tristesse qui pénètre l'ame : c'est peut-être à ce signe particulier qu'il est aisé de le reconnaître.

Nouveau Protée, *Salvator* se transforma dans tous les genres de la peinture. Plusieurs églises et palais d'Italie furent ornés de ses tableaux d'histoire. Mais quand il voulut se livrer au genre des batailles, qu'il traita avec un talent supérieur, il se montra au premier rang dans cette partie de la peinture qui exige de l'enthousiasme, du génie, et sur-tout une exécution facile. On y voit la fureur du soldat portée à l'excès, les combattants corps à corps se porter des coups effroyables ; d'autres, enveloppés pêle-mêle dans des tourbillons de poussière et de fumée, vont se confondre avec les fonds, et laissent à peine apercevoir quelques traces de leurs figures.

Qu'y a-t-il de plus imposant que ses paysages et la forme gigantesque de ses arbres qui, souvent dépouillés d'une partie de leurs feuilles, présentent une tête altière aux vents les plus impétueux ?

Est-il rien de plus effrayant que ses immenses rochers, dont les masses ébranlées paraissent menacer d'une chute prochaine l'homme assez téméraire pour y chercher un asyle ? A la vue des tableaux de *Salvator*, on se croit transporté dans les lieux romantiques et sauvages, séjour ordinaire des terribles nécromanciens qui pendant plusieurs siècles abusèrent de l'ignorance et de la simplicité de nos ancêtres.

Les figures dont il anime ses compositions en augmentent encore l'effroi, par l'air sombre et farouche qu'il leur imprime. On dirait qu'il a voulu retracer le souvenir de ces hordes nomades et vagabondes qui, sorties des déserts de l'Afrique et de l'Asie, se répandirent en torrents impétueux dans presque tous les pays de l'Europe, sous le nom vulgaire de bohémiens ; race malfaisante et malencontreuse pour le voyageur ; qui risque souvent d'en être dévalisé et d'y perdre la vie.

Les armures des siècles gothiques et chevaleresques sont celles qu'il emploie avec délices pour affubler ses figures, dont elles couvrent souvent jusqu'au visage. D'autres enveloppées dans des haillons, ou presque nues, se rencontrent aussi dans plusieurs de ses tableaux, souvent avec un air mauresque ou oriental.

Peint-il les plaines liquides de la mer, soit qu'elles paraissent agitées par les fougueux aquilons, soit qu'elles présentent une superficie calme et paisible, leur teinte sombre et noirâtre n'offre à l'imagination que l'idée d'un gouffre immense, dont elles dérobent l'énorme profondeur. Enfin tout ce qu'enfante ce génie extraordinaire porte un certain caractère qui lui est absolument particulier.

Salvator éprouva, dit-on, les horreurs de la misère dès le commencement de sa carrière dans les arts. Il se vit réduit à exposer ses tableaux dans les places publiques, mais un jour *Lanfranc* les ayant aperçus par hasard, en reconnut le mérite, et s'empressa de les vanter; il en acheta plusieurs pour l'encourager, et le fit bientôt sortir de l'oubli où il était resté si injustement.

Salvator, ranimé par le suffrage de cet habile homme, s'enflamma de nouveau pour son art, et produisit, avec une rapidité sans exemple, un grand nombre d'ouvrages qui lui procurèrent de l'aisance. Sa facilité devint telle, que souvent on le vit commencer et finir en un seul jour un tableau d'une grande dimension.

Il faut sur-tout admirer dans *Salvator* la finesse et la fermeté de sa touche toujours sûre et savante; la richesse, la variété de ses pensées, la tournure singulière de son génie, le caractère et l'air de vérité qu'il sait donner à ses têtes; le goût exquis de son feuiller, qui le place fort au-dessus de beaucoup d'habiles peintres de paysages, ainsi que la manière large et variée avec laquelle il traite les diverses écorces des arbres.

Sans vouloir entrer dans les détails de la vie privée de cet artiste, qui sont consignés dans différents auteurs, il est intéressant, pour achever de le faire connaître plus particulièrement, de jeter un coup d'œil rapide sur son caractère, dont l'enjouement fut toujours la base principale.

Extrêmement plaisant, *Salvator* excellait dans la musique; il composait des satyres pleines de sel et d'esprit, des sonnets et autres poësies où l'on remarque du génie et beaucoup de feu. Son atelier devint une espèce d'académie où se rassemblait tout ce qu'il y avait d'artistes distingués et de savants dans Naples.

Mais pour achever de le caractériser et pour donner un aperçu de sa grande facilité pour son art, il suffit de citer son aventure avec le connétable Colonna qui, grand admirateur des talents de *Salvator*, lui commanda un tableau pour lequel il lui fit remettre une bourse pleine d'or. *Salvator* fort satisfait, ne tarda pas à lui en envoyer un second qui fut payé de même; un troisième suivit bientôt, lequel fut payé encore plus généreusement; au quatrième, le connétable redoubla de générosité; enfin, au cinquième, las de s'épuiser ainsi, il envoya une bourse pleine d'or à *Salvator Rosa*, et lui fit dire qu'il lui cédait l'honneur du combat. On assure que ce peintre conserva sa gaieté jusqu'à sa mort, et que sa dernière parole fut une plaisanterie.

S'il est vrai de dire que son imagination fougueuse et bouillante l'entraîna souvent dans de grands écarts, combien en revanche y découvre-t-on de beautés qui feront à jamais le charme des artistes et de tous les gens de goût ?

Ses dessins, touchés avec esprit, ne plaisent pas moins que ses tableaux. Aussi habile graveur à l'eau-forte, sa pointe produisit de la manière la plus piquante un œuvre considérable, dans lequel on distingue plusieurs pièces d'une grande dimension, soit en sujets historiques, soit en paysages et caprices.

On conserve encore de lui très-précieusement une longue suite de soldats, de femmes et de figures de fantaisie, qui depuis ont été souvent imitées par d'autres peintres.

Le genre de *Salvator Rosa* porte un caractère tellement à lui, qu'il est impossible de ne pas le reconnaître au premier coup d'œil. Etranger à toutes les écoles, son imagination lui présente toujours la nature sous les formes les plus grandes, souvent exagérées, mais toujours assaisonnées d'un goût excellent.

On a prétendu que *Salvator* avait suivi l'école de *Ribera*, dit *l'Espagnolet*; peut-être serait-on tenté de croire que c'est à l'exemple de ce grand coloriste qu'il doit cette force de couleur, cette fermeté, la vigueur et l'effet qui se font admirer dans ses ouvrages.

Le musée du Louvre, ainsi que les plus précieuses collections de l'Europe, possèdent des tableaux de ce maître. On admirait depuis long-temps en France son beau tableau de Bataille, exposé dans ce musée, ainsi que celui de l'Ombre de Samuel évoquée par la pythonisse, et plusieurs autres sujets et beau paysages du plus grand style et de l'effet le plus vigoureux.

On dit très-souvent de ce peintre, et c'est une

expression proverbiale en usage dans les arts, ce tableau tient de *Salvator*, ou bien c'est dans le genre de *Salvator*, pour caractériser les ouvrages des autres peintres qui ont suivi le même style, ou qui ont cherché à l'imiter.

Les annales des arts ne citent aucuns élèves de ce peintre, dont le génie paraissait peu propre à en former ; mais on ne peut assez louer la fécondité et l'extrême facilité de *Salvator* qui, semblable à notre *Sébastien Bourdon*, embrassa tous les genres de la peinture ; l'histoire, les batailles, le paysage, les marines, les assemblées de soldats, de sorciers, de buveurs, de bohémiens, les rencontres de voleurs ; rien ne put être étranger à ce singulier génie.

Ceux qui aiment la douceur et la suavité du pinceau dans les ouvrages de peinture, seraient en droit de reprocher un peu de dureté et d'âpreté dans quelques tableaux de *Salvator* ; mais peut-être doit-on s'en prendre au temps qui les a noircis, ou à la mauvaise qualité des couleurs qu'il a quelquefois employées. Ces légers défauts ne peuvent diminuer l'estime générale et la réputation que ce maître s'est acquises par ses grands talents.

REMBRANDT VAN RYN,

Né en 1606 près Leyden, mort à Amsterdam en 1674.

REMBRANDT est un nom connu de tout le monde. Il n'est point d'amateur qui ne désire posséder un *Rembrandt*, et toute collection sans un tableau de ce peintre est incomplète.

On ignore qui a pu inspirer à *Rembrandt* les premières notions d'un art dans lequel il a obtenu tant de succès et tant de gloire.

S'il eût quelques maîtres, il ne profita guère de leurs leçons, la nature paraît avoir fait seule tous les frais pour former ce génie singulier.

Quelques auteurs contemporains disent que son père, meûnier sur un bras du Rhin qui passe à Leyden, l'envoya très-jeune dans cette ville pour y étudier les langues anciennes, mais qu'il fut impossible d'inspirer à *Rembrandt* le goût de l'étude, tant était forte son inclination pour le dessin.

Son père voulant profiter de ses grandes dispositions pour la peinture, le plaça, dit-on, chez *Van Wanemberg*; d'autres rapportent qu'il fut à Amsterdam prendre les premières leçons de *Pierre Lastman*; d'autres enfin prétendent que *Georges Schooten* a été son maître : mais tout cela paraît assez incertain et fort indifférent pour sa gloire.

Rembrandt est le peintre le plus profond et le plus étonnant de l'école hollandaise, dans laquelle il est placé au premier rang, pour l'entente de la lumière, et pour avoir su produire des effets surprenants. Ce peintre qui forma un nombre considérable d'élèves, ne pouvait manquer d'avoir beaucoup d'imitateurs ; mais jamais il n'a pu être surpassé dans la force et la dégradation des couleurs, ni dans la vérité des teintes. Sa coutume était de les placer près l'une de l'autre avec une telle justesse, qu'il n'était presque pas obligé de les mêler ensemble, et qu'ainsi elles ne perdaient point la fraîcheur, je dirais presque le ton virginal de la couleur (ceci s'entend de ses têtes ou de ses portraits, car il a affecté un ton généralement roussâtre et rembruni dans ses autres tableaux) ; passant ensuite quelques glacis adroitement, il avait l'art d'accorder le tout ensemble avec une force, une vigueur et une harmonie dont il a emporté le secret.

Ne pourrait-on pas présumer que *Rembrandt*, accoutumé dès son enfance à vivre dans un lieu sombre, éclairé seulement par une étroite croisée, aurait contracté de bonne heure l'habitude de ces effets piquants qu'il a si bien mis en pratique. On sait que les premières impressions deviennent souvent la règle fondamentale qui dirige nos opérations pendant le cours de la vie.

Rembrandt avait jugé d'abord que la nature était le seul maître qui pût le conduire à la perfection ; aussi n'entreprit-il jamais rien sans la consulter. Il était tellement pénétré de cette vérité, qu'il avait coutume de faire commencer ses élèves par l'étude du naturel, et il ne cessait de leur en recommander la nécessité. Malheureusement il la consultait sans goût, sans choix : tous les modèles lui étaient propres ; aussi pourrait-on dire avec vérité que la manière de

Rembrandt offre le contraste le plus frappant avec les beautés sublimes de l'antique.

Ses premiers essais se firent dans le moulin de son père, où *Rembrandt*, caché comme dans une retraite, crut pouvoir se dérober au tumulte du monde pour lequel il était peu fait.

Lui seul ignorait son talent, lorsque le hasard le fit tout-à-coup paraître au grand jour.

Il venait d'achever un tableau qui surprit tellement, qu'on lui conseilla de le porter à la Haye chez un amateur, lequel frappé du mérite de l'ouvrage, ne balança pas à lui en donner cent florins, somme qui parut si considérable au jeune peintre, que peu s'en fallut qu'il n'en perdît la tête.

A peine est-il en possession de cet argent, qu'il brûle déjà de faire part de sa bonne fortune à son père. Il monte promptement dans la voiture publique qui partait pour Leyden, toujours occupé de la garde de son trésor, sans vouloir même descendre pour se rafraîchir avec les autres voyageurs. Le hasard veut que, seul dans la voiture, les chevaux restés libres et s'étant échappés sans qu'on pût les arrêter, ils conduisent la voiture et *Rembrandt* jusqu'à Leyden, d'où s'élançant promptement, il n'a rien de plus pressé que de voler au moulin de son père, pour lui apprendre son heureuse aventure.

Telle fut la première époque des grands succès de *Rembrandt*, dont la réputation s'accrut avec une étonnante rapidité. Cette aventure découvrit ce que devait être ce peintre qui conserva pendant tout le reste de sa vie un goût démesuré pour l'argent, et qui fut toujours de l'intérêt le plus sordide.

La grande vérité et l'extrême ressemblance de ses premiers portraits, l'image parfaite de la nature, le firent appeler plusieurs fois à Amsterdam, où il peignit avec succès les principaux habitants. Après plusieurs voyages en cette ville, il se détermina enfin à quitter son lieu natal pour venir s'établir à Amsterdam. Il y fut tellement accablé d'ouvrages, que son assiduité au travail pouvait à peine suffire à l'empressement des amateurs.

L'effet que produisit la nouveauté de ses talents, et sa manière de peindre, alors très-étudiée et très-précieuse, lui attirèrent une foule d'admirateurs. Il est à remarquer que les tableaux qu'il fit dans les premières années de son séjour à Amsterdam, quoique très-finis, étaient déjà d'un effet aussi vigoureux que ceux qu'il fit dans la suite avec cette touche heurtée qu'il adopta pendant tout le reste de sa vie.

Sa dernière manière qui annonce beaucoup de facilité et de prestesse dans l'exécution, paraît être peu d'accord avec la tradition qui s'est accréditée, que *Rembrandt* au contraire opérait avec difficulté, que souvent indécis sur le choix des attitudes de ses portraits, il lui arrivait de recommencer plusieurs fois les têtes avant de les terminer. Ce qui pourrait peut-être accréditer cette tradition, c'est qu'il est à présumer que *Rembrandt* n'ayant point reçu, dans sa jeunesse, de règles sûres pour se guider dans la pratique de son art, devait se décider difficilement.

Obligé de chercher sans cesse, il eût dû dégoûter ceux qui se faisaient peindre, sans l'extrême ressemblance et l'air de vérité qu'il donnait à ses portraits qui paraissent sortir de la toile.

Il est vrai de dire que c'est particulièrement dans le genre du portrait, où il se montre au premier rang, que *Rembrandt* a prouvé le plus d'habileté dans le dessin ; encore lui arrivait-il souvent de négliger les mains qu'il laissait imparfaites, et qui ne sont ordinairement indiquées que par quelques coups de brosse. Sa coutume était de les laisser dans l'ombre, ayant soin de ne répandre la lumière que sur la tête et quelques parties environnantes : aussi les objets éclairés sont-ils éblouissants.

Les figures de ses tableaux d'histoire pèchent souvent contre les règles du dessin et les proportions ; celles qui sont nues, sont de mauvais goût et sans choix ; guidé par son seul caprice, il ajustait celles qu'il représentait habillées, de manière à ne ressembler à aucune nation connue. Ses figures de femmes sont maigres, courtes, sans grâces ; des extrémités trop grandes ou trop petites, et presque toujours d'un aspect désagréable.

On serait tenté de croire que *Rembrandt*, pour paraître en tout original, loin de vouloir ressembler aux autres peintres, n'a cherché ses modèles de femmes que dans leur état de décrépitude, ou dans la nature la plus commune. Ce qu'il y a de vrai, c'est qu'il est aussi difficile de rencontrer une jeune fille dans ses tableaux, que le phénix si vanté. En revanche, il a peint les vieilles et les vieillards avec une vérité de détails et de couleur faite pour décourager tous les peintres. Rien de plus trivial que ses chastes Suzannes ou de semblables sujets sous le pinceau de *Rembrandt*, qui d'ailleurs est divin. Il avait pourtant dû trouver un joli modèle dans la jeune paysane qu'il prit pour épouse, elle aurait pu l'inspirer : ou retrouve souvent son portrait, on la voit aussi dans ses estampes, placée à côté de son mari.

Rembrandt forma pendant son séjour à Amsterdam un très-grand nombre d'élèves auxquels il faisait payer fort cher ses leçons, et parmi lesquels on doit citer le précieux *Gérard Douw* que ses grands talents ont placé au premier rang parmi les peintres hollandais. Souvent il gardait leurs copies qu'il retouchait ensuite, et les revendait comme ses propres ouvrages.

Ce commerce ne contribua pas peu à grossir sa fortune qu'il augmentait avec grand soin, ne faisant aucune dépense, et ne se plaisant à vivre qu'avec les gens du bas peuple. Il ne voulut jamais voir la bonne compagnie avec laquelle il était mal à son aise ; et quelques peines que prirent les amateurs les plus distingués d'Amsterdam pour le tirer de cette conduite crapuleuse, ils ne purent jamais rien obtenir pour changer les habitudes de cet homme singulier.

La fortune de *Rembrandt* devint considérable, non seulement par ses ouvrages en peinture, mais encore par le grand débit de ses gravures à l'eau-forte, sur lesquelles ont sait qu'il faisait les plus étonnantes spéculations, en trompant sans cesse les amateurs qui se les disputaient par une manie singulière.

Sa coutume était de les faire tirer d'abord avec les premiers traits, de les vendre en cet état, après quoi il revernissait sa planche, et les finissait davantage, ensuite il les achevait entièrement.

On l'a vu tirer encore parti des planches usées et en changer l'effet avec la pointe sèche dont il savait tirer un grand parti, et faire reparaître une quatrième estampe.

Qui ne connaît pas sa parcimonie à cet égard : souvent, croyant augmenter le désir qu'on avait de le posséder, il menaçait de quitter la Hollande et de porter ses talents chez l'étranger; tantôt il se faisait passer pour mort. Toutes ces menées lui réussirent à merveille pour amasser de grands biens qu'il laissa à un fils unique qui suivit la carrière de la peinture, mais que la gloire de son père a éclipsé.

J'ai cru fort inutile de rappeler quantité d'anecdotes très-connues de la vie privée de *Rembrandt*, n'ayant d'autre but que de faire connaître son talent[1], et ce qui peut y avoir un rapport direct. Je me bornerai à en citer seulement qui feront connaître sa bizarrerie dans l'exercice de son art. Il lui arrivait quelquefois par un caprice singulier de laisser imparfaites quelques parties intéressantes de ses tableaux, quelques observations qu'on pût lui faire, en disant qu'il avait rempli le but qu'il s'était proposé.

Peignait-il un portrait de famille, il y plaçait les choses les plus triviales, souvent son singe y occupait la place principale.

Que n'a-t-on pas dit de cet homme original qui ne prit jamais l'avis de personne, qui dut tout à lui-même et qui était tellement né pour la peinture, qu'il semble qu'il en eût été l'inventeur s'il n'eût été précédé.

On a fait voyager *Rembrandt* qui jamais ne quitta la Hollande. Quelques personnes se sont cru fondées à le faire séjourner à Venise (M. de Piles lui-même est de cet avis), sur ce que *Rembrandt* s'est avisé de dater de cette ville, une de ses gravures; ce qui n'était qu'un raffinement de plus pour en imposer aux amateurs, et donner un nouveau prix à ses ouvrages.

Qui peut ignorer que de son vivant même il en vendit une jusqu'à cent florins, encore n'en accordait-il que par grâce? Telle fut la vogue et l'engouement de son siècle, qu'il était impossible de passer pour amateur des arts, si l'on ne possédait les plus précieuses et les plus rares épreuves de *Rembrandt*.

Il est vrai qu'on trouve dans ses étonnantes eaux-fortes tout l'esprit, la finesse de la touche, tout le rendu et le moelleux de ses tableaux.

Il est sur-tout certaines têtes gravées d'après ses portraits, dont l'effet est inconcevable par sa manière d'empâter les tailles, de les repasser en tous sens, sans ressembler à ce qui avait été fait avant lui. Il en fut l'inventeur, ainsi que de sa façon de peindre, qui ne tient pas même de l'école et du pays où il a vécu.

Tout paraît original dans la manière d'opérer de *Rembrandt*. Les paysages qu'il a traités d'un genre absolument à lui, prouvent qu'il ne vit jamais la nature comme les autres. Ils sont ordinairement sombres et orageux; la lumière y pétille comme l'éclair.

Il est très-probable que l'atelier de *Rembrandt* ne recevait le jour que par une croisée fort étroite, qui conduisait directement le rayon de lumière sur les parties qu'il voulait éclairer et qu'il désirait rendre plus saillantes.

Quelque chose que l'on ait débité sur l'ignorance de *Rembrandt*, il a prouvé qu'il était cependant un très-bon compositeur; ses groupes sont bien disposés, ses attitudes vraies et naturelles.

Son talent pour la composition le place au rang des maîtres qui ont excellé dans cette partie, même dans les écoles les plus distinguées de l'Europe, ce qui fait supporter les grandes fautes qu'il a commises contre les convenances et la science du costume, dont il a eu l'air de se soucier fort peu.

Avec quelques méchants chiffons de couleurs bigarrées, et quelques vieilles armures qui meublaient son atelier, qu'il avait coutume d'appeler ses antiques, *Rembrandt* a cru égaler les peintres les plus célèbres et les plus recherchés de l'Italie, dont il ne pouvait méconnaître les talents, puisqu'il possédait d'immenses collections d'estampes et de dessins des premiers maîtres de ce pays.

Les diverses écoles de peinture n'offrent point d'exemple d'un semblable faire, et *Rembrandt* est resté seul en possession de son genre aussi original que son caractère et sa manière de vivre. Le nom de *Van Ryn* qu'il avait coutume d'ajouter à *Rembrandt*, vient de ce qu'il était né sur un bras du Rhin.

Le genre et le style de *Rembrandt* sont assez connus pour que je ne m'étende pas plus longuement sur ce peintre qui puisait ordinairement les sujets de ses tableaux, soit dans l'histoire sainte, soit dans les différentes situations de la vie privée.

Mais ses sujets les plus favoris sont souvent un vieillard à longue barbe, coiffé d'un turban singulièrement ajusté, ou un philosophe, un astronome méditant sur un globe quelquefois éclairé d'une lumière, avec les accessoires qu'il lui plaisait d'y ajouter, qui contribuent à l'harmonie de son tableau. Ces différents sujets éclairés d'une lumière très-vive, mais ménagée avec cet

art

art qui lui est particulier, produisent toujours un effet merveilleux.

Le muséum de Paris offre une telle variété et un si grand nombre de productions de cet artiste, qu'il serait superflu de vouloir les décrire et d'entrer dans de plus longs détails sur ce peintre original.

Remarquons sur-tout que c'est dans les têtes de vieillards et de vieilles souvent affublées de fourrures, qu'il est au-dessus de tout éloge.

On peut ajouter que si l'on ignorait quel est le pays qui a donné le jour à *Rembrandt*, on serait peut-être fort embarrassé pour fixer en quel lieu de la terre il eût habité, si l'on n'en jugeait que par le costume et l'ajustement de ses personnages qui, comme je l'ai dit, n'appartiennent à aucunes nations connues.

Les conceptions les plus considérables de cet artiste sont sa belle Descente de croix, le Triomphe de Mardochée, la Résurrection du lazare, les Vendeurs chassés du temple, Jésus parmi les docteurs, l'Adoration des mages, l'Ange qui quitte Tobie, les Pélerins d'Emmaüs, plusieurs sujets de Suzanne, le Bourguemestre Seix dont il vendait la gravure cent florins, plusieurs superbes têtes de vieillards et portraits parmi lesquels il est représenté seul, d'autres avec sa femme, et une infinité de pièces très-connues.

DE LA HYRE (Laurent),

Né à Paris en 1606, mort en 1656.

La Hyre, connu généralement dans les arts par sa manière suave et finie, conserva dans ses premiers ouvrages une ressemblance avec la manière du *Vouet*, dont il avait suivi les leçons. Il l'abandonna dans la suite pour se livrer à une façon de peindre qui lui est particulière et qui le fait reconnaître au premier coup d'œil ; mais *la Hyre*, à force d'avoir voulu pousser trop loin le fini dans ses ouvrages, rendit souvent son coloris faible et trop vague. Les tableaux de son premier temps sont exempts de ce reproche et se font remarquer par une touche forte, par un coloris brillant et vigoureux ; sa manière de peindre alors était tout à la fois ferme, légère et transparente.

Ce peintre, qui ne vit point l'Italie, fut le seul créateur de sa manière ; mais l'étude qu'il fit d'après les tableaux de cette école, sur-tout d'après ceux de *Paul Véronèse*, qui sont en France, formèrent son goût, quoiqu'ensuite il ait paru suivre une route toute différente.

La manière très-finie qu'adopta *la Hyre* était peu propre à donner de la force à ce qu'il peignait. On l'a vu par fois pécher aussi contre les règles des proportions, dessiner faiblement et de manière, négliger le grand art du coloris et sur-tout celui de faire circuler le sang sous la peau. Sa couleur souvent froide ne donne point à ses chairs cet embonpoint et cette fraîcheur si nécessaires pour donner de la vie à ses figures.

Il faut pourtant convenir, comme je l'ai dit, que les premiers tableaux qui avaient fait sa réputation, sont traités avec vigueur et sont exempts de ces défauts. Il semble que *la Hyre* ait quitté cette manière pour plaire davantage à ceux qui préfèrent le précieux fini à la vigueur des tons et à une façon de peindre facile et large.

Comme il fut un des premiers en France qui ait paru de son temps avec une manière aussi gracieuse et aussi terminée, il lui était très-facile de plaire généralement à ceux qui n'aiment la peinture qu'avec un précieux fini.

Quoique *la Hyre* ait été fort occupé pour les églises et l'ornement des monastères, où ses ouvrages souvent renfermés devaient peu le faire connaître, son genre suave et agréable ne put cependant échapper aux amateurs qui le recherchèrent avec avidité. *La Hyre* avait une telle facilité pour composer, que malgré le grand nombre de tableaux qu'il a produits, il fut encore occupé à faire une suite considérable de dessins et de cartons en sujets d'histoire sacrée et profane, pour être ensuite exécutés en tapisserie.

On a vu long-temps dans l'église d'un monastère de Paris un grand tableau (1), de la jeunesse de ce maître, dont les figures sont plus fortes que nature et dont le sujet est une Adoration des bergers. Ce tableau vu de près fait éprouver la sensation la plus vive par la façon grande et franche avec laquelle il

(1) Il décorait la contre-table des capucins du Marais à Paris. *La Hyre* avait à peine trente ans lorsqu'il le peignit. On retrouve encore dans ce tableau des traces de la manière du *Vouet*. Il est aujourd'hui dans le musée de Rouen.

est traité. Tout jusqu'aux derniers plans mérite d'être admiré. On sait que *la Hyre* était en possession de peindre avec beaucoup de goût les fonds de ses tableaux, qu'il ornait souvent de paysages charmants ; l'architecture y est toujours rendue aussi de la manière la plus savante. Un autre tableau (1), du même peintre et de la même dimension, qui a décoré pendant plus d'un siècle la contre-table d'une église du même ordre à Rouen, représente une Descente de croix. Celui-ci que *la Hyre* peignit trente ans après le précédent, se fait remarquer par le plus beau faire. Tout est précieux dans ce tableau, jusqu'aux moindres détails. L'effet en est grand, et l'artiste, pour se conformer à la tradition, a eu l'art d'envelopper son sujet dans une vapeur qui couvrit alors la terre entière d'un deuil universel. Le corps du Christ reçoit la principale lumière et semble sortir hors du tableau. Toutes les figures participent chacune en particulier par leurs attitudes et leur caractère à la perfection de ce grand ouvrage, qui est un des meilleurs de ce maître, comme du plus précieux fini. L'examen de ces deux tableaux de *la Hyre*, que j'ai eus très-long-temps sous les yeux, m'a donné lieu d'observer la différence qui se remarque dans les diverses manières d'opérer d'un artiste, et les variations de son talent aux différentes époques de sa vie.

La Hyre, fatigué de peindre des grands tableaux dans les dernières années de son existence, résolut de se livrer par un goût particulier au paysage, qu'il

(1) Il était placé au maître-autel des capucins de Rouen, où il jouissait de la plus grande réputation. Il fait également l'ornement du musée de Rouen que l'auteur a formé.

chérissait, et il composa de charmans tableaux de chevalet en ce genre, où l'on retrouve toute la vérité et la naïveté de la nature, rendue avec un art admirable. Sa façon de peindre les vieux troncs d'arbres enveloppés de mousse et de lierre, ainsi que son joli feuiller, produisent le meilleur effet. Il se rapproche beaucoup dans ses paysages de la manière mystérieuse et de la touche du *Lorrain*, ce qui n'est pas un faible éloge de ceux de *la Hyre*.

Il avait coutume de placer dans ses tableaux quelques beaux monuments d'architecture, et de peindre sur le devant de grandes plantes qu'il rendait de la manière la plus large et la plus vraie.

On peut juger de ses talents en ce genre par ceux qui sont placés au musée du Louvre, où le voisinage des meilleurs tableaux ne fait aucun tort à leur mérite. Ses ciels dans lesquels il n'a point été surpassé, sont d'une harmonie inconcevable ; ses nuages de la plus belle forme, présentent de grandes masses soutenues avec légéreté dans les airs.

On peut encore dans cette fameuse collection, faire la même remarque, en jetant les yeux sur son beau tableau de l'Apparition de J.-C. aux saintes femmes, placé sur la porte à l'entrée de l'école française. *La Hyre* s'est surpassé dans toutes les parties de ce tableau, par la légéreté, le précieux fini et la transparence de sa couleur ; le ciel et le paysage y sont admirables ; tout est aérien dans cet ouvrage.

Le genre de *la Hyre* (1), qui lui appartient

(1) Il existe à Rouen, dans le cabinet de M. de Saint-Victor, un charmant tableau de chevalet, du bon temps de *la Hyre*, de la plus riche couleur et de la plus belle pâte.

absolument, le fait reconnaître au premier coup d'œil; et on ne peut comparer ce peintre avec aucun autre de l'école française, qui n'a rien emprunté de ses contemporains. Il serait étranger à toutes les écoles, si l'on ne découvrait pas quelquefois dans ses ouvrages la source où il avait puisé les principes de son art.

La Hyre a eu peu d'élèves et d'imitateurs, si l'on n'en excepte *François Chauveau* qui étudia long-temps sous lui, mais qui s'adonna par la suite plus à la gravure qu'à la peinture. Ses tableaux ont beaucoup de ressemblance avec ceux de *la Hyre*, et il a gravé plusieurs estampes d'après les compositions de son maître, dans lesquelles il a conservé la même manière de faire.

La Hyre a gravé lui-même une grande quantité de sujets à l'eau-forte, d'un genre large et très-rendu tout à la fois. Loin d'avoir adopté une manière preste comme la plupart des peintres qui ont laissé des eaux-fortes, *la Hyre* s'est plu à arranger ses tailles avec une méthode qui produit un effet très-net et très-pur; ses estampes, quoique gravées avec beaucoup d'esprit, ont cependant les mêmes défauts que ses tableaux, c'est-à-dire, quelquefois un peu de froideur.

Son œuvre en gravure se monte à quatre-vingts pièces, parmi lesquelles il s'en trouve de grande dimension; on y remarque une finesse admirable sur-tout dans sa façon de rendre le paysage.

Le nom de *la Hyre* est devenu aussi célèbre en astronomie que dans les arts. Son fils, qui avait d'abord étudié la peinture, l'abandonna pour se livrer à l'étude des mathématiques, et il devint par la suite un des plus célèbres astronomes du dix-septième siècle.

Son petit-fils, qui embrassa l'état de médecin, s'amusa aussi de la peinture dans ses loisirs, et il peignit à gouache dans la manière de *Watteau*.

La Hyre fut un des douze premiers à la fondation de l'académie de peinture, dont il fut professeur et directeur.

KUIP (Albert),

Né à Dort en 1606.

Albert Kuip s'est distingué par sa belle manière de peindre le paysage et les chevaux, qu'il avait l'art de traiter d'une touche large et moelleuse, souvent même il les faisait d'une assez grande proportion ; il rendait avec autant de talent les vaches et les prairies dont il a peint parfaitement le beau vert et le velouté.

Albert Kuip plaçait souvent les scènes de ses tableaux sur le bord des rivières, ce qui ne pouvait qu'en augmenter le charme par le calme et la fraîcheur des eaux.

Il est facile de reconnaître les tableaux d'*Albert Kuip* à une exécution simple et facile, à des effets de ciels brillants, mais sur-tout par la présence de plantes à feuilles grandes et larges, dont il ne manquait pas d'enrichir les premiers plans de ses tableaux, lesquelles se trouvent souvent groupées avec diverses broussailles et des ronces qu'il rendait avec une grande vérité.

On voit au musée du Louvre quelques beaux tableaux d'*Albert Kuip*, dans lesquels on peut aisément juger de sa belle manière de traiter les chevaux d'une certaine proportion (1).

(1) Il les peignait souvent beaucoup plus grands qu'on ne les trouvent ordinairement dans les peintres qui ont traité le même genre.

Les tableaux de cet habile peintre ne sont pas très-connus en France à cause du prix qu'y attachent les amateurs de la Hollande, et par le cas qu'ils font du talent d'*Albert Kuip*, dont on ne peut trop vanter le mérite.

La France en possède cependant quelques-uns malgré leur rareté ; et grâces aux excursions faites en Hollande et en Flandre par nos marchands de tableaux, on commence à en admirer dans les collections des amateurs qui ne s'attachent qu'à ce qui est vraiment beau.

VAN OSTADE (Adrien),

Né à Lubeck en 1610, mort à Amsterdam en 1685.

Il est difficile d'employer plus de talent pour peindre des objets aussi hideux, que *Van Ostade* dont le génie singulier s'est plu à choisir les sujets de ses tableaux dans le rebut de l'espèce humaine et dans les orgies les plus crapuleuses.

Van Ostade occupe cependant une des premières places parmi les plus grands peintres de l'école hollandaise, par sa profonde connaissance du clair obscur, par son intelligence infinie dans la science du coloris, qu'il a possédée au degré le plus éminent.

Quelque triviales que soient les scènes de ses tableaux, on ne peut voir sans admiration le talent d'*Adrien Ostade*, sa manière d'opérer et l'harmonie surprenante qui règne dans ses ouvrages.

On a peine à croire que la nature ait pu lui fournir de semblables modèles, et si ses effroyables figures ne sont pas le fruit de son imagination, on doit au moins penser qu'il a beaucoup outré le naturel.

Adrien Ostade est après *Rembrandt* le peintre le plus consommé de la Hollande pour les grands effets de la lumière. Il semble s'être modelé sur ce peintre étonnant, dont l'originalité s'est si souvent rapprochée du génie d'*Ostade*.

Rien de mieux entendu que ses intérieurs où il s'est sur-tout surpassé, et dans lesquels il se plaisait à représenter de sales estaminets où la bierre se répand à grands flots à travers la fumée des pipes.

Ici ce sont des noces de village dont la grosse joie est encore animée par les sons d'une musique aussi bizarre que les figures grotesques des ménétriers dont la bouche effroyablement ouverte inspirerait le rire au plus sérieux.

Tantôt ce sont de méchantes chaumières où les hommes et les animaux sont entassés pêle-mêle avec tous les accessoires du ménage rustique.

Qui ne serait tenté de croire que d'après une semblable description, on ne dut fuir à la vue d'un tableau de ce maître; au contraire, on s'en approche avec intérêt.

On ne peut se lasser d'admirer sa touche ferme et moelleuse, le fini précieux, l'harmonie, le mouvement, la variété de ses figures, sur-tout la vérité du coloris qu'il a saisi dans tous les tons. On ne s'en arrache qu'avec peine, et l'on y découvre jusqu'à quel point cet homme singulier a porté le talent de la peinture.

Van Ostade fait bientôt oublier le ridicule, la bizarrerie de ses compositions, pour ne montrer qu'un tout ensemble qui charme l'artiste et l'homme de goût.

C'est un des peintres de la Hollande dont les ouvrages sont portés au plus haut prix, même dans sa patrie, où ils ont toujours joui de la plus grande vogue. Il a fallu sans doute des circonstances majeures pour les enlever de ce pays et les transporter dans les principaux royaumes de l'Europe où ils sont placés dans les premières collections.

Adrien Van Ostade passa une partie de sa vie à Harlem, séjour favori des peintres et le berceau des premiers paysagistes de la Hollande; il y jouissait de la plus grande réputation au sein d'une heureuse tranquillité, lorsque la nouvelle de l'approche de l'armée française vint le frapper tout-à-coup et lui fit abandonner en 1672 ce séjour qu'il avait tant aimé.

Il prit le parti de se retirer à Amsterdam, avec la résolution de s'embarquer pour l'Allemagne, mais un riche amateur en lui offrant un asile, voulut conserver à la Hollande un homme dont les talents avaient déjà tant honoré ce pays. Ce fut pendant son séjour à Amsterdam que *Van Ostade* composa cette fameuse suite de dessins coloriés, dans lesquels il a représenté avec beaucoup de talent des intérieurs, des écuries et diverses habitations de paysans, qui sont devenus si rares aujourd'hui.

Ostade s'est occupé aussi à peindre des portraits en petit avec beaucoup de succès, tels sont les charmants petits tableaux de demi-figure si recherchés des amateurs par la vérité de la couleur et l'originalité des têtes.

On voit au musée du Louvre un tableau représentant des portraits d'une plus grande dimension que ses ouvrages ordinaires. Il s'y est peint lui-même au milieu de sa famille. Le fond est très-clair, contre sa coutume, pour faire opposition avec les figures qui sont vêtues de noir. Ce tableau dans lequel *Ostade* a semblé sortir de son genre, n'eût pas contribué à la grande réputation de son auteur s'il ne l'eût déjà obtenue par tant d'autres ouvrages d'un mérite fort au-dessus de celui-ci.

Je n'oublierai jamais un joli petit tableau d'*Ostade*, surprenant d'effet et de vérité.

La composition est des plus simples et représente

un boucher vu par le dos, occupé à visiter, une chandelle à la main, l'intérieur d'un cochon ouvert et suspendu à la muraille d'une cour, et il avait l'air de l'examiner en détail.

Ce petit chef-d'œuvre, plein de vérité, est digne en tout du plus beau temps de *Rembrandt.*

Van Ostade a suivi la même carrière que *David Teniers* dans le genre des bambochades, avec cette différence que le peintre flamand, toujours facile, jovial et spirituel, n'offre dans ses tableaux que des sujets pleins de gaieté, beaucoup plus animés et plus plaisants que ceux d'*Ostade.* Il est rare de le trouver aussi trivial et aussi dégoûtant dans le choix de ses figures, qu'*Ostade* que l'on reconnaît à la laideur de ses personnages auxquels il affectait de faire de très-gros nez de couleur vineuse, des yeux enfoncés et de grandes bouches ouvertes : il existe d'ailleurs une différence sensible dans la manière d'opérer de ces deux peintres.

Teniers, toujours entraîné par la fougue de son génie, enfantait pour ainsi dire en marchant, et peignait le plus souvent au premier coup. Ses fonds sont à peine couverts ; une certaine négligence de pinceau a l'air d'une touche d'esprit et d'un coup de maître dans la main de ce peintre original.

Les tableaux d'*Ostade* au contraire sont le résultat de la méditation et du fini le plus précieux ; on voit aisément qu'il s'est appliqué davantage à chercher de grands effets et à produire une parfaite harmonie qu'il n'a pu obtenir sans un travail long et sérieux. Il a opéré à la manière de son pays, c'est-à-dire, qu'il a cherché à terminer ses tableaux avec une patience extrême et à envelopper ses sujets dans une vapeur lumineuse qui les caractérise.

Plusieurs autres peintres de cette école ont voulu traiter les mêmes sujets qu'*Ostade*. Il est cependant difficile de confondre leurs tableaux avec les siens, et on doit les reconnaître au premier coup d'œil.

Corneille Dusart, son élève, est de tous les peintres de la Hollande celui qui en a le plus approché ; mais il est aisé de le distinguer d'*Ostade* à la couleur rouge et envinée qu'il a affecté de donner à toutes ses figures et même aux objets qui les environnent.

Adrien Ostade eut un frère nommé *Isaac*, qui a joui de la réputation d'un bon peintre et dont les tableaux trouvent place dans les meilleures collections. S'il n'a pas égalé *Adrien*, son frère aîné, il n'en est pas moins un des peintres estimés de la Hollande.

Isaac paraît avoir eu une grande facilité pour son art, si l'on en juge par sa manière de peindre légère et transparente, et par le grand nombre de tableaux répandus dans les cabinets. Il n'a pas suivi tout-à-fait la manière d'*Adrien*, il s'est plus attaché à placer les scènes de ses tableaux en plein air, tandis qu'*Adrien* se renfermait ordinairement dans des intérieurs.

Isaac avait plus de facilité pour le paysage que son frère. Souvent on le voit représenter des hivers qu'il exécutait avec une sorte de prédilection. Il est peu de cabinets où l'on ne rencontre de ce peintre des rivières ou des canaux glacés, couverts de traîneaux et de patineurs. Un vieux cheval blanc à côté d'un tronc d'arbre et d'une antique chaumière, avec une ou deux figures, font le sujet d'un charmant tableau d'*Isaac*. Quelquefois il se rapproche du genre d'*Adrien*, en peignant dans sa manière des écuries et des cuisines, où il est inférieur à son frère ; cependant c'est ce qui a fait souvent confondre leurs productions et induire en erreur quelques amateurs qui attribuent les tableaux d'*Isaac* à *Adrien Ostade* ; les véritables connaisseurs ne s'y trompent guères et savent juger la différence qui existe dans la manière d'opérer des deux frères.

On a aussi d'*Adrien Ostade* une suite de jolies eaux-fortes qui deviennent plus rares de jour en jour. Elles représentent les scènes qui lui étaient si familières et sont aussi recherchées des véritables connaisseurs que ses dessins.

Il est douloureux pour les amis des arts de voir s'évanouir et sortir de notre patrie le genre de curiosité qui fit si long-temps leurs délices, et que d'avides étrangers nous enlèvent à force d'argent. Encore quelque temps de cette avidité mercantile, et nous serons bientôt privés de ces prodiges des arts, de ces charmantes eaux-fortes où les plus habiles peintres ont mis tant d'esprit et de talent. Le même ravage s'exerce sur cette partie si intéressante et si précieuse des estampes des premiers siècles de la gravure, surtout sur les chef-d'œuvres des quinzième et seizième siècles, si essentiels pour suivre les progrès des arts, et qui nous ont transmis depuis leur origine les pensées de tant d'ouvrages sublimes que la faux du temps et la mode plus dangereuse encore pour les arts, font disparaître chaque jour.

MIGNARD (Pierre),

Né à Troyes en Champagne en 1610, mort à Paris en 1695.

MIGNARD, dont la longue carrière fut une suite de prospérités, d'honneurs et de richesses, est l'un des peintres les plus célèbres de l'école française, dont les talents ont le plus honoré le dix-septième siècle.

Les événements de la vie privée de *Mignard* sont assez connus ; il suffit de rappeler ceux qui peuvent le caractériser plus particulièrement, qui ont le plus contribué à sa gloire et lui ont assigné le rang qu'il occupe dans l'histoire des arts.

Dès l'âge le plus tendre, *Mignard* manifesta son goût naturel pour le dessin, avec un esprit délié et des connaissances au-dessus de son âge. Ses parents qui le destinaient à l'étude de la médecine, l'avaient, dit-on, placé fort jeune chez un médecin que *Mignard* accompagnait dans ses visites ; mais peu attentif aux observations du médecin, le jeune adepte se plaisait plutôt à étudier les attitudes des malades, leurs différents caractères de têtes, dessinant jusqu'aux personnes occupées à leur donner des soins.

Tant de dispositions pour le dessin forcèrent ses parents d'abandonner leurs projets, et de le laisser suivre son penchant naturel pour un art auquel il paraissait spécialement destiné.

Envoyé à Bourges, chez un peintre qui jouissait d'une réputation distinguée, *Mignard* y obtint bientôt les plus grands succès ; mais désirant se perfectionner davantage,

davantage, il alla continuer ses études à Fontainebleau, d'après les savantes peintures du *Primatice* et des autres peintres de l'école florentine, que François Ier. avait appelés en France. Le maréchal de Vitry, surpris des talents du jeune *Mignard*, se chargea de le présenter dans la fameuse école du *Vouet*, où se trouvait alors réunie l'élite de la jeunesse, et dont les savantes productions ont depuis illustré la France.

Le Vouet découvrit bientôt toute l'étendue des talents de son nouvel élève, et voulut le fixer près de lui; mais *Mignard* qui brûlait depuis long-temps du désir de voir l'Italie, cette terre chérie des artistes, abandonne les avantages qui pouvaient le retenir à Paris, et part en 1637.

Son heureuse étoile veut qu'en arrivant à Rome il ait le bonheur de rencontrer *Alphonse Dufresnoy*, son ancien camarade, auteur du poëme latin sur la peinture, élève, comme lui, de l'école du *Vouet*: dès-lors leurs études, leur fortune, tout devint commun, et ils passèrent ensemble près de vingt ans dans ce sanctuaire des arts, unis de la plus étroite amitié.

Les connaissances en littérature et le génie supérieur de *Dufresnoy* devinrent de la plus grande utilité à *Mignard*, qui bientôt se fit connaître par sa rare facilité à peindre le portrait.

Les premiers portraits qu'il fit à Rome parurent si beaux, que les principaux personnages de cette ville voulurent être peints de sa main. Il peignit plusieurs papes et presque tous les cardinaux.

Mi.nard avait d'ailleurs tout ce qu'il faut pour réussir; une conversation spirituelle, un pinceau flatteur, et l'art de donner à ses portraits la plus parfaite ressemblance : aussi ne tarda-t-il guères à se procurer de puissants protecteurs.

Sa réputation s'accrut encore davantage lorsqu'il fit paraître de grands tableaux d'histoire, auxquels les italiens, fort difficiles envers les étrangers, ne purent cependant refuser de justes éloges ; mais ce qui contribua sur-tout à sa renommée en Italie, fut le cas singulier qu'on y faisait de ses vierges, auxquelles on donna le nom de *Mignardes*, tant il avait trouvé l'art d'y répandre des grâces infinies.

Aucun peintre, à la vérité, n'a mieux rendu que *Mignard* la candeur, le vrai caractère de la beauté simple et sans fard, ce *gratiâ plena* si expressif dans la langue des latins.

Ainsi *Mignard*, chéri des grands, favorisé de la fortune, passa délicieusement vingt-une années en Italie, où il épousa en 1656 Anne Avolera, fille d'un architecte romain, célèbre par sa beauté.

C'est aux traits distingués et délicats de cette belle femme qu'il devait, sans doute, les grâces répandues sur tous ses ouvrages. Cette alliance ne contribua pas peu à le consoler de la cruelle séparation de son ami *Dufresnoy*, que des affaires de famille venaient de forcer de quitter l'Italie pour retourner en France. *Mignard*, rappelé bientôt lui-même dans sa patrie, par Louis XIV, qui voulait rendre à la France un si grand artiste, revint à Paris en 1657 ; il y retrouva son ami *Dufresnoy* que la mort seule put lui ravir, qui lui fut toujours de la plus grande utilité ; et, si l'on en croit certaines traditions, *Mignard* lui devait ses plus belles pensées.

Ce fut alors que la fortune vint l'accabler de tous ses dons. Admis et recherché dans les meilleures sociétés de Paris, il vécut intimement avec Corneille, Molière, la Fontaine, Despréaux, Racine, Chapelle, madame de la Fayette, Bossuet, Fénélon, et jamais cet habile homme ne se trouva déplacé au milieu des savants.

Mignard, quoique chargé de très-grandes opérations à son retour à Paris, fut obligé de céder à l'empressement de tous ceux qui désiraient avoir leur portrait de sa main. Il n'était point de belle à la cour, à la ville, qui ne voulût voir ses charmes embellis par la suavité du pinceau de *Mignard*, lequel savait, en conservant la vérité des traits, y ajouter des grâces nouvelles ; on connaît les chef-d'œuvres qu'il a laissés en ce genre.

Mignard eut l'ambition de vouloir rivaliser avec *le Brun*, alors premier peintre du Roi, que les ennemis de celui-ci ne manquèrent pas de lui opposer. Mais la nature, en comblant *Mignard* de tous ses dons, lui avait refusé une partie des grandes qualités qui ont fait la célébrité de son rival.

L'imagination moins vive de *Mignard* était loin d'atteindre au sublime et à l'élan du génie du peintre des Batailles d'Alexandre.

Deux partis formidables se plurent à entretenir une longue rivalité entre ces hommes faits pour s'estimer réciproquement. Elevés tous deux à l'école du *Vouet*, leurs talents étaient également recommandables.

Leur inimitié fut portée à un tel excès, que *Mignard* refusa d'entrer à l'académie de peinture, parce que *le Brun*, qui l'avait fondée, en était le directeur ; il préféra se mettre à la tête de l'académie Saint-Luc. En vain Colbert et ses amis voulurent-ils les rapprocher ; en vain *le Brun* eut-il pour lui les procédés les plus honnêtes : soutenu par un parti puissant, rien ne put ébranler la résolution de *Mignard*. J'aime mieux, dit-il, être le premier parmi les maîtres peintres, que le second dans l'académie royale. Voilà de ces traits qui caractérisent l'homme, et qu'il était difficile de passer sous silence. Les ouvrages de *Mignard* eussent seuls suffi à sa gloire et à sa réputation, sans cette foule d'hommes qui, pour se donner l'air de connaisseurs, prennent avec chaleur le parti d'un artiste à la mode, et le prônent avec enthousiasme.

Mignard avait obtenu, dès ses premiers pas dans la carrière de la peinture, les faveurs du cardinal Mazarin et de la Reine mère Anne d'Autriche, qui aimait son genre fini et gracieux, mais sur-tout ses jolies vierges. Cette princesse, voulant donner un plus grand essor à ses talents, le charge de peindre à fresque le dôme du Val-de-Grâce, un des plus grand ouvrages en ce genre qu'il y ait en France. Il le termina seul en treize mois, chose presqu'incroyable et qui suppose le travail le plus opiniâtre. Aussi *Mignard*, qui était extrêmement laborieux, avait-il coutume de dire qu'il regardait les paresseux comme des hommes morts.

Cette vaste composition, qui excita un étonnement universel parmi ses rivaux et ses amis, découvre, aux yeux du spectateur étonné, les cieux ouverts, avec tout l'appareil de la cour céleste. Ce dôme, qui renferme de grandes beautés, lui mérita l'honneur d'être loué par le premier poëte comique de la nation.

Molière, en habile observateur, voulut célébrer le grand ouvrage de son ami dans ses vers immortels, sous le titre de la gloire du dôme du Val-de-Grâce.

Mais allons l'admirer à Saint-Cloud ; c'est dans les appartements de ce palais que son pinceau, tour-à-tour savant et gracieux, a tracé, de la manière la plus séduisante, à l'aide d'ingénieuses allégories, les quatre Saisons de l'année et divers autres sujets de la fable, où tout est animé des charmes de la poësie.

Quelle plus belle image du printemps que dans le tableau où *Mignard* a représenté les nymphes de Flore, la joie peinte sur la physionomie, occupées à cueillir des fleurs de toute espèce et à en remplir des corbeilles ; les amours voltigeant dans les airs ; d'autres offrant des couronnes et répandant des fleurs sur la couche nuptiale où Zéphyre est assis auprès de la déesse du printemps. Tout peint, dans ce charmant tableau, le plaisir délicieux que cause la renaissance de la jeunesse de la nature.

Dans celui où il a peint l'été, le soleil colore la terre de l'éclat de tous ses feux. Un sacrifice à Cérès, dans le goût des anciens, retrace l'idée la plus parfaite du respect et de la reconnaissance des premiers hommes pour les bienfaits de la déesse nourricière que des lions promènent dans son char.

Tous les détails analogues aux travaux de la moisson y sont variés avec goût.

Veut-il peindre l'automne ? Bacchus, les satyres, les faunes et toute sa suite joyeuse forment des danses où règnent la licence et le désordre. On croit entendre leurs cris bruyants et les sons aigus du cuivre frappé à coups redoublés. Des bacchantes et des amours foulent avec délire les grappes de raisin dont la liqueur vermeille remplit les outres et se répand à grands flots. Tout offre ici le comble de l'ivresse et de la joie.

Les divers présents de Pomone, répandus sur le devant du tableau, donnent la plus parfaite image de l'abondance de cette saison, où la nature devient tributaire de nos goûts et de nos plaisirs.

On voit dans celui de l'hiver, cette mère commune, qui a tant fait pour l'ornement et l'utilité du genre humain, succomber elle-même, renversée de son char, sous le poids de la grêle et de la neige qui tombe à gros flocons; une vapeur sombre et brumeuse la dérobe presqu'aux yeux des hommes.

Les torrents, qui naguère se précipitaient en cascades, n'offrent plus que des cristaux suspendus sous mille formes différentes.

Borée et tous les aquilons déchaînés, sortis de leurs antres profonds, semblent vouloir s'emparer de l'univers et ravager le beau domaine de la nature, qui gémit sous leurs impuissants efforts.

La terre, dépouillée de tous ses ornements, n'offre plus qu'un vaste désert où l'on aperçoit à peine quelques animaux condamnés à vivre au milieu des glaces des climats hyperboréens.

On voit aisément combien *Mignard* avait su mettre à profit les beautés sublimes de l'antique, comme il était savant, et comme il avait l'esprit orné de toutes les connaissances nécessaires pour être un habile peintre. Les plafonds et les peintures de la grande galerie découvrent un faire admirable et le coloris le plus séduisant.

Il serait inutile de décrire les différentes productions de *Mignard*, soit à Paris, soit à Versailles, qui contribuèrent à sa grande réputation et servirent à augmenter sa fortune. Les premiers graveurs de son siècle se sont plu à leur donner une nouvelle célébrité.

Suivons ce grand homme lorsqu'il a voulu s'élever au style pathétique, et citons, au premier rang, son tableau de la Peste d'Egine, comme le plus beau qu'il ait produit en ce genre.

Mignard s'est surpassé lui-même dans cette composition pleine d'énergie, où l'image de la douleur et celle des angoisses d'une mort violente sont variées avec un art infini. L'ensemble de ce tableau, plein de force et d'expression, rappelle le style grand et simple de *Raphaël* et du *Dominiquin*.

Quel groupe fut jamais plus ingénieux que celui qui se voit sur le devant du tableau, où un jeune chirurgien, qui vient d'ouvrir la plaie d'une belle femme atteinte de la peste, tombe lui-même, la lancette à la main, victime de son zèle et de son amour pour son art ?

Quelle force d'expression dans l'embarras de l'homme qui paraît être le père de la jeune femme, redoublant d'efforts pour soutenir les deux mourants, Fut-il de plus belle idée que cette grande fontaine dont les eaux tombent en cascade au fond du tableau, où les pestiférés courent étancher leur soif ardente, et qui présente tout à la fois un monument du meilleur goût ?

Des malades nus courant çà et là dans la place

publique, d'autres faisant des efforts pour s'échapper; malgré la vigilance de leurs gardiens, sont autant d'épisodes savants qui contribuent à la variété et au désordre d'une pareille scène, et laissent dans l'ame du spectateur de grandes pensées sur les misères et les vicissitudes de la vie humaine.

Cet étonnant tableau a fourni souvent depuis à d'autres peintres les mêmes idées, parce qu'elles sont simples, puisées dans la nature et rendues par un homme qui connaissait les replis du cœur. On est tenté de croire, et la tradition l'assure, que ce savant ouvrage est un de ceux où les grandes connaissances et les conseils de *Dufresnoy* ont été le plus utiles à son ami.

Je me bornerai à cette description, ayant cru donner une idée suffisante des différents genres de talent de *Mignard*; mais on sait qu'il en possédait encore un unique pour imiter à tromper les ouvrages de tous les peintres. Ce talent surprenant que cet artiste porta au premier degré, fut celui de faire ce qu'on appelle en peinture des pastiches (1), au point qu'il parvint à tromper *le Brun* lui-même. Louis XIV ayant fait appeler ce premier peintre pour avoir son sentiment sur un tableau attribué au *Guide*, *le Brun* le trouva fort beau et le jugea original; mais quel dut être son étonnement, lorsque *Mignard*, à certaines marques, s'en déclara l'auteur. *Le Brun*, confus de s'être ainsi trompé, ne répondit que par ces paroles: *qu'il fasse donc toujours des Guide*.

La rivalité de ces deux hommes célèbres ne s'éteignit qu'à la mort de *le Brun*, auquel *Mignard* n'avait

(1) L'art d'imiter à tromper le genre d'un autre maître.

jamais pu pardonner les grandes faveurs du monarque. Il n'obtint la place de premier peintre qu'après son rival.

La constante amitié qui régna entre *Mignard* et *Dufresnoy* est un des titres les plus glorieux à sa mémoire ; il l'aima comme son propre frère, partagea toujours sa bonne fortune avec cet ami, et il le logea toute sa vie : aussi *Mignard* avouait-il lui devoir ses connaissances en littérature et en poësie.

La mort seule put diviser ces deux illustres amis. C'est à *Mignard* que l'on doit la publication du beau poëme sur la peinture, par *Dufresnoy*.

Pierre Mignard, dont la manière séduisante devait plaire à tous ceux qui s'attachent à la fraîcheur du coloris, à la grâce et au précieux fini, ne pouvait manquer d'avoir une foule d'admirateurs.

Ses contemporains le comblèrent d'éloges, et il fut l'ami de tous ceux qui honorèrent le dix-septième siècle par leurs savants écrits et par leurs divers talents.

Les jeunes seigneurs et les femmes de la cour de Louis XIV s'extasiaient devant les peintures de *Mignard*.

C'était à qui se verrait reproduit par cet artiste toujours occupé à multiplier la beauté et les grâces.

Mignard n'avait point, comme je l'ai dit d'abord, reçu de la nature ce feu divin, cette force de génie qui fait le caractère principal des ouvrages de *le Brun* ; il avait reçu en partage plus d'esprit que de génie.

Si *Mignard* embellit Saint-Cloud de ses gracieuses pensées, s'il sut y répandre un certain air de féerie qui enchante et qui séduit, *le Brun* remplit de son heureuse fécondité tout le château de Versailles, où l'on ne peut faire un pas sans y respirer le génie de ce grand peintre, auquel toutes les parties des arts étaient familières.

Le rare mérite de celui-ci ne peut cependant diminuer celui de son rival, dont le nom sera toujours placé avec distinction parmi les peintres les plus célèbres de l'école française.

Sans s'attacher aux vaines disputes des partis, et aux préjugés des écoles, ces deux hommes habiles ont également bien mérité leur réputation, et ils n'en sont pas moins grands pour être arrivés à l'immortalité par des routes différentes.

Ils paraissent s'être proposé le même but dans leurs études, et avoir adopté le grand style des *Carraches*, dont quelques élèves existaient encore pendant leur séjour en Italie.

La galerie Farnèse qu'*Annibal* avait terminée peu de temps avant leur arrivée en ce pays, devait nécessairement, par sa fraîcheur et sa nouveauté, fixer les regards et le goût de tous les jeunes peintres français; aussi est-il aisé d'apercevoir quel profit nos deux artistes, ainsi que ceux de la même école, surent tirer du beau style, du grandiose qui caractérisent ce chef-d'œuvre immortel? On le retrouve dans leur façon de faire, d'ajuster leurs figures, et dans leur manière de dessiner le nu.

Pierre Mignard avait un frère aîné, nommé *Nicolas Mignard*, ou *Mignard d'Avignon*, à cause du long séjour qu'il avait fait dans cette ville.

Ce peintre, rempli de talents, dont on confond souvent les ouvrages avec ceux de *Pierre*, serait bien plus connu sans la grande réputation qu'avait acquise celui-ci. Il mourut dans un âge peu avancé, et fort long-temps avant *Pierre* son frère, dont la carrière fut très-longue.

Mignard n'eut de son mariage qu'une fille, célèbre par sa rare beauté, à laquelle il laissa des biens considérables, et qui épousa le comte de Feuquières. Cette fille reconnaissante fit élever, à la mémoire de son père, un superbe mausolée en marbre, où elle est représentée à ses pieds (1).

Peu de noms sont aussi connus dans l'histoire des arts et aussi multipliés par la gravure, que celui de *Mignard*.

On reconnaît facilement les ouvrages de *Mignard* : ce sont le plus souvent des tableaux de chevalet, représentant de fort belles vierges et de très-beaux portraits. Sa manière de peindre est large, moelleuse et très-finie, sans sécheresse ni froideur.

Qui n'a pas vu son charmant tableau de Sainte-Cécile jouant de la basse, ayant à côté d'elle un ange qui lui tient un papier de musique. Ce tableau qui a orné si long-temps les salles du Luxembourg, est aujourd'hui l'une des plus belles productions de l'école française, au musée du Louvre. On en connaît une gravure magnifique.

Le musée de Rouen possède un tableau de ce maître, grande proportion de chevalet, dont le sujet est un *Ecce Homo* couronné d'épines, entre deux soldats ; les figures sont plus de demi-corps. C'est un chef-d'œuvre d'expression, de couleur et de fini.

---

(1) Ce beau tombeau était dans l'église des jacobins de la rue Saint-Honoré, et avait été sculpté par *Lemoine* père.

BOTH (Jean et André),

Nés à Utrecht en 1610.

Nouveaux Castor et Pollux les deux frères *Both*, furent l'image de la véritable amitié fraternelle. Ils ne se quittèrent jamais. Exempts de jalousie, n'ayant que l'émulation de l'étude, ils confondirent leur fortune et leurs talents.

Le désir de voir l'Italie les détermina à quitter fort jeunes la Hollande. Ils arrivèrent à Rome à peine dans l'âge où l'on entre dans la carrière des arts; ils y passèrent ensemble la majeure partie de leur vie, toujours occupés à dessiner les beaux points de vue de ce pays délicieux.

Jean s'attacha à la manière de *Claude Lorrain*, et *André* à celle de *Bamboche*; il orna de figures les paysages de son frère, mais avec un tel art, que tout paraissait être de la même main. On les vit souvent sacrifier l'un pour l'autre les parties de leurs ouvrages qui pouvaient nuire à leurs talents réciproques.

Ce fut dans cette union exemplaire qu'ils produisirent une infinité de charmants tableaux qui font les délices des amateurs, par l'esprit et la finesse de leurs touches réunies.

La manière de peindre le paysage de *Jean Both* est légère, fine et transparente; il se plaisait souvent à faire des effets de soleil couchant, dont la couleur forte et dorée donnait un éclat extraordinaire à ses tableaux.

Ses lointains vagues et vaporeux produisent la plus grande illusion, ainsi que ses ciels. Les jolies figures dont *André Both* ornait les paysages de *Jean*, contribuaient à leur donner un nouveau prix, et l'on s'empressait de posséder de leurs ouvrages.

Cet exemple d'amitié fraternelle, si rare parmi les gens à talent, fait l'éloge de ces deux peintres, que la mort seule vint séparer dans un voyage qu'ils firent à Venise. Sortant un soir de souper ensemble avec quelques amis, *André* tomba dans un canal où il se noya en 1650.

Ce cruel événement affecta tellement *Jean Both*, que ne pouvant rester plus long-temps dans un pays témoin de la perte de ce qu'il avait de plus cher, il s'empressa de quitter l'Italie après un long séjour, et revint à Utrecht.

L'air natal ne put lui faire oublier ses chagrins; toujours frappé de la mort d'un frère auquel il avait été si attaché, il lui survécut peu, et les arts perdirent les deux plus fertiles paysagistes de la Hollande et de l'Italie.

Ces deux illustres peintres, dont les talents appartiennent plus à l'Italie qu'à la Hollande, avaient reçu, ainsi que *Poëlembourg*, les premières leçons de leur art d'*Abraham Bloméaert*.

Ils avaient eu pour contemporains et amis à Rome, *Pierre de Laar*, *Elsheymer*, *Poëlembourg*, *Herman d'Italie*, *le Poussin* et *le Lorrain*.

Les tableaux des frères *Both* ont été long-temps plus connus en Italie qu'en Hollande et en France, où, depuis un siècle, on se plaît à admirer les beautés piquantes de leurs paysages et le passage de la lumière à travers les arbres qui paraissent étincelants.

Il est peu de peintres qui aient aussi bien rendu l'effet brillant et la chaleur du soleil, que les frères *Both.*

Tout en admirant le précieux fini de leurs tableaux, on est frappé en même temps de la singulière facilité avec laquelle ils ont été faits.

Ils ont su donner une sorte de forme pointue à leurs masses de rochers et à leurs terrasses, qui met beaucoup de variété dans leurs tableaux.

Leur touche fine et spirituelle rend avec la plus grande vérité le feuiller des chênes dont les troncs rocailleux et couverts de lierres et de ronces sont faits avec ragoût. Ils ont eu le talent de varier avec le même succès le style des différentes espèces d'arbres. L'art avec lequel ils meublèrent leurs paysages des plus belles fabriques d'Italie, ajoute encore à leur mérite ; aussi les tableaux de la main de ces deux artistes ont-ils toujours conservé la même réputation, et leur valeur ne peut aller qu'en augmentant.

On a des frères *Both* une suite de charmantes eaux-fortes très-précieuses pour les artistes, où la finesse et la légéreté de la pointe ne le cèdent en rien à celles de leur pinceau. Tout est fait avec esprit et un air de vérité tel que sur les gravures seulement on reconnaîtrait presque les heures du jour à la manière savante dont ils ont distribué les ombres et les lumières, et toujours avec des tailles légères et transparentes. On retrouve enfin dans ces gravures tout l'effet de leurs tableaux.

Ces précieuses estampes que le temps dévore et qui deviennent plus rares de jour en jour, doivent être soigneusement conservées par les amis des arts.

Le talent de *Jean Both* a quelque rapport avec

celui d'*Asselyn*, autre paysagiste hollandais, qui passa comme lui une partie de sa vie à Rome. Il serait aisé de confondre quelquefois les ouvrages de ces deux contemporains.

L'un et l'autre ont souvent peint des couchers de soleil avec une grande vérité. Leur ton de couleur est également chaud et brillant. On trouve même une sorte de ressemblance jusque dans la composition de leurs tableaux, les mêmes sites, les mêmes points de vue, leur feuiller est presque semblable par les formes pointues qu'ils ont adoptées l'un et l'autre.

Il est cependant certaines remarques qui servent à faire apercevoir le talent particulier qui caractérise ces deux peintres.

On trouve en général plus de force et de vigueur dans les tableaux de *Jean Both* que dans ceux d'*Asselyn*, dont les fonds sont aussi vaporeux et aussi agréables que dans les tableaux de *Both* ; mais celui-ci a l'avantage d'avoir eu un frère d'un talent distingué, pour les orner de scènes toujours intéressantes qui leur donnent un nouveau prix.

Les véritables amateurs sauront reconnaître les ouvrages de ces deux habiles paysagistes, malgré l'air de famille qui semble devoir les faire confondre.

TENIERS (David),

Né à Anvers en 1610, mort à Bruxelles en 1694.

Le nom seul de *Teniers* inspire le rire et la gaieté. Jamais nom ne fut aussi connu dans les fastes des arts que celui de *Teniers*. Point de chanson bachique sans *Teniers*; presque tous les poëtes l'ont célébré. Au vaudeville on retrouve encore le plaisant et joyeux *Teniers*.

Teniers obtint à juste titre les honneurs de la célébrité, et il fut du petit nombre de ces hommes privilégiés que la nature ne produit qu'une fois.

Son père, *David Teniers*, peintre habile, dit *le Vieux*, pour le distinguer de son fils, et qui fut élève de *Rubens*, l'introduisit dans la carrière de la peinture, où ce fils devait le surpasser.

Peu d'artistes de la Flandre ont fait plus d'honneur à cette école, si l'on n'en excepte *Rubens* et *Vandick*. Ce fut dans les ouvrages du premier de ces peintres que *Teniers* puisa cette vérité, cette fraîcheur de couleurs, dont le prince de l'école flamande semble lui avoir laissé le secret. C'est *Rubens* en petit : même esprit, même vigueur ; mais il eut plus d'entente de clair obscur que le grand homme qu'il s'était proposé pour modèle.

Sa mémoire prodigieuse lui retraçait les objets qui l'avaient frappé une seule fois. Sur de simples croquis, avec un trait léger et spirituel, il avait l'art de rendre ce que les autres n'obtiennent qu'avec un travail long et pénible : peu de peintres cependant ne se sont

montrés

montrés plus fidelles imitateurs de la nature que *Teniers*.

Personne ne l'a surpassé pour la finesse de la touche et la belle transparence du coloris. Qui mieux que *Teniers* a su donner à chaque objet cette teinte et cette naïveté qui lui sont propres ? Quel peintre fut jamais plus original et eut en partage plus de talents à la fois ? Sa main légère et badine semblait se jouer de son art, et n'effleurer que la toile où ses scènes charmantes venaient se placer sans effort ; par tout on aperçoit le fond de l'impression ; une simple couche, un léger glacis et des touches piquantes produisent tout l'effet des tableaux les plus finis.

Aucun peintre n'a plus produit que *Teniers*. Toute l'Europe est remplie de son nom et de ses tableaux ; c'est à cause de cette prodigieuse facilité que les amateurs ont nommé proverbialement la plupart de ses petits tableaux, des après-souper de *Teniers*.

Anvers, cette ville féconde en grands peintres, se glorifie de lui avoir donné le jour : il y naquit en 1610, dans ce siècle si fertile en grands hommes ; il y passa une partie de sa vie, chéri et estimé comme un homme extraordinaire. La fortune sourit à ses tal nts, et *Teniers*, par sa conduite et la douceur de ses mœurs, s'ouvrit un libre accès chez les grands. Honoré de la plus grande considération des peintres, ses contemporains, ils le nommèrent directeur de l'académie de cette ville.

L'atelier du peintre des fêtes de village devint dès-lors le rendez-vous de tout ce qu'il y avait de plus distingué dans toute la Flandre. L'archiduc Léopold-Guillaume le fit gentilhomme de sa chambre, et lui donna son portrait enrichi de diamans. La Reine Christine de Suède, cette femme étonnante et passionnée pour les sciences et les arts, voulut aussi voir *Teniers*, et l'honora de son portrait. Le Roi d'Espagne faisait un si grand cas de *Teniers*, qu'il fit bâtir une galerie à l'Escurial, uniquement destinée aux tableaux de ce peintre.

Il quitta dans la suite Anvers, et fut habiter un château au village de Ferch, entre cette ville et Malines, pour éviter le grand monde, se livrer avec plus d'aisance à son goût, et saisir le naturel des paysans, parmi lesquels on le trouvait toujours. Il les dessinait en se mêlant à leurs jeux, et sa mémoire lui retraçait ensuite les scènes tout entières dont il avait été l'acteur et le témoin. Sa grande vivacité ne lui permettant pas de s'appesantir sur ses études, c'était le pinceau à la main qu'il terminait avec tant de goût ce qu'il avait observé.

Qui ne croirait à la vue de ses noces de village, de ses kermesses, et de ses intérieurs de tabagie, qu'il n'a pas fait poser tour-à-tour chacune des figures qui en font partie, tant il a su leur conserver tout l'air de la nature ?

Les peintres qui ont suivi son genre sont fort inférieurs à *Teniers*, et il est resté en possession du titre de premier peintre du genre des bambochades (1) : le seul *David Rickaert*, son meilleur élève, est celui qui en approche le plus : aussi les tableaux de ce

(1) Ainsi nommé de *Pierre de Laar*, dit *Bamboche*, peintre hollandais, nom que ses camarades lui avaient donné à Rome, à cause qu'il était boiteux et contrefait : de là le mot *bambochade*.

dernier sont-ils placés avec distinction dans les meilleurs cabinets (1).

Teniers en quittant Anvers, crut se soustraire à l'affluence de ses admirateurs ; mais sa réputation inséparable de son grand mérite, lui attira un concours encore plus considérable. Sa retraite devint une cour où se rassemblait toute la noblesse du pays. L'archiduc dom Jean d'Autriche y venait souvent loger, et se mit au nombre de ses élèves. On ne pouvait se lasser d'admirer avec quelle facilité *Teniers* se jouait de son art, et, comme un autre Deucalion, son pinceau faisait naître à l'instant des hommes tout formés et pleins de vie. C'est là qu'il produisit la plus grande partie de ses ouvrages immortels qui l'ont placé au rang des plus grands peintres.

Appelé dans la suite à la cour de Bruxelles, il y parvint à une extrême vieillesse sans avoir perdu un seul instant son humeur joviale et badine. La mort qui semblait l'avoir oublié, le trouva le pinceau à la main ; il terminait le portrait d'un homme de robe, et sa dernière parole fut une plaisanterie. » J'ai » brûlé, dit *Teniers*, ma dernière dent pour peindre » mon procureur (2) «.

Les tableaux de *Teniers* sont remarquables par une grande variété de composition, par une abondance sans confusion, par des attitudes vraies, sans manière, toutes puisées dans la nature, et par une certaine tournure originale qui n'appartient qu'à lui seul.

---

(1) On voit dans la précieuse collection de M. de Saint-Victor, à Rouen, plusieurs beaux tableaux de ces deux peintres.

(2) Par allusion au noir d'ivoire en usage dans la peinture.

S'il vous conduit de ses fêtes de village dans l'intérieur de ses estaminets, on croit être de la fête, et il vous fait partager la gaieté franche et naïve de ses personnages. Sa manière légère et facile de faire le paysage rend si parfaitement les sites de la Flandre, que le voyageur amateur y reconnaît ses tableaux, et croit y retrouver encore *Teniers*. Ses ciels et ses eaux sont d'une transparence admirable ; mais c'est sur-tout dans ses tabagies et ses laboratoires de chimiste, que *Teniers* s'est surpassé par la magie parfaite du clair obscur. On ne peut trop admirer avec quel art il a su donner à ses figures, à chaque meuble, au moindre accessoire, toute la finesse de touche qui leur est propre. Les vases de terre, de grès, les ustensiles de cuivre et de verre sont d'une vérité qui enchante et qui rivalise avec la nature.

Comme il peint cet alchimiste qui, tourmenté de la soif de l'or, et les yeux fixés sur son grimoire, passe les jours et les nuits à souffler ses fourneaux, croyant trouver au fond du creuset le métal précieux qu'il cherche en vain, tandis que la fortune lui échappe, et que son or se réduit à rien.

Vous conduit-il dans le cabinet obscur de cet empirique à toque fourrée, qu'une mère crédule vient consulter sur une maladie de sa fille? Lunettes sur le nez, voyez comme il observe cette bouteille qui contient l'oracle qu'il va prononcer. Avec quel art le peintre a su rendre la curieuse inquiétude de la mère et le timide embarras de la jouvencelle qui tremble qu'un léger faux pas n'ait troublé la liqueur.

Là, c'est un dentiste de village qui fait faire une

horrible grimace au malheureux paysan victime de son ignorance et de sa mal-adresse.

Ici la scène change , une multitude immense se présente aux yeux du spectateur : tout est rempli de tables grossièrement servies , mais où respirent la joie et la véritable gaicté. Déjà une douce ivresse colore tous les visages. La liqueur bachique anime les plus calmes et fait naître d'heureuses saillies qui charment les convives. L'amour est aussi de la partie ; les jeunes garçons et les jeunes filles entrelacés forment des danses aux sons du grêle hautbois et du violon discordant.

Rien n'est encore plus bizarre que ses tableaux de sorciers , fruits d'une imagination fiévreuse. Peint-il l'anachorette Antoine et son sale compagnon tourmentés en cent manières différentes par le malin esprit , il y fait jouer à chaque diable le rôle le plus plaisant. L'un , sous la forme de Vénus , découvre ses appas au bon hermite effrayé qui veut fuir ; mais , vains efforts , sa retraite est assiégée par des diables de toutes les formes et de toutes les couleurs. Là sont les diables carcasses , les diables hiboux , les diables crapauds , et , pour dernière infortune , le saint homme est saisi par un diable affublé de son capuchon.

Ses tableaux de singes imitant les différentes actions des hommes , sont peut-être ce qu'il y a de plus parfait en ce genre ; il est parvenu à donner à chacun de ces animaux singuliers , toute l'originalité qui les caractérise. Il en avait accoutumé un à lui servir de modèle , et d'un signe d'appui-main il lui faisait prendre telle attitude qu'il lui plaisait. On l'a nommé lui-même le Protée ou le singe de la peinture , à cause de sa grande facilité à se transformer dans tous les genres ;

aussi, peu de peintres ont-ils aussi bien réussi que *Teniers* à faire des pastiches.

Veut-il imiter *Rubens*, c'est un *Rubens* à tromper ; c'est un *Vandick*, un *Titien*, et toujours avec le même succès. Aucun genre de peinture ne fut étranger à *Teniers* ; batailles, marches d'armées, animaux, marines, tout reçoit une nouvelle vie sous la main de cet habile peintre.

Louis XIV, qui fut le protecteur des arts, dédaigna cependant le talent de *Teniers*. On connaît ces paroles du monarque, lorsqu'on lui présenta, pour la première fois, des tableaux de ce peintre. » Qu'on m'ôte ces magots de devant les yeux «, dit le prince. Paroles dures qui n'ont pu diminuer la gloire de *Teniers*, dont la réputation ne fit qu'augmenter dans la suite, et dont les magots, auxquels on rend aujourd'hui plus de justice, sont soufferts chez tous les princes. Le seul de ses tableaux dans lequel il a représenté les Œuvres de miséricorde fut placé au cabinet du Roi ; on le voit aujourd'hui au musée du Louvre, au milieu d'un grand nombre d'autres ouvrages du même peintre.

Teniers avait formé une belle collection de tableaux de différentes écoles, mais sur-tout de l'école vénitienne dont il admirait la couleur. On sait que c'est particulièrement dans cette partie de l'art, que *Teniers* s'est rendu recommandable.

Il s'amusa aussi quelquefois à manier la pointe avec beaucoup d'esprit et de légéreté. Les principaux graveurs de l'Europe ont répandu son nom par tout ; mais c'est en France qu'il a été traduit avec plus de succès. Rien n'égale le talent du célèbre *le Bas*, dont la pointe savante et spirituelle a fait passer dans les charmantes gravures qu'il a faites d'après ce peintre, toute la finesse de son pinceau et la transparence de sa couleur. Les Œuvres de miséricorde et ses grandes Fêtes de village sont des chef-d'œuvres en ce genre.

La plus grande partie des tableaux de *Teniers* sont peints sur bois, et se reconnaissent d'abord par sa touche ferme et son pinceau léger. Quelques amateurs lui ont reproché d'avoir affecté dans quelques-uns une couleur grisâtre ; mais ce reproche est peut-être un mérite de plus dans *Teniers*, et ce gris argentin, qui n'est point un gris fade, leur donne souvent une certaine *vaguezze* qui plaît et rafraîchit l'œil.

On y retrouve toujours un air de nouveauté qui charme et que ne peut détruire l'habitude de les voir souvent ; preuve incontestable du véritable mérite de cet artiste.

Teniers, dont la vie entière fut une suite de bonheur et de véritables jouissances, termina ses jours à Bruxelles, à quatre-vingt-quatre ans.

ASSELYN (Jean),

Né en Hollande en 1610, mort à Amsterdam en 1660.

ASSELYN jouit depuis long-temps de la réputation d'un des premiers et des plus spirituels paysagistes de l'école hollandaise. Le long séjour qu'il fit en Italie et ses liaisons avec *Claude Lorrain* lui firent changer la manière rembrunie de son pays en une plus claire et très-lumineuse qui approche de celle du *Lorrain*.

Pour bien juger *Asselyn* et apprendre à connaître ses tableaux, il faut observer trois manières différentes dans le faire de ce peintre.

La première est d'un ton jaunâtre et doré, par son penchant naturel à représenter de prédilection des effets de coucher du soleil, dans lesquels il avait l'art de répandre une lumière éblouissante, une vérité et une harmonie admirables.

Sa coutume alors était de peindre des vues de ponts, de vieilles tours en ruines, qu'il ornait de broussailles rendues avec un goût exquis, à travers lesquelles pénétraient les rayons de cet astre lumineux. On voit cependant qu'il a toujours eu en vue *le Lorrain* dans ses lointains et dans l'harmonie générale qui enveloppe ses tableaux.

On le vit ensuite, voulant imiter *Bamboche*, s'adonner à peindre des batailles, des fours à chaux, des marches d'animaux, des vues de rivières, d'un pinceau exquis et de la plus belle harmonie. Les premiers cabinets de l'Europe s'emparèrent de ses productions qui se rapprochent aussi du ton argentin et de la manière moelleuse de *Karel Dujardin*.

Ce n'est pas trop dire à la louange de cet habile artiste, que ses ouvrages peuvent tenir avec avantage à côté des *Vanden - Velde* , de *Paul Potter* , de *Berchem* , de *Karle Dujardin* et des autres premiers paysagistes de l'école hollandaise.

C'est dans sa dernière manière qu'il faut chercher les plus beaux tableaux d'*Asselyn*, qui souvent sont portés à des prix excessifs.

Asselyn est un des peintres les plus intéressants que l'on puisse placer dans une belle collection : on le reconnaît aisément à une touche fine et pointue qui évite la rondeur de la forme des terrasses et les dessine avec fermeté ; on le reconnaît encore à un pinceau très-léger, très-spirituel, et à un certain ton doré répandu dans ses tableaux, qui plaît et qui enchante.

Il est impossible de répandre plus de grâces dans la forme des nuages, plus de lumière dans les ciels et plus de vapeur dans les lointains qui vont se perdre à l'infini.

Il est peu de peintres de la Hollande dont les tableaux indiquent aussi bien leur auteur, quoiqu'il se soit quelquefois rapproché de *Bamboche* et d'autres peintres du même genre. On pourrait peut-être aussi lui trouver quelque ressemblance avec les frères *Both* d'Italie.

Ce peintre avait traversé la France en allant à Rome, il y laissa à cette époque plusieurs tableaux, sur-tout à Lyon où il s'arrêta quelque temps.

Il les faisait alors d'une plus grande dimension que ceux qu'il a peints depuis en Italie et à son retour en Hollande.

Il est difficile d'être plus laborieux qu'*Asselyn*, si

l'on juge de son aptitude au travail par le grand nombre de tableaux qu'il a laissés.

Ce peintre, pendant son séjour en Italie, avait fait une nombreuse collection d'études des ruines et des plus belles vues des environs de Rome, qui lui servirent par la suite à orner ses tableaux. Il avait aussi visité Venise.

Il est à observer qu'il peignait avec une sorte d'amour des voûtes antiques, des ruines éclairées du soleil, ornées d'animaux et de figures peintes avec beaucoup d'esprit et de finesse. La forme de ses arbres est toujours pittoresque, et il rendait avec beaucoup de vérité le feuiller pointu du chêne, ainsi que les plantes et les broussailles qui ornent le devant de ses tableaux. Sa touche se rapproche beaucoup de celle de *Berchem* avec lequel il rivalise pour le goût et la légèreté. Ses ombres sont fortes et dorées, ses lumières extrêmement vives, et c'est à ces traits qu'il est aisé de reconnaître les charmants tableaux d'*Asselyn*, que l'on rencontre souvent dans les principaux cabinets. Je crois qu'il serait difficile de faire d'exactes copies de ce peintre dont la touche originale le caractérise et n'appartient qu'à lui seul.

On reconnaît encore *Asselyn* à sa manière brillante d'éclairer des derniers rayons du soleil l'extrémité de ses terrasses et les divers monuments depuis le premier plan jusqu'aux parties les plus éloignées qui se terminent insensiblement en tons violâtres et vaporeux ; il faut observer aussi que cet artiste formé à l'école d'Italie, a su joindre les belles formes et les grâces de cette école, avec le précieux fini de l'école qui l'avait vu naître.

DUFRESNOY (Alphonse),

Né à Paris en 1611, mort à Villiers-le-Bel en 1668.

Quel nom mérita mieux d'être placé dans les fastes des arts que celui de *Dufresnoy*, l'un des plus beaux génies du dix-septième siècle, qui sut dicter en vers élégants et harmonieux les meilleurs préceptes sur la peinture; *Dufresnoy* qui, par un heureux accord, joignit aux plus grandes connaissances en littérature, la théorie la plus savante et la pratique la plus consommée dans son art.

Son beau poëme latin *de Arte graphicâ*, l'a placé au temple de mémoire entre Horace et Despréaux, par l'élégance de son style, et a porté sa gloire dans tous les pays où les arts ont pu trouver un asile.

Que de beautés, quelle richesse d'expressions, quelle vérité dans les principes qu'il développe sur la pratique de cet art rival de la nature!

Moins connu par ses tableaux de chevalet qui ne se rencontrent que rarement dans les cabinets particuliers, ce peintre ne se fait pas moins admirer dans les grandes collections, où ses ouvrages se soutiennent auprès des plus grands maîtres; on y reconnaît son style noble et ferme, joint au beau coloris qu'il avait puisé à l'imitation du *Titien* dont il médita long-temps les chef-d'œuvres immortels à Rome et à Venise. Formé dans l'école célèbre du *Vouet*, ainsi que *Pierre Mignard*, ils y contractèrent une amitié qui dura jusqu'à leur mort.

Quel titre plus glorieux à la mémoire de ces deux célèbres artistes que cette union constante et si rare parmi les hommes de la même profession, *concordia rara sororum* ! On les vit se prêter, pendant toute leur vie, des secours mutuels, soit pour la perfection de leurs talents, soit pour les besoins réciproques de la vie.

Il était réservé aux annales de l'école française de montrer aux autres nations ce prodige d'harmonie et d'amitié, exemple si rare ; aussi avait-on coutume à Rome de les appeler les inséparables. Leurs occupations étaient les mêmes, jamais ils n'entreprenaient un tableau sans prendre conseil l'un de l'autre. Quelle leçon pour les artistes, dont l'émulation ne se change que trop souvent en basse jalousie !

Dufresnoy, qui avait fait de brillantes études, donna de très-bonne heure des preuves éclatantes de ses grandes dispositions pour la poësie et la peinture : *sunt duæ sorores.*

Cet homme célèbre devait éprouver toutes sortes de difficultés et de dégoûts de la part de son père, pharmacien de profession, qui l'ayant destiné à la science de la médecine, ne voyait qu'à regret le goût dominant de son fils pour deux arts dont il faisait lui-même fort peu de cas. Ce ne fut qu'à force de courage et de persévérance que *Dufresnoy* parvint à pouvoir se livrer à l'étude de ce qui faisait ses plus chères délices ; il avait déjà plus de dix-neuf ans lorsqu'il entra dans l'école de *Perrier*, pour suivre ensuite les leçons du *Vouet*, qu'il quitta dans le dessein de se rendre en Italie.

Arrivé à Rome sans autre recommandation que ses

talents, il se mit à peindre des tableaux de ruines et des monuments d'architecture, qu'il rendait avec beaucoup de facilité et de précision, par l'extrême habitude qu'il avait de la géométrie et de la perspective. Mais s'il peignit avec succès ce genre, ainsi que le paysage, il ne se distingua pas moins dans la suite par son habileté à peindre des tableaux d'histoire, dans lesquels il montra toute la supériorité de son génie, sa profonde érudition et ses connaissances de la poësie et de l'histoire.

Tourmenté tour-à-tour par l'amour de la poësie et de la peinture, *Dufresnoy* quittait alternativement la palette pour prendre la plume, afin de faire des observations sur toutes les parties de son art.

Les tableaux du *Titien* l'avaient tellement frappé, qu'il saisissait toutes les occasions de copier ce qui existait de ce grand peintre dans Rome et aux environs.

Cet amour pour les ouvrages du *Titien* le conduisit à Venise, pour être plus à même de s'identifier avec le talent de ce célèbre coloriste; aussi parvint-il à charmer par ses tableaux plusieurs amateurs vénitiens témoins de sa rare facilité à imiter cet habile homme. Il faut dire à la louange de *Dufresnoy*, qu'il est peut-être le peintre français qui a le plus approché de la façon de peindre de ce patriarche de la couleur.

Après avoir passé près de vingt années en Italie, *Dufresnoy* revint à Paris où il donna des preuves de l'excellence de ses talents et des études qu'il avait faites dans ce sanctuaire des arts. Il fut chargé de peindre plusieurs galeries et autres ouvrages, dont les pensées savantes et spirituelles lui firent une grande réputation dans sa patrie.

Plusieurs cabinets furent décorés par ce rare génie, ainsi que quelques églises : on cite entr'autres le tableau qu'il fit pour la paroisse de Sainte-Marguerite du faubourg Saint-Antoine, ainsi qu'un autre pour une paroisse de Versailles.

L'habitude qu'il avait contractée de prendre tour-à-tour la plume et le pinceau, soit pour faire ses observations, soit pour continuer son poëme, dont il s'occupait depuis long-temps, ne lui permit pas de peindre un aussi grand nombre de tableaux qu'on avait droit d'attendre de ses talents ; mais s'ils sont rares, on ne peut disconvenir que ceux qu'il a laissés ne soient marqués au type du bon goût, et qu'ils réunissent dans leur ensemble tout ce que le génie peut produire de plus parfait.

Dufresnoy sut joindre les grâces et la correction du dessin aux connaissances les plus exactes de l'anatomie, du coloris et des convenances. S'il n'a pas fait des tableaux composés d'un très-grand nombre de figures, c'est qu'il craignait de ne pouvoir en soigner assez les différentes parties ; ajoutez encore que cet artiste très-difficile à lui-même recommençait souvent ce qu'il croyait être au-dessous de la grandeur et de la noblesse de son sujet.

Ce ne fut qu'après s'être occupé à méditer long-temps sur les ouvrages des plus grands maîtres de l'Italie, dont il voulut étudier et scruter, pour ainsi dire, les secrets divers, qu'il mit la dernière main à son poëme sur la peinture. Ce chef-d'œuvre admirable ne vit le jour qu'après sa mort, par les soins de *Mignard*, lequel voulut immortaliser la mémoire de son ami.

Un amateur célèbre, M. de Piles, leur contemporain

et leur ami commun, le traduisit fort élégamment, et sut conserver dans la langue française toutes les beautés du latin. Il l'enrichit de commentaires très-savants et très-instructifs sur les différents morceaux du poëme, dont la méditation sera toujours de la plus grande utilité aux peintres, et précieuse aux amis de la bonne littérature, ainsi qu'à ceux qui sont animés de l'amour des beaux arts.

Toutes les nations de l'Europe se sont empressées de traduire dans leur langue naturelle l'ouvrage de *Dufresnoy*, devenu l'un des plus beau monuments qu'on ait élevés à la gloire de la peinture.

La nature avait pris plaisir à combler de ses dons cet heureux génie qu'elle avait doué de toutes les connaissances qui le rendirent un des hommes les plus instruits de son siècle ; joignez-y des manières nobles et obligeantes propres à en faire un ami sûr et fidelle : tel fut *Dufresnoy*, dont la carrière fut bien moins longue que celle de *Mignard*, son ami, qui lui survécut de beaucoup d'années, mais qui ne put jamais se consoler de cette cruelle séparation.

Dufresnoy frappé d'une paralysie, alla passer les derniers moments de sa vie à Villiers-le-Bel, à la sollication de ses parents, où peu de temps après il eut une attaque d'apoplexie qui l'enleva aux arts et aux lettres, à l'âge de cinquante-cinq ans.

Dufresnoy, dont le génie devait embrasser toutes les parties des arts, avait acquis de grandes connaissances en architecture. Il donna les dessins de plusieurs magnifiques hôtels à Paris. On cite de lui l'hôtel Derval, l'hôtel de Lyonne et les bâtiments que le grand-prieur de Souvré fit élever dans l'intérieur du temple, ainsi qu'une jolie maison de campagne à quelques lieues d'Avignon.

Le musée du Louvre offre quelques tableaux de *Dufresnoy*, où l'on admire l'excellence de son style ainsi que sa belle couleur.

Ses talents en peinture eussent suffi pour sa gloire, s'il n'y eût pas joint encore la réputation d'un grand poëte et celle d'un savant de la plus profonde érudition.

GÉRARD-DOUW,

GÉRARD DOUW,

Né à Leyden en 1613, *mort dans la même ville en* 1680.

C'est à l'aide d'une loupe qu'il faut admirer le fini précieux de *Gérard Douw*, ce peintre inimitable, ce prodige de patience. Elève du peintre le plus fougueux, le plus bizarre, le moins fini et le plus original de la Hollande, *Gérard Douw* présente un contraste frappant entre la manière de *Rembrandt*, son maître, et celle qu'il adopta dans la suite. Il apprit sous cet habile maître les grands principes de son art, cette justesse d'effet, cette force de couleur et cette magie de clair obscur qui caractérisent les ouvrages de *Rembrandt*, qu'il n'a jamais oublié.

La ville de Leyden vit naître *Gérard Douw*, dont les talents rares et précieux lui ont assigné le premier rang parmi les peintres de l'école hollandaise, pour la perfection et le beau fini de ses tableaux. Cet artiste n'a jamais pu être surpassé par ceux qui ont suivi la même carrière ; aucuns n'ont obtenu cette magie de couleur, ce prestige qui rend inexplicable sa manière d'opérer.

Le père de *Gérard Douw* le plaça fort jeune chez différents maîtres, pour apprendre les éléments du dessin. Comme il exerçait la profession de vitrier, il destina son fils à la peinture sur verre, fort usitée de son temps, et il surpassa tous ceux qui s'exerçaient à ce genre, dont il se dégoûta par la suite.

Il entra en 1628, à l'âge de quinze ans, dans l'école de *Rembrandt*, où quelques années d'étude lui suffirent pour se pénétrer, sous cet habile maître, des secrets de son art, et sur-tout de l'intelligence du clair obscur qu'il a possédée au suprême degré; l'étude assidue de la nature acheva de le perfectionner, et le rendit un des peintres les plus consommés dans la pratique de son art, et l'un des plus renommés de cette école.

Gérard Douw suivit pendant quelque temps la manière de *Rembrandt*, quoiqu'il se sentît inspiré pour un genre tout-à-fait opposé. La nature semblait l'avertir tacitement qu'elle le destinait à parcourir une nouvelle carrière, et il s'essaya peu à peu dans le genre précieux qui a fait depuis sa grande réputation. Il voulut d'abord s'adonner au portrait, qu'il fut obligé d'abandonner, fatiguant ses modèles par les séances infinies qu'il exigeait d'eux; l'ennui qui se peignait sur leurs physionomies, altérait la ressemblance parfaite, et ce n'était plus qu'une froide imitation de la nature sans vie et sans sentiment. Il se consola en s'enfermant dans son atelier pour se livrer à un genre dont il fut, pour ainsi dire, le créateur, et qui était plus de son goût.

Gérard Douw imagina de prendre les sujets de ses tableaux dans les scènes de la vie privée, mais toujours composés d'un petit nombre de figures. Il choisit souvent ses modèles dans la classe des gens du peuple dont il pouvait plus disposer au gré de ses désirs.

Il saisit toujours l'occasion de placer dans ses tableaux des objets de détail, qu'il rend avec la plus scrupuleuse exactitude jointe au fini le plus surprenant.

Jamais on n'aperçoit la peine dans les ouvrages de ce peintre, quelque soin qu'il ait apporté à terminer chaque objet en particulier ; tout paraît d'un faire facile : il a trouvé l'art de cacher le travail et la fatigue par une touche fondue et moelleuse. Tout est velouté dans les tableaux de *Gérard Douw* ; il semble qu'on les voit avec ces verres dont le propre est d'arrondir les objets et de prêter un fini tel que les yeux ne peuvent espérer d'obtenir : enfin, le talent de *Gérard Douw* est une magie dont lui seul a trouvé le secret.

Il est impossible, quelque attention que l'on y apporte, de pouvoir deviner quelle a pu être la manière d'opérer de ce peintre singulier. Tel tableau qui a dû lui coûter plusieurs mois d'un travail long et pénible, a l'air d'avoir été peint du même jour ; c'est en cela que le talent de *Gérard Douw* est admirable. Il étonne par le grand art qu'il a de cacher sa peine au spectateur, qui voit toujours ses tableaux avec un nouveau plaisir.

Beaucoup d'autres peintres de l'école hollandaise ont poussé aussi très-loin le fini ; mais ils ne l'ont obtenu qu'en répandant sur leurs tableaux une sorte de froideur souvent insipide. On y reconnaît la peine qu'ils ont prise, tandis que *Gérard Douw* plaît d'abord par le talent qui lui est propre. Le plaisir et l'admiration augmentent à mesure que l'on étudie les détails infinis de ses tableaux. Tout enchante : les fruits, les métaux, le moindre ustensile de cuisine, produisent un intérêt qui va toujours croissant. On n'éprouve point devant les tableaux de ce peintre, cette tiédeur, cette espèce de satiété que causent souvent les ouvrages terminés avec trop de soin et d'affectation ; on y revient, au contraire, avec un nouveau plaisir, et on s'aperçoit souvent qu'il est encore échappé une infinité de détails intéressants. C'est un magicien qui a trouvé le moyen de séduire et de fasciner les yeux par l'heureux prestige de son art.

Gérard Douw a bien dessiné ses têtes ; moins heureux dans l'exécution de ses mains, il les a rendues quelquefois roides et triviales par le mauvais choix qu'il faisait de ses modèles ; semblable à *Rembrandt*, son maître, qui a négligé souvent les extrémités pour réunir tout son talent dans la touche mâle, la couleur vigoureuse, et le grand caractère de ses têtes.

Il serait inutile d'exiger dans les ouvrages de *Gérard Douw* une grande correction de dessin et une certaine élévation de style dans les sujets ordinaires de ses tableaux ; il avait donné trop peu de temps à cette partie si difficile de l'art. Il lui est pourtant arrivé de s'élever quelquefois à un genre plus noble. On connaît certains tableaux de ce maître, dont les sujets choisis dans une classe plus distinguée, offrent une sorte d'élégance, par la richesse des meubles, les étoffes précieuses et les superbes tapis qu'il a rendus avec une perfection admirable.

Gérard Douw possédait à fond les grands principes de la peinture, et il est resté au premier rang dans son genre. Ses ouvrages, conservés avec soin, feront encore les délices des siècles à venir, et n'auront plus de prix.

Heureux les amateurs qui seront assez sages et assez amis du vrai beau pour ne laisser jamais sortir de leur cabinet le moindre des tableaux de cet habile homme, dont la perte serait d'autant plus grande qu'aucun échange ne pourrait les en consoler. Qu'ils soient en garde contre l'empire de la mode et les propositions astucieuses de certaines gens qui n'aiment les arts que par l'or qu'ils leur rapportent, et dont le but est d'irriter les désirs par le charme de la nouveauté; c'est ainsi qu'ils parviennent enfin à enlever aux amateurs ce qui leur a procuré les jouissances les plus délicieuses.

On doit distinguer parmi les élèves de *Gérard Douw*, *Mieris*, *Scalken* et *Swanevelt* qui abandonna le genre de cette école pour se livrer au paysage, où il s'est fait une si grande réputation. Les deux premiers ont suivi avec succès le même genre que leur maître; *Scalken* a peint souvent ses sujets éclairés à la lueur d'une bougie, avec un talent sans égal. Ce sont, en général, ceux qui sont les plus recherchés de ce peintre qui a marché de très-près, ainsi que *Mieris*, sur les traces de *Gérard Douw*, dont il a gravé le portrait à l'eau-forte avec beaucoup de goût et d'intelligence; l'inscription latine qui l'accompagne est un témoignage de sa reconnaissance envers ce respectable maître auquel il devait ses talents. Plusieurs autres peintres sont aussi sortis de la même école.

Sans nous arrêter à tout ce que la tradition nous a conservé sur la manière singulière d'opérer de *Gérard Douw*, de sa patience extrême, de la précaution qu'il prenait de travailler dans un cabinet tout vitré, sur le bord d'un canal; croyons qu'étant une fois entré dans son atelier il restait long-temps assis pour laisser dissiper la poussière, si funeste pour les peintres qui peignent en petit et qui sont curieux de conserver toute la pureté et la fraîcheur de leur palette, rien de plus naturel; croyons aussi qu'il prenait la peine de broyer lui-même ses couleurs sur un cristal pour s'en servir et les étendre avec cette égalité qui se remarque dans sa manière de peindre; mais dire qu'il ait employé trois jours à peindre un manche de balai ; et beaucoup d'autres contes aussi absurdes qui ont passé de bouche en bouche, et que plusieurs écrivains ont répété, tout ce merveilleux ne peut que jeter du ridicule sur un grand artiste qui, pour avoir montré une patience extrême et fait des recherches infinies et peut-être minutieuses, pour la perfection de son art, n'en est pas moins grand par les résultats.

Gérard Douw n'a guère peint que des tableaux de petite proportion, qu'il remplissait souvent d'un grand nombre de détails jusque dans les derniers plans, dont il rendait le compte le plus exact et sans sécheresse. Tout est à sa place, et par une dégradation de couleur parfaitement entendue, on découvre aisément chaque objet sans pouvoir imaginer comment cet artiste a pu conserver assez de sang froid pour terminer ses précieux tableaux.

Si l'on en croit des auteurs contemporains, ainsi que plusieurs traditions, *Gérard Douw* n'aurait jamais dessiné ses figures qu'à l'aide d'un châssis à carreaux placé entre lui et ses modèles, n'ayant pu acquérir assez d'habitude dans le dessin pour les faire à vue d'œil ; peut-être cette pratique a-t-elle pu contribuer à donner à son dessin un air de roideur que ne donne pas l'usage ordinaire de dessiner d'après le naturel.

Les mêmes traditions disent aussi qu'un très-riche amateur lui faisait un présent annuel de mille florins, pour avoir le droit de choisir parmi ses tableaux, à mesure qu'il les finissait, en payant toutefois le prix auquel ils étaient estimés. Cette anecdote prouverait assez de quelle réputation *Gérard Douw* jouissait déjà de son vivant, et quelle justice ses contemporains se plurent à rendre à ses talents.

N'oublions point parmi les estampes précieuses qui nous restent d'après les tableaux de *Gérard Douw*, le portrait de la mère de ce peintre, sous le nom de la Dévideuse, et son pendant, d'après le même modèle, gravés par *Wille*; la jolie petite Ménagère hollandaise, chef-d'œuvre immortel de ce célèbre graveur, dans lequel il s'est surpassé par la variété des travaux, la netteté et le précieux fini, qui égalent ce que les *Sadelers* et les graveurs les mieux terminés de l'Allemagne nous ont laissé de plus parfait.

Il ne reste qu'à rappeler ici les principales productions de cet artiste admirable, lesquelles tiennent le premier rang au musée du Louvre, parmi celles de l'école hollandaise.

On s'arrête avec un plaisir infini devant le tableau désigné sous le nom de l'Epicière de village, dont la boutique est remplie de toutes les friandises possibles, et dont les détails infinis s'aperçoivent jusque dans les derniers plans avec netteté et sans sécheresse; tableau surprenant pour la finesse et le travail précieux. Le jeune Trompette à une croisée sur laquelle est étendu le tapis le plus riche et le plus magnifique, se fait également admirer.

La famille de *Gérard Douw* et le tableau de la Femme hydropique, d'une plus grande proportion que ses tableaux ordinaires, sont des ouvrages capitaux. Le Peseur d'or, la Ménagère hollandaise, le portrait de *Gérard Douw*, peint par lui-même; beaucoup d'autres aussi précieux, doivent fixer sans cesse les véritables amateurs de la peinture.

DE LAAR (Pierre),

OU BAMBOCHE,

Né en Hollande en 1613, mort en 1675.

Pierre de Laar obtint de bonne heure un rang distingué dans les arts, et il a donné son nom à un des genres agréables de la peinture. Son goût pour le dessin se fit remarquer dès l'âge le plus tendre, et les menaces de ses parents ne purent jamais l'empêcher de barbouiller continuellement de figures les murailles de la maison paternelle.

On ignore quel maître lui donna les premières leçons du dessin et de la peinture. On sait qu'il quitta fort jeune la Hollande, qu'il vint d'abord en France et que de là il passa en Italie, où il fit bientôt connaître ses grandes dispositions. Avec les avis des premiers peintres de ce pays et l'étude assidue de la nature, il parvint à produire en très-peu de temps de fort jolis tableaux dont il obtint un assez bon prix.

Sa réputation s'accrut tout-à-coup, et bientôt il fut lié d'amitié avec les premiers artistes de Rome: *le Poussin*, *Claude Lorrain* et *Saudrart* devinrent ses meilleurs amis; rarement ils se quittaient, et on les trouvait souvent à visiter et admirer ensemble les plus beaux monuments de Rome.

L'esprit gai et l'imagination très-vive de *Bamboche* ne contribuèrent pas peu à lui conserver ses amis qu'il divertissait toujours par quelque nouvelle histoire. Il avait d'ailleurs reçu de la nature une facilité singulière pour tous les talents. Amateur passionné de la musique, il jouait de plusieurs instruments à cordes avec une rare perfection ; et tel était son goût pour cet art, qu'une fois assis devant le chevalet pour commencer un tableau, il ne se mettait à composer qu'après avoir joué quelques airs sur son violon. Gardant ensuite un silence profond, le tableau semblait naître avec une rapidité dont il y a peu d'exemples.

Le surnom de *Bamboche* fut donné à *Pierre de Laar* par la bande joyeuse des peintres hollandais et flamands établis à Rome, à cause de sa singulière conformation. Ses jambes étaient fort longues, il avait le corps court et la tête enfoncée dans les épaules ; mais la nature l'avait amplement dédommagé de ces légers défauts, par ses saillies spirituelles et les talents dont elle l'avait comblé.

C'est à l'Italie que *Bamboche* dut son talent ; c'est d'après les études sérieuses des beaux sites et des grands monuments de cette contrée, qu'il forma la manière grande, forte et agréable qui fait admirer ses tableaux.

Bamboche dessinait parfaitement bien les chevaux ; il est même difficile de le surpasser dans la tournure, les mouvements et l'air de vérité qu'il a su donner à ces animaux.

Son talent et son goût le portaient à peindre des chasses, des attaques de voleurs, des foires, des fêtes de village, des paysages qu'il ornait de scènes champêtres et de divers animaux ; quelquefois il se plaisait à peindre des rivages de la mer. Sa coutume était d'enrichir ses tableaux par la représentation de quelques grands monuments de l'antiquité.

Il est difficile de devoir autant à son imagination que *Bamboche* auquel il suffisait d'avoir seulement observé quelqu'objet pour le rendre ensuite, à tête reposée, avec la plus exacte vérité : aussi, disait-on à Rome qu'il devait plus à son génie qu'à la nature.

Le dessin de *Bamboche* est correct, sa couleur est forte et vigoureuse ; une variété extraordinaire dans la composition de tous ses tableaux le caractérise et fait distinguer facilement les productions de ce peintre spirituel.

Rien de plus ordinaire en examinant les tableaux de *Bamboche*, que de dire sur le champ quelle heure du jour il a voulu représenter, tant il avait fait une étude particulière des différentes constitutions de l'air ; aussi rendait-il avec un art admirable les vapeurs qui s'élèvent ou qui s'abaissent au lever et au coucher du soleil.

Les tableaux de *Bamboche* ont donné le nom au genre de peinture qui représente des foires, des assemblées de village, des intérieurs de tabagies, et en général tous les sujets joyeux de la vie privée choisis dans le commun de la société ; de là le nom de *bambochade*, ou du genre des *bambochades*.

C'est bien plutôt à l'Italie qu'à la Hollande qu'il quitta fort jeune, qu'appartiennent les talents inappréciables de *Laar*, que revendique pourtant l'école de son pays. Forcé de quitter l'Italie à la demande de ses parents qui, dans l'espoir de jouir de ses talents, le tourmentaient depuis long-temps, il se décide à retourner en Hollande pour céder à leurs vives sollicitations ; il quitte Rome à regret, il arrive à Amsterdam en 1639, d'où il passa à Harlem pour se fixer chez un de ses frères. Les tableaux qu'il fit depuis son retour en Hollande se vendirent fort cher; on faisait même revenir d'Italie tous ceux que l'on pouvait y acheter.

On a débité différentes traditions sur la mort de ce peintre, qui toutes ont été contredites par les historiens contemporains.

Quelques-uns ont dit qu'il était mort de chagrin pour avoir vu préférer les tableaux de *Wouwermans* aux siens; d'autres qu'il s'était précipité dans un puits, et tout cela sans aucun fondement.

Weyermans, auteur contemporain très-véridique, assure que la gaieté naturelle de *Bamboche* se changea dans les dernières années de sa vie en une mélancolie sombre; que parvenu à l'âge de 60 ans, ses infirmités augmentèrent insensiblement, et qu'il succomba à une oppression provenant de la mauvaise conformation de son corps. La douleur qu'il avait ressentie d'avoir vu périr deux de ses frères en Italie, avait déjà contribué à lui faire perdre sa gaieté naturelle; l'un était mort à Venise, l'autre dans les environs de Rome, monté sur un âne en passant un pont de bois élevé sur un torrent profond et rapide dans lequel l'animal l'avait précipité. Ses frères suivirent tous deux le même genre que *Pierre de Laar*, ce qui fait confondre quelquefois leur tableaux avec ceux de *Bamboche* par la conformité du nom.

On a vu souvent la manière de *Bamboche* se rapprocher tellement aussi de celle de *Jean Miel*, son compatriote, qu'on y a été trompé.

Je connais un tableau de *Bamboche* fait dans cette manière, extrêmement curieux pour le trait historique et pour la beauté du faire. Il représente un maréchal occupé à ferrer un cheval, dont l'attitude est tellement vraie et expressive, qu'on se persuade entendre le coup de marteau qu'il a l'air de frapper avec force. On croirait aussi, à l'expression de son visage, entendre les paroles qu'il prononce en même temps avec véhémence.

Ce tableau précieux à tous les égards retrace un événement de la vie malheureuse et agitée de Charles II (1), Roi d'Angleterre, qui, se dérobant, déguisé en paysan, à la fureur de ses ennemis, s'arrête chez un maréchal de village pour faire ferrer sa monture qui n'a pour tout équipage et pour selle qu'un mauvais manteau rouge. Le monarque absolument seul avec le maréchal, tient le pied de son cheval, au moment même où le maréchal, qui était un partisan de Cromwel, dit en parlant du Roi et en levant son marteau avec force : si je le tenais ici, je le frapperais du même coup..... Ce tableau qui pourrait aisément passer pour être de *Jean Miel*, si son origine de *Bamboche* n'était pas constatée, est du plus grand intérêt, et pour le mérite de l'exécution et pour le trait d'histoire qu'il représente ; cette anecdote ignorée de la vie de *Bamboche*, même par les écrivains de son temps, est aussi échappée à la plupart des

(1) Charles II, reconnu d'abord en Irlande Roi d'Angleterre, après la mort de son père Charles Ier, en 1699, puis défait par Cromwel, est obligé de se sauver déguisé, tantôt en bûcheron, tantôt en valet-de-chambre, etc. Il se retira en France auprès de sa mère Henriette, fille d'Henri IV. Il fut rappelé en Angleterre après la mort de Cromwel, en 1658, et rétabli sur le trône par le général Monck, en 1660.

ceux auxquels a appartenu successivement ce tableau précieux qui mérite d'être bien conservé (1).

Peint-il des attaques de voleurs, il place la scène de ses tableaux sous des grottes profondes dont les voûtes ouvertes, crevassées en quelques endroits, laissent à peine un faible passage à la lumière, ou au bord d'une forêt sombre et silencieuse d'où les voleurs embusqués s'élancent sur un coche et portent la terreur dans l'ame des voyageurs qui, sollicitant à genoux pour leurs jours, jettent leur bourse et ce qu'ils ont de plus précieux. Les brigands, auxquels la pitié est étrangère, ont déjà étendu par terre les postillons nageant dans leur sang, les chevaux effrayés et hennissant semblent craindre pour leur vie et partager l'effroi des voyageurs.

Jamais on ne fit ajuster plus adroitement un coup de mousquet, la lumière et la fumée sont si vraies, qu'on croit entendre la détonation ; aussi a-t-on dit de *Bamboche* qu'aucun peintre ne savait mieux que lui tirer le coup de pistolet.

Les frères *Wischer* et quelques autres graveurs comtemporains nous ont laissé beaucoup d'estampes d'après les tableaux de *Bamboche*. Il a aussi gravé lui-même de charmantes eaux-fortes, d'après ses propres pensées, d'une manière très-piquante et très-spirituelle.

Le nom de *Bamboche* sera long-temps célèbre et tiendra le premier rang parmi les meilleurs peintres

(1) Il est aujourd'hui à Rouen, dans la collection distinguée et bien choisie de M. Chapais. *Bamboche* a gravé, d'après ce tableau, une fort jolie eau-forte, devenue très-rare et sur laquelle est tracé le sujet.

de la Hollande. C'est aussi un des grands hommes dont l'Italie a droit de réclamer les talents.

La manière de peindre de *Bamboche* est très-ferme et vigoureuse ; il est aisé de le reconnaître à une touche fine et piquante. Sa couleur forte et brillante d'effet ne ressemble point à celle des autres peintres de la Hollande ; ses arbres ainsi que ses terrasses sont traités avec toute la vérité de la nature, et offrent des formes pointues qui le font aisément reconnaître, malgré le jugement de quelques amateurs qui quelquefois ont voulu confondre ses tableaux avec ceux de *Wouwermans*, lesquels, quoique très-beaux, n'offrent point la même vigueur et la même fermeté de ceux de *Pierre de Laar*.

DUGHET (Gaspard),

OU LE GUASPRE POUSSIN,

Né à Rome en 1615, mort dans la même ville en 1675.

LE GUASPRE, quoique né de parents français établis à Rome, n'en est pas moins regardé comme l'un des meilleurs paysagistes de l'Italie, titre qui lui a été conféré non seulement par ses compatriotes, mais encore par l'Europe entière.

C'est peut-être au goût passionné du *Guaspre* pour l'exercice de la chasse, qu'il dut son grand talent.

Nouveau Céphale, il devançait l'aurore dans les campagnes. C'était en poursuivant les timides habitants des bois, qu'il examinait les grands effets de la nature, qu'il en saisissait les plus beaux aspects, qu'il comparait les formes nobles et variées des différents arbres rendus dans ses tableaux avec beaucoup de vérité et perfection. Ce peintre commande sur-tout l'admiration lorsqu'il s'est plu à rendre les effets piquants et extraordinaires de la campagne, qu'il a l'art d'embellir par des scènes analogues à ses différents mouvements.

Aidé souvent des conseils du *Poussin*, son illustre beau-frère, il ne pouvait manquer d'intéresser et de produire autant de chef-d'œuvres que de tableaux.

Il n'est point de paysagistes qui aient rendu aussi bien que *le Guaspre* la perspective aérienne et vague, ces vapeurs causées par les dispositions différentes de l'atmosphère.

Ses tableaux à gouache sur-tout sont du faire le plus facile, d'une légéreté et d'un ton surprenants; on y reconnaît aisément les différentes heures du jour; ils sont très-recherchés, et préférés même par certains amateurs à ses tableaux à l'huile.

Si l'on retrouve *le Guaspre* souvent lui-même, lorsqu'il s'est livré à l'originalité de son génie ou vers la simple imitation de la nature, ne pourrait-on pas le confondre aussi avec *le Poussin* dont il suivit les sages leçons, et dont il a cherché quelquefois à saisir la manière. C'est sur-tout lorsque *le Poussin*, qui aimait beaucoup à le voir peindre, s'amusait à placer dans ses ouvrages des signes de sa main, et c'est cette ressemblance qui a fait souvent confondre les tableaux du *Guaspre* avec ceux du *Poussin*. L'alliance du nom de ce grand homme, qu'il avait adopté et joint au sien, a encore pu servir à induire en erreur ceux qui n'ont pas la véritable connaissance de l'art.

L'amitié du *Poussin* et son admiration pour le talent du *Guaspre* furent telles, qu'on lui entendit souvent dire, en voyant ses tableaux, que s'il ne les avait pas vu faire, ils ne les eût pas crus de lui. Ce sont ses propres paroles.

Le Guaspre est le premier paysagiste d'Italie qui ait tenté de saisir la nature dans ses grands mouvements. Avec quelle vérité il sait rendre les bourrasques du vent, l'impétuosité des orages, ces moments terribles où la nature dans une agitation violente semble prête à se dissoudre, où les hommes et les animaux effrayés courent çà et là pour chercher un abri contre la foudre prête à les écraser.

écraser. La poussière qui s'élève en tourbillons épais obscurcit encore l'horizon ; les arbres à demi-rompus sont agités en tous sens, leurs feuilles emportées volent au gré du vent, d'autres sont déracinés par la violence des torrents qu'aucunes digues ne peuvent arrêter. Telles sont les images terribles qu'offrent souvent les productions de cet habile observateur de la nature.

C'est ainsi que le génie du paysagiste sait ennoblir le genre qui marche immédiatement après l'histoire, c'est en sortant de la routine timide, peu faite pour intéresser, c'est en meublant les paysages de scènes nobles et animées, que le peintre de paysage parvient à captiver les suffrages et à mériter l'admiration des amis des arts.

Ces belles pensées ne coûtaient presque rien au *Guaspre*, dont l'imagination brûlante et remplie des vérités de la nature produisait avec la rapidité de l'éclair ; et telle fut, dit-on, sa facilité, qu'on le vit souvent terminer en un seul jour un tableau d'une grande dimension, même avec des figures.

C'est à ce talent d'exécution particulière au *Guaspre* que l'on doit l'immense quantité de ses tableaux répandus dans tous les pays.

Les Italiens font un très-grand cas de ses ouvrages que l'Europe entière s'est plu à leur enlever ; mais c'est en Angleterre sur-tout qu'est passée la majeure partie de ses chef-d'œuvres Ils ont été gravés à Londres avec beaucoup de luxe, en un volume de format in-f°. avec tous ceux du *Lorrain*, aussi conservés dans le même pays.

Les grands talents du *Guaspre* le firent désirer

en plusieurs villes d'Italie. Il alla à Parme, à Florence où l'on s'empressa d'obtenir de ses ouvrages. Un voyage d'un an qu'il fit à Naples avec une assiduité continuelle au travail, suffit à peine à l'empressement des amateurs.

De retour à Rome, on crut s'apercevoir que sa manière se rapprochait beaucoup de celle du *Lorrain*; avec lequel son genre de talent a une sorte de rapport, par la vapeur générale qu'il savait répandre dans les fonds de ses tableaux, comme le pratiquait *le Lorrain.*

Le Guaspre, ainsi que *le Poussin*, ne laissa point de postérité ; il vécut constamment dans le célibat pour se livrer plus facilement à ses études sur la nature qu'il a toujours consultée, et à sa passion violente pour la chasse.

Soit que sa prodigalité fût grande, malgré les sommes considérables que lui avaient procurées ses talents et sa facilité, soit que, comme *le Poussin*, il fît peu de cas des richesses, on dit qu'à la suite d'une maladie qui termina sa carrière, à peine on trouva de quoi lui faire d'honnêtes obsèques. Les restes de cet habile homme furent déposés à Sainte-Suzanne, où ses amis lui firent élever un mausolée.

Le Guaspre Dughet, comme je l'ai annoncé dès le commencement de cet article, était d'origine française, issu d'une famille établie à Rome, à laquelle *le Poussin* s'était lié en épousant la sœur de *Dughet*, en reconnaissance des soins qu'il avait reçus de cette famille, à son arrivée en Italie.

On possède du *Guaspre* une suite d'eaux-fortes très-spirituelles, d'après ses études, qui font également honneur à son goût et à ses talents ; si elles n'offrent pas ce fini séduisant recherché des demi-connaisseurs, et que souvent elles ne soient que heurtées par des traits en tous sens, elles n'en font pas moins les délices des véritables amateurs, qui y retrouvent tout le feu, tout le génie de leur auteur.

Le Guaspre avait un frère qui n'a pas suivi la carrière des arts, mais qui s'est attaché à recueillir les traits particuliers de la vie du *Poussin* et qui en a formé des mémoires très-intéressants sur ce grand homme. On connaît de lui plusieurs lettres écrites aux amateurs de Paris, vers la fin de la vie du *Poussin*, toutes pleines d'intérêt pour les amis des arts.

Le musée de Paris possède plusieurs tableaux du *Guaspre*, dont le nom uni à celui du *Poussin* a contribué à le conduire à l'immortalité.

VAN ARTOIS (Jean),

Né à Bruxelles en 1613.

Il n'est guère possible de parler des plus fameux paysagistes de l'école flamande, sans citer *Van Artois*, qui n'a pu être égalé pour sa grande manière de peindre le paysage. Peu de peintres ont rendu mieux que *Van Artois* les divers effets de la nature ; aussi est-il impossible de n'y pas trouver la fidelle représentation de ce grand modèle des peintres ; c'est au point qu'en examinant long-temps ses tableaux, on finirait par se croire soi-même en plaine campagne.

Tout est en mouvement dans les paysages de *Van Artois* ; les arbres qu'il dessinait parfaitement bien et auxquels il savait assigner leur véritable caractère, semblent être toujours agités par le vent.

Il ne peignait guère que d'une grande proportion pour l'ornement des vastes salons et des galeries ; ses sites sont ordinairement très-étendus, et ses lointains d'une extrême harmonie vont se perdre insensiblement avec l'horizon. Jamais peut-être peintre n'a suivi plus fidellement les lois de la perspective aérienne.

Van Artois avait trouvé l'art d'embellir ses paysages par de belles fabriques et des détails qui y ajoutent un nouvel intérêt.

L'amitié qui l'unissait avec *David Teniers* parle beaucoup en faveur de ses talents ; aussi cet ami se plaisait-il à orner de figures les productions de *Van Artois* ; mais c'est sur-tout dans les tableaux de petite proportion de ce maître que l'on trouve ordinairement des figures peintes par *Teniers*, dont la touche s'accorde si bien avec celle de *Van Artois*, qu'on les jugerait être de la même m..in.

Si *Van Artois* peignait le plus ordinairement des tableaux d'une grande dimension, il se délassait souvent aussi à en peindre de chevalet, qui sont charmants et très-recherchés des curieux et peuvent se placer à côté des plus grands maîtres.

La touche de *Van Artois*, qui, comme je l'ai dit, se rapproche beaucoup de celle de *Teniers*, fait aisément reconnaître ses charmants tableaux qui sont d'une finesse et d'une touche admirables.

Ce peintre a été le maître d'*Huysmans de Malines* qui a peint, avec le même succès, le paysage en grande proportion ; on pourrait même confondre aisément leurs ouvrages, si ce n'est que le vert domine davantage dans les tableaux de *Van Artois*, tandis que dans ceux d'*Huysmans* on trouve beaucoup plus de variété.

Huysmans a pu donner plus de richesse de ton et de couleur à ses tableaux, mais il est vrai de dire que *Van Artois* a été le créateur de la grande et belle manière qu'il a transmise à *Huysmans* son élève.

Les tableaux de ces deux peintres qui servaient à la décoration des grands appartements, sont assez rares à trouver en France, cependant le commerce les a un peu multipliés depuis quelque temps.

Je connais de superbes tableaux de *Huysmans*, de grande dimension, et de très-jolis de *Van Artois*, mais d'une plus petite proportion, et qui sont d'une finesse admirable.

Les tableaux de ces deux peintres doivent occuper une place distinguée dans les meilleurs collections ; ils sont assez faciles à reconnaître par l'extrême différence qu'il y a de leur manière de faire avec celle des autres peintres de la même école.

PATEL le père,

Né dans le dix-septième siècle.

Il y aurait de l'injustice à laisser dans l'oubli un peintre qui a contribué à l'honneur de son siècle par ses talents, et dont le nom, par une singulière fatalité, a échappé à presque tous ceux qui ont écrit sur les arts, quoique désigné par son mérite à prendre place parmi la foule d'artistes dont les noms grossissent les pages des dictionnaires.

Patel, l'un des habiles paysagistes de la France, dont les tableaux pleins de grâces et d'harmonie ont tant de droits à l'admiration des amis de la peinture, fut un des nombreux élèves de la fameuse école du *Vouet*. Compagnon d'études de *Mignard*, de *Dufresnoy*, de *le Brun*, de *le Sueur*, l'un des plus célèbres rejetons de cette école, il y contracta très-jeune avec ce dernier une intimité qui ne finit qu'à la mort prématurée de ce grand peintre.

Patel eut l'honneur d'être employé par *le Sueur*, et joignit souvent le charme de ses jolis fonds de paysages et d'architectures aux sublimes conceptions de son ami.

On reconnaît aussi dans plusieurs tableaux du *Vouet*, son maître, de jolis fonds, de la main de *Patel*.

Trop occupé pour les autres et chargé de décorer de ses charmants paysages les lambris et les galeries des palais, *Patel* ne put produire autant de tableaux de chevalet qu'on eût droit de le désirer, ce qui dut contribuer à le faire moins connaître des amateurs. Le peu de ses ouvrages restés en France, où ils commencent à devenir rares, suffit pour donner une haute idée de ses talents. L'empressement des anglais à nous les enlever annonce que les amateurs de ce pays ont su apprécier les talents de *Patel*, qu'ils placent à côté du *Lorrain*, de *Swanevelt* et du *Guaspre*. On sait qu'ils ont acheté en Italie la majeure partie des beaux tableaux de ces maîtres ; les plus belles productions du *Lorrain* sont en Angleterre, où, pour en perpétuer le souvenir, on les a fait graver dans un recueil fort estimé.

Pour bien juger en France des talents de *Patel* et du charme de ses tableaux, il faut examiner ceux qui sont conservés au musée du Louvre, et l'on se persuadera qu'ils se rapprochent beaucoup du *Lorrain*, qu'il s'était proposé pour modèle.

Les sites de *Patel* offrent je ne sais quoi de mystérieux et de romantique qui leur donne un air de féerie. Des eaux limpides et transparentes, bordées de roseaux, y entretiennent une fraîcheur délicieuse ; un gazon d'un beau vert plus doux que le velours, semble fait pour caresser mollement le pied léger des nymphes et des nayades dont les grâces et la présence embellissent toujours ses jolis tableaux. De superbes fonds d'architecture, des restes de palais et de temples antiques se détachent souvent en clair sur des masses de grands arbres de diverses couleurs, dont les formes variées sont du plus beau choix ; leurs écorces, tantôt d'un blanc d'argent, tantôt couvertes de mousse et de lierre, supportent les offrandes faites à ces divinités champêtres. Ici ce sont des bergères et des bergers assis au milieu de leurs paisibles troupeaux dont la toison offre la blancheur éblouissante de la neige ; là des danses de nymphes et de sylvains retracent sous le plus beau ciel les images délicieuses transmises par les poëtes de la savante antiquité. On serait tenté de croire que *Patel* peignait avec Théocrite et Virgile à ses côtés et au milieu de nos anciens romanciers, tant il a bien su rendre dans ses tableaux les idées de ces auteurs sur la vie champêtre et contemplative.

Des prairies couvertes de fleurs et sillonnées par des eaux où le cygne se plaît à folâtrer ; des plaines à perte de vue variées en mille formes ; des lointains dont l'azur va se fondre avec l'horizon : telles sont les douces impressions que laissent dans l'ame du spectateur les beaux rêves de cet aimable paysagiste de l'école française.

Si les hommes se peignent dans leurs ouvrages, il est à croire que *Patel* avait reçu de la nature un caractère doux et aimable, fait pour se livrer aux charmes de l'amitié, et il l'a prouvé par son attachement pour *le Sueur*, son compagnon d'études.

Patel ne réussit pas moins à faire le paysage à la gouache; on sait combien ce genre de peinture, dont les couleurs ne sont point altérées par le mélange de l'huile, a d'avantages sur celui-ci pour rendre avec plus de vérité la brillante clarté des cieux, les grands effets et la vivacité de la lumière dans les terrasses et dans tous les clairs en général : aussi ses gouaches sont-elles conservées avec soin par les amateurs qui en connaissent tout le prix. Mais malgré les avantages de ce genre de peinture agréable, il est bien plus exposé aux ravages du temps que les tableaux à l'huile, dont la durée peut être de plusieurs siècles.

Patel fut fort occupé à peindre dans les salles du vieux Louvre et dans l'hôtel Lambert en l'île Notre-Dame, dont l'illustre propriétaire, ami de tous les grands artistes de son temps, voulut faire le dépôt éternel de leurs plus beaux chef-d'œuvres. *Bourdon*, *le Sueur*, *le Brun*, étalèrent dans les plafonds et sur les lambris de cette maison les plus belles et les plus savantes conceptions de leur génie. Qui n'a pas admiré le joli salon des bains, où *le Sueur* a peint si agréablement les Neuf Muses; la belle suite d'ingénieuses allégories peintes par *Bourdon*, représentant des emblèmes moraux sur les sciences et les arts. *Patel* et *Swanevelt* furent employés à orner de leurs gracieux paysages les séparations des tableaux d'histoire. C'était le plus beau dépôt des richesses de tous les arts, et le plus noble emploi qu'un amateur pût faire de sa fortune.

Dans le dix-septième siècle si fameux de notre histoire, le goût des arts n'était pas encore dégénéré en manie, ni en basse spéculation sur le génie : les Desnoyers, le président Lambert, les Crozat, les de Julienne aimaient les arts pour eux-mêmes et pour leur gloire.

Les peintures de l'hôtel Lambert ont manqué de périr en grande partie par la négligence ou l'insouciance de ceux qui habitèrent ensuite cet hôtel, destiné depuis à diverses professions bien étrangères au goût des arts. La majeure partie des tableaux peints dans les plafonds ou sur les lambris ont disparu. Les circonstances malheureuses où s'est trouvée la France ont heureusement servi à sauver quelques beaux restes de ces chef-d'œuvres, et le musée du Louvre offre aujourd'hui avec un nouvel éclat la belle suite des Muses, de *le Sueur*, que le temps et l'ignorance ont heureusement respectée.

Il faut se garder de confondre les tableaux de *Patel* le père avec ceux de son fils, lequel en se bornant à suivre le même genre de son père, n'en a fait que des imitations ou des copies plus finies, d'une manière plus sèche, ce qui lui a fait donner le nom de *Patel* le tué. Il n'a saisi que faiblement la touche et la manière d'opérer de son père, ce qui peut induire en erreur ceux qui n'ont pas une véritable connaissance de la peinture. On distingue son père par le surnom du bon *Patel*.

On connaît quelques belles estampes d'après les tableaux de *Patel* le père, mais qui pour la plupart serrées depuis longtemps dans les porte-feuilles des curieux, n'ont pu guère contribuer à le faire connaître.

On n'a aucune notion sur la date de la naissance de *Patel*, ainsi que du temps de sa mort. Il est probable par l'époque de la vie de ses contemporains, qu'il reçut le jour vers le commencement du dix-septième siècle. On le croit mort en 1676.

Les *Perelles* ont beaucoup gravé d'après ses tableaux et ses dessins. Les estampes exécutées d'après *Patel* sont fort aisées à reconnaître d'avec celles qui sont de leur composition.

CASTIGLIONE (Jean-Benoît),

OU LE BENEDETTE,

Né à Gênes en 1616, mort à Mantoue en 1679.

VOYAGEONS avec *le Benedette*, suivons ses caravanes à travers les montagnes et les plaines remplies de troupeaux nombreux et d'une foule d'animaux de toute espèce. Respirons avec lui le frais, et faisons halte pendant les grandes chaleurs du jour, à l'ombre des arbres touffus sous lesquels tous les objets indispensables du voyage sont étendus pêle-mêle, avec cette grâce, cet agencement pittoresque qui n'est deviné que par les favoris de la nature ; ce que les leçons des plus habiles maîtres ne peuvent donner ; ce certain je ne sais quoi qu'il faut apporter en naissant, et qui constitue le véritable artiste ; ce *molle atque facetum*, ce mot inexplicable qui fait le charme des arts.

Lorsque *le Benedette* a voulu prendre un vol plus élevé et s'élancer dans la carrière de l'histoire, on le retrouve avec le style des meilleurs peintres de l'école romaine, souvent même plein des beautés de *Raphael*.

Peint-il le portrait ? c'est avec un égal succès. On chercherait en vain l'auteur des caravanes et des bambochades ; c'est un grand peintre de portraits, c'est le *Vandick*, c'est le *Rembrandt* de l'Italie.

Avec quelle heureuse fécondité *le Benedette* sait passer d'un genre à un autre sans jamais y porter une physionomie étrangère. Rien de plus agréable et de plus facile que la manière de ce maître ; elle est ferme et gracieuse tout à la fois.

Le Benedette semble n'avoir rien emprunté d'aucun de ses devanciers, et devoir tout à lui-même ; aussi le reconnaît-on au premier coup d'œil. Une couleur forte, une touche fine, des ombres transparentes ; toujours fidelle aux règles de l'effet ; un certain maniement de pinceau qu'il conduit assez souvent par bandes parallèles : tout vous dit que vous êtes devant un tableau du *Benedette*.

Il est sur-tout difficile de mieux exprimer le caractère, le regard, je dirais presque la physionomie de cette espèce de moutons méridionaux si répandus en Espagne et en Italie, nouvellement connus en France sous le nom de *Mérinos*.

On les voit se presser l'un sur l'autre, ou pour saisir une portion friande du pâturage, ou s'élancer au bord de l'eau pour y étancher leur soif.

Chevaux, vaches, mulets, chameaux, tout porte l'air distinctif de chaque espèce, et en rappelle les mouvements et les habitudes.

Beaucoup de peintres ont voulu faire des *Benedette*, et jamais artiste ne trouva plus que lui d'imitateurs ; il serait peut-être plus vrai de dire que son génie a fait produire une foule de tableaux qui, sans être véritablement dans son style, y ont cependant pris naissance.

L'école française eut un moment de frénésie vers le milieu du dix-huitième siècle, où chaque peintre voulait rêver *le Benedette* et cherchait à suivre son goût. Ce fut une espèce de défi, et chacun voulut entrer en lice ; tous firent des caravanes. *Boucher* fut celui qui réussit le mieux, mais en y imprimant toujours son cachet. Il poussa l'imitation jusqu'à vouloir saisir les bandes parallèles et la touche du *Benedette*.

Mais le dix-septième siècle vit paraître dans *Sébastien Bourdon*, le Protée de la peinture, un véritable imitateur, et tellement dans son genre, que le plus fin y serait souvent pris. On sait que ce peintre, né avec un génie très-facile et propre à saisir tous les tons, s'est souvent plu à contrefaire les maîtres de toutes les écoles, jusqu'aux peintres de bambochades, au point d'être eux-mêmes. Ainsi on l'a vu imiter à tromper, *Bamboche* et *Jean Miel*, avec lesquels il avait vécu en Italie.

Le Benedette a parfaitement indiqué son caractère singulier dans ses ouvrages.

On sait qu'il ne pouvait rester long-temps dans le même lieu, et que rien ne lui était plus agréable que de voyager de ville en ville.

Il alla à Rome, à Naples, à Florence, à Parme et à Venise. C'est dans cette dernière ville qu'à la vue des chef-d'œuvres des grands peintres de cette école, il acheva de perfectionner son goût ; c'est là qu'il acquit cette vigueur de coloris, cette force de clair obscur qui se remarque dans ses tableaux.

Enfin, las de courir et de changer continuellement de lieu, *le Benedette*, après avoir laissé par tout des traces de ses talents, vint se fixer à Mantoue, où la fortune lui prodigua toutes ses faveurs.

Le duc de Mantoue désirant l'arrêter à sa cour, lui entretenait un de ses carrosses, et lui assigna une forte pension. Il y passa heureusement le reste de sa vie, toujours occupé de son art ; et ce fut pendant son long séjour en cette ville qu'il enfanta l'immense quantité de tableaux qui sont répandus dans toute l'Europe.

Le coloris et la touche du *Benedette* ont je ne sais quoi de pétillant qui frappe au premier abord. Son dessin est correct et élégant. Quand il a voulu graver à l'eau-forte, il y a obtenu le plus grand succès. Sa pointe légère, fine et piquante charme autant que ses tableaux.

Combien a-t-il encore servi de modèle dans ce genre? *Fragonard* est de tous les artistes du dix-huitième siècle celui dont la manière facile et spirituelle peut être comparée à celle du *Benedette*, avec lequel son talent a paru vouloir souvent s'identifier.

Quelle vive satisfaction pour l'artiste ou le véritable amateur qui peuvent savourer les jolies études du *Benedette*, pétillantes d'esprit et de goût? Il les peignait souvent à l'huile sur du papier, et elles sont aussi recherchées que ses tableaux.

Le peintre *Paggi*, génois, passe pour avoir donné les premiers principes de dessin au *Benedette*. Il prit ensuite des leçons de *Ferrari*, et sur-tout de *Vandick*. Ce dernier, qui se fixa pendant quelque temps à Gênes, acheva de le perfectionner. C'est à cet illustre élève de *Rubens*, à ce célèbre peintre de portraits, qu'il dut son grand talent en ce genre.

Il serait aussi difficile que peu essentiel de rien dire de la vie privée du *Benedette* qui fut toujours errant. Il paraît pourtant qu'il fut marié, puisque ses contemporains citent au nombre de ses élèves un fils nommé *François*, et un de ses frères, qui, s'étant bornés à suivre sa manière, lui furent bien inférieurs, et qui cependant sont quelquefois confondus avec lui. La grande réputation de leur maître les a totalement éclipsés.

Le Benedette est si fort étranger aux peintres de toutes les écoles, qu'il est assez difficile de se tromper sur ses productions. Ce maître est connu dans l'histoire de l'art sous les noms de *Benedette Castiglione*, ou du *Génovèse*, qu'il a souvent employé lui-même dans son œuvre très-considérable de gravures à l'eau-forte.

Les marches d'animaux, les caravanes orientales, les marchés remplis de troupeaux, de volaille et de gibier, sont les sujets les plus ordinaires de ses compositions. Souvent il se plaît à placer la scène de ses tableaux au milieu des temples (1) et des beaux restes d'architecture échappés aux ravages du temps.

Il a trouvé l'art d'embellir tout. Il est toujours sûr de plaire et d'arrêter le spectateur par les jolis détails dont il a enrichi ses tableaux, et qu'il a su rendre avec le charme et la vérité qui leur convient.

Trop heureux *Benedette*, jamais la critique et l'envie n'ont aiguisé leurs traits envenimés sur tes charmantes productions ! Toujours sûr de plaire, tes ouvrages abondants de choses et variés à l'infini, n'excitent jamais l'ennui !

Tel est *le Benedette*, toujours agréable, on le cherche avec avidité, on le considère avec un plaisir toujours croissant, et d'âge en âge, tant que la faux du temps épargnera ses tableaux, il méritera d'occuper un rang distingué dans les galeries des souverains et dans les collections les mieux choisies.

---

(1) Il existe un charmant tableau de chevalet, du *Benedette*, représentant les Vendeurs chassés du temple, dans lequel il a placé des animaux de toute espèce avec un art admirable.

BOURDON

BOURDON (Sébastien),

Né à Montpellier en 1616.

IMAGINEZ toutes les ressources du génie le plus abondant, jointes à une facilité sans exemple, et vous n'aurez encore qu'une faible idée du talent de *Bourdon*, qui s'exerça dans tous les genres de la peinture.

Né sous le beau ciel du Languedoc, il reçoit en partage toute la vivacité et la légèreté naturelle aux habitants de cette belle contrée. Il annonce de bonne heure ce qu'il doit être un jour dans les arts. Dès l'âge de quatorze ans, il peint à fresque la voûte d'un plafond près de Bordeaux, et il continue de donner dans la suite des preuves de son rare talent pour cet art difficile.

Inconstant dans ses goûts, comme dans sa manière de peindre, on le vit tout-à-coup embrasser le parti des armes; puis fatigué bientôt de ce nouvel état, revoler à l'exercice d'un art auquel la nature l'avait si spécialement destiné.

Entraîné, malgré lui, vers le genre de toutes les écoles, il ne peignit jamais deux tableaux de suite dans le même style. A dix-huit ans, il entreprit le voyage de Rome, où il resta trop peu pour se nourrir des beautés de l'antique et étudier les chef-d'œuvres dont cette ville fameuse est remplie. Séduit d'abord par la manière de *Claude Lorrain*, et par celle du *Caravage*, qui était alors fort à la mode, il cherche à imiter ces deux peintres célèbres, mais dont le genre était si différent. Une querelle qu'il a à Rome avec un autre peintre français qui le menace de le dénoncer à l'inquisition, sous le prétexte qu'il est de la religion réformée, l'oblige de se sauver à Venise, où la belle couleur du *Titien* fixe toute son admiration. Attiré vers cette belle partie de la peinture dont ce grand homme a le premier deviné les secrets, il parvient à copier avec succès les tableaux du *Titien*. Il saisit tour-à-tour le beau faire des autres peintres de l'école vénitienne. Tantôt il s'empare du pinceau brillant de *Paul Véronèse*, de la manière du *Tintoret*, pour redescendre ensuite au genre simple et pastoral des *Bassans*.

Admirateur du *Poussin* qu'il avait connu à Rome, il compose des tableaux dans le goût de cet homme incomparable, que celui-ci n'eût pas désavoués : mais toujours entraîné par son penchant irrésistible vers le changement, on le voit aussitôt, marchant sur les traces du gracieux *Benedette Castiglione*, créer des caravanes ornées de troupeaux nombreux, d'animaux de toute espèce, et rivaliser avec ce maître dont le pinceau spirituel et moelleux n'eût peut-être jamais d'autres rivaux.

Veut-il s'égayer dans le genre plaisant des bambochades ? Il imite, à tromper, *Jean Miel*, *les Both*, *Pierre de Laar* et les autres peintres de cette école, ses contemporains en Italie, et les compagnons de ses plaisirs. On le croirait né sur les bords de la Meuse lorsqu'il peint des assemblées de paysans, de buveurs, de bohémiens, des corps-de-garde qu'il embellit d'armures et d'accessoires rendus avec cette vérité et ce fini précieux qui caractérisent l'école hollandaise. On serait tenté de l'appeler le peintre universel, si un génie facile, mais qui n'est point alimenté par des études sérieuses, suffisait pour obtenir le titre de peintre célèbre.

Quand il a voulu peindre des paysages, il a parcouru différents styles. Le genre qu'il a le plus souvent adopté, répand dans l'ame une sorte de mélancolie. Son goût le porte à représenter des lieux d'une âpreté sauvage, où d'antiques traditions ont placé les anachorettes de la Thébaïde; des rochers élevés au-dessus des nues, séjour affreux dont la cime en tout temps couverte de frimats offre à peine un asile aux animaux les plus sauvages; des cataractes s'échappant avec fracas de leurs gorges profondes descendent en bouillonnant dans des abymes que l'œil de l'homme n'osa jamais pénétrer sans effroi. Ici des digues écroulées offrent un libre passage à un fleuve dont les eaux grossies vont dévaster au loin les campagnes, et laissent sur leur passage des traces effrayantes et des débris épars. On croirait que l'imagination ardente de *Bourdon* a voulu retracer les anciens souvenirs des éboulements d'une partie du globe, et des dévastations des volcans.

Une autre fois, inspiré par l'Arioste et le Tasse, on voit naître sous son pinceau les sites délicieux si élégamment décrits par ces poëtes aimables. Ici sont les lieux enchantés où Renaud transporté par les amours repose nonchalamment sur le sein d'Armide. Là, près d'un bois sombre et mystérieux, la tendre Herminie panse les blessures de Tancrède. Dans un autre tableau, cette amante timide couverte d'armes trop pesantes pour son corps délicat, est emportée loin des camps par son cheval fougueux, dans un paysage charmant, où tout annonce la paix et la tranquillité, lieux fortunés qui semblent n'exister que pour être l'asile de cette famille heureuse dont le respectable chef offre généreusement l'hospitalité à la belle fugitive !

Il n'est aucun des paysages de *Bourdon* qui ne rappelle quelque trait emprunté de l'histoire, de la poësie ou de la fable, et qui ne présente un nouvel intérêt.

Après un assez long séjour en Lombardie, le désir de revoir la France le ramène encore jeune à Paris, où il se fait admirer par son heureux génie et son extrême facilité. On conçoit d'abord les plus grandes espérances du talent de *Bourdon*.

A 27 ans, il produit son magnifique tableau du martyre de Saint-Pierre, lequel passe pour son chef-d'œuvre, et qui a été si long-temps l'ornement de la cathédrale de Paris, où il faisait l'admiration des artistes et des amateurs. Ce tableau qui lui a fait tant d'honneur, est placé maintenant au musée du Louvre, au milieu des meilleures productions de l'école française, où il tiendra toujours un rang distingué, malgré quelques légers défauts dans les plans et les proportions, mais qui sont rachetés par un certain grandiose qui caractérise cet ouvrage qui plaira toujours aux artistes et aux véritables connaisseurs. Il fut chargé à la même époque d'une infinité de tableaux, et de peindre beaucoup de portraits qu'il traitait fort bien et avec une extrême prestesse. Sa facilité fut si grande qu'il paria de peindre douze têtes d'après nature en un seul jour : il gagna le pari au grand étonnement de tous les artistes.

Les guerres de la Fronde vinrent subitement

paralyser les arts en France, et l'arrêtèrent au milieu de ses travaux : il quitta Paris pour se rendre à la cour de Christine, Reine de Suède. C'était alors le rendez-vous de tous les hommes célèbres de l'Europe. Il reçoit le meilleur accueil de cette princesse ; elle se fait aussitôt peindre par *Bourdon*, avec la promesse de l'occuper à des travaux plus considérables. Tous les seigneurs de la cour, à l'exemple de la Reine, voulurent avoir leurs portraits de sa main ; mais dégoûté d'une exercice trop répété, il quitte brusquement le séjour de Stockholm, et revient à Paris, où les circonstances devenues moins orageuses permettent aux arts de reparaître avec un nouvel éclat. Il y trouve pour rivaux et contemporains, les plus grands peintres qu'ait eus la France. On le nomma professeur de l'académie de peinture et sculpture encore naissante (monument que *le Brun* venait de consacrer à la gloire et à la perfection des arts), et il parvint graduellement à la place de recteur de cette compagnie.

Obligé de travailler sans relâche pour satisfaire tous ceux qui veulent avoir de ses tableaux, il entreprend beaucoup d'ouvrages qu'il exécute avec sa prodigieuse facilité. On vit paraître à la fois des tableaux d'histoire, des portraits, des paysages. Il entreprit aussi de très-grandes machines pour des églises de Paris et pour différentes villes de France, qu'il a exécutées d'un grand style. La galerie qu'il peignit à l'hôtel de Bretonvilliers dans l'île Notre-Dame, est un des ouvrages qu'il a le plus travaillé, et qui a fixé sa réputation. C'est là qu'il faut juger du génie de ce peintre, qui a enrichi les plafonds et les lambris de cette maison, de traits d'histoire et d'allégories aussi ingénieuses que savantes.

Infatigable au travail, il passait quelquefois des mois entiers sans sortir de son atelier ; mais son extrême vivacité l'empêcha de mettre la dernière main à ses tableaux : aussi ses premières pensées sont-elles les meilleures, et il lui arrivait de les gâter en voulant les terminer. Trop pétulant et trop pressé de travailler pour avoir assez approfondi toutes les parties d'un art si difficile, ayant varié si souvent dans son système pittoresque, il n'est point étonnant de rencontrer dans les ouvrages de *Bourdon*, de grands défauts à côté de grandes beautés, jointes à d'étonnants écarts d'imagination.

Le génie de *Bourdon* ressemble à un torrent dont les eaux entraînent tout ce qu'elles rencontrent sur leur passage, et qui bientôt devenu paisible, coule lentement à travers des prairies couvertes de fleurs, lorsque tout-à-coup arrêté dans sa course par des rochers amoncelés, il s'irrite de la résistance et redevient furieux. Ainsi le pinceau de ce maître, tantôt fier, tantôt gracieux, rend avec force et énergie les plus grands traits de l'histoire, et sait caresser ensuite avec grâce Vénus et les amours.

Bourdon est souvent si différent de lui-même, que l'on croirait qu'il n'a pas eu de genre à lui, si on ne le reconnaissait à sa belle manière de composer, à un certain goût bizarre et quelquefois gigantesque, à sa façon d'ajuster et de coiffer ses figures, à l'air barbare qu'il imprime à ses soldats et à ses têtes de vieillards. On le distinguerait encore à la longueur qu'il affecte de donner à ses pieds.

On ne peut pas dire que *Bourdon* ait possédé au suprême degré la correction du dessin ; mais il faut remarquer cependant que son style annonce un génie pénétré des beautés de l'antique, lesquelles percent toujours à travers le manteau original et sauvage dont il s'enveloppe. Jamais il ne s'écarta des principes sublimes de la bonne école, qu'il ne put méditer assez longuement, mais que sa mémoire heureuse lui retraçait sans cesse. On retrouve dans tous les ouvrages de ce maître, quelque manière qu'il ait adoptée, son amour et son respect pour les chef-d'œuvres des anciens. Il saisit toujours l'occasion d'en user à propos, soit dans ses monuments, soit dans l'agencement de ses figures qui ont un air de simplicité, malgré le luxe apparent qui les couvre.

Bourdon n'a pas toujours cédé à la fougue impérieuse de son génie : ses sujets de métamorphose et ses tableaux de sainte-famille offrent des exemples frappants de sa patience, de son goût délicat, de la légéreté de son pinceau, joints au plus brillant coloris. Il y a aussi de ce peintre de jolis petits tableaux de chevalet, d'une touche fine et d'un ton argentin, qui plaisent infiniment aux connaisseurs.

En examinant avec attention les ouvrages de ce maître, on se persuadera facilement qu'il était pénétré de la lecture des auteurs anciens, et qu'il est peu de ses tableaux qui ne présentent quelque trait frappant d'érudition. On voit qu'il a su s'emparer avec goût et discernement des plus beaux traits de l'histoire. Il a prouvé, comme *le Poussin*, qu'un sujet vide d'action n'est pas du domaine de la peinture, et que la plus belle pensée ne peut pas toujours produire un tableau intéressant : défaut peut-être trop ordinaire chez certains peintres, et qui n'échappe pas aux yeux exercés des véritables amateurs.

On pourrait proposer l'œuvre de *Bourdon* comme un excellent guide, pour se diriger dans la composition d'un sujet. Il indique par l'exemple la manière de grouper les personnages, de varier les attitudes, et de contraster les membres sans affectation. Avec quel art et avec quelle grâce il sait ajuster ses figures de femmes! Un voile jeté avec goût, une écharpe légère et flottante, une simple bandelette heureusement placée, produisent sous son pinceau un charme, et ce certain je ne sais quoi saisi par l'homme de goût, qui ne peut s'en rendre compte à lui-même.

Quelle impression ont laissée dans mon ame le respect et l'admiration d'un des plus beaux génies en peinture, de nos jours, pour les ouvrages de *Bourdon*? Parmi les grands modèles qu'il proposait à ses élèves, il citait souvent *Bourdon*, et avec complaisance, comme un des plus parfaits à suivre dans l'art de composer.

On a vu long-temps dans différentes églises de Paris plusieurs tableaux de ce maître, dont quelques-uns sont placés au musée du Louvre, où on les revoit avec plaisir.

Gardons-nous d'oublier parmi les productions de cet homme original, son beau tableau où il a représenté L. Alvanius qui, sortant de Rome avec sa famille, après la prise de cette ville par les Gaulois, rencontre le grand-prêtre et les vestales emportant à pied les vases sacrés, fait descendre de son char toute sa famille pour y faire monter les vestales. C'est particulièrement dans ce tableau qu'il a laissé des preuves de son goût et de son admiration pour l'antique. Les figures sont ajustées du meilleur style, et il s'est plu à conserver à tous les accessoires les formes les plus sévères. Celui où Ulysse fait arracher froidement le jeune Astyanax du tombeau d'Hector, malgré les cris déchirants d'Andromaque, les larmes et les prières des dames troyennes, n'offre pas un moindre intérêt de style et de composition. On y aperçoit les restes fumants de la trop malheureuse Ilion. On y voit les tombeaux profanés et les urnes brisées d'où se répandent les cendres des habitants de cette cité fameuse. Les Sept Œuvres de miséricorde qu'il a aussi gravées lui-même à l'eau-forte, d'une manière qui lui était particulière, ont toujours été distinguées parmi les bons ouvrages de *Bourdon*, comme d'excellents modèles de composition, et où il a fait preuve du meilleur goût. En homme instruit et plein de la connaissance de l'histoire, il a varié ses sujets par quelque trait qui rappelle de grands souvenirs.

Son œuvre en gravure est des plus considérables ; il y a sur-tout une suite de saintes-familles et fuites en Egypte, qu'il a variées à l'infini ; des haltes de bohémiens et quelques sujets de pastorales à l'italienne ; une suite de très-beaux paysages, dont plusieurs d'une grande proportion. Nos plus célèbres graveurs se sont exercés d'après les plus beaux tableaux de ce peintre, et nous ont laissé des estampes qui sont encore aujourd'hui fort recherchées des véritables connaisseurs.

Bourdon peignait dans les appartements des Tuileries, lorsque la mort vint le frapper, en finissant son ouvrage, en 1671, après avoir rempli une longue carrière, si l'on en juge par le nombre des ouvrages qu'il a laissés après lui.

Ce grand artiste, dont la mémoire sera toujours chère aux gens de goût, était à peine âgé de soixante ans; les arts avaient encore droit d'attendre beaucoup de ses rares talents. Un travail opiniâtre avait altéré sa santé, qui fut toujours délicate, suivant la tradition qui nous est parvenue, et si l'on en juge par son portrait peint par lui-même, qui a été si long-temps dans les salles de l'académie de peinture, et qui est placé aujourd'hui au musée du Louvre.

Ses contemporains prétendent, peut-être avec quelque raison, que son talent commençait alors à décliner, et que ses derniers ouvrages étaient loin de valoir les premiers, cet artiste s'étant toujours laissé entraîner par son imagination brûlante, qu'il n'avait pas assez alimentée par des études sérieuses et approfondies sur son art. Sa mémoire prodigieuse qui lui retraçait sans cesse tout ce qu'il avait observé chez les autres, le faisait aussi changer de manière, suivant les différents sujets qu'il avait à traiter.

Sa conversation était vive et animée, sur-tout quand il parlait de son art, sur lequel il discutait savamment avec les artistes et les amateurs qui ne le possédaient qu'avec beaucoup de difficulté.

Il était encore jeune lorsqu'il épousa la sœur du peintre *Duguernier*, homme sage et estimé à la cour, dont les conseils lui furent souvent de la plus grande utilité pour tempérer la fougue de son imagination et de ses passions. *Duguernier* lui procura les meilleurs ouvrages, et ne put jamais parvenir à fixer sur *Bourdon* les faveurs de la fortune qu'il dédaigna toujours. Il aimait tellement sa liberté et la peinture, qu'il s'enfermait pendant des mois entiers dans son atelier pour se dérober à ses meilleurs amis. Souvent il travaillait sans intérêt, pour obliger le premier qui l'en priait : aussi ses immenses travaux ne lui procurèrent qu'une fortune médiocre, sort assez ordinaire des artistes doués d'une trop grande facilité.

On retrouve dans tous les ouvrages de ce maître, l'image de son caractère, tantôt vif et enjoué, et tantôt mélancolique, qui fut peu propre à former des élèves. On ignore s'il en a eu d'autres que ses deux filles, qui peignirent fort bien la miniature.

Il faut conclure de tout ce que j'ai dit de cet artiste singulier et à jamais célèbre dans notre école, dont les tableaux ont pourtant de grandes beautés, qu'avec les heureuses dispositions qu'il avait reçues de la nature, il eût occupé le premier rang parmi les plus grands peintres, sans les circonstances qui vinrent l'arrêter au commencement de sa carrière. Le génie bouillant de ce peintre devenu plus calme et plus docile par l'étude réfléchie de l'antique, se serait créé un genre plus à lui. Il n'eût point cherché à imiter la manière de tous les peintres, sans pouvoir jamais se fixer.

L'exemple de *Bourdon* ferait croire qu'un génie trop abondant serait peut-être nuisible à l'artiste qui en est doué, lorsque, joint à trop de facilité, il s'oppose à cet examen réfléchi, à cette étude sérieuse qui conduisent seuls à la perfection. Cet exemple, souvent répété par les maîtres, deviendrait une leçon bien utile pour les élèves qui, à peine initiés dans la carrière des arts, s'abandonnant à une sorte de facilité et à leur génie délirant, veulent produire d'eux-mêmes, avant d'avoir acquis comme *Raphael*, *Michel-Ange*, *le Poussin*, et tant d'autres peintres célèbres, ce fond de connaissances nécessaires, cette étude réfléchie du dessin, et cette méditation sur les ouvrages des grands maîtres, sans lesquels il est impossible de devenir un artiste accompli.

On reconnaît fort aisément les tableaux de *Bourdon*, qui ne ressemblent guères à ceux des autres peintres de l'école française. On les distingue à une touche fine et spirituelle, à des ombres très-transparentes, à des fonds légers et vaporeux; il y règne d'ailleurs une certaine manière de composer à lui, qui peut servir de modèle.

Fin du premier volume.

TABLE.

Fin de la Table.

www.ingramcontent.com/pod-product-compliance
Lightning Source LLC
LaVergne TN
LVHW011944220826
846092LV00001B/85